新六力营销

成就标杆品牌的解决之道

张继明·著

復旦大學出版社

华润三九“好娃娃·澳诺杯”少儿书画展

·中国梦

娃&澳诺杯”少儿书画展

朗迪微电影《幸福在骨子里》拍摄现场

CCTV《大国品牌》专访

新华大健康专访

“启思会”答记者问

新浪网专访

人民网专访

2002年首次大健康行业论坛亮相

星辰会“健康中国标杆品牌创新论坛”主题演讲

“品宣荟”主题峰会演讲

国药太极沉香文化营销启动会

“老字号品牌全国高校行”走进中国药科大学

中国OTC减肥标杆品牌雅塑“国药会”亮剑

姜昆老师主持《谋定市场》首发仪式

2003年第十五届全国医药经济信息发布会发表演讲

“品牌中药文化全国高校行”走进北京中医药大学

双鲸维生素 D 营销大会作报告

中国医药成长型企业发展论坛营销峰会作报告

首届世界健康产业院士论坛作报告

“维康好声音”主题活动盛大启动

益丰大药房
Yifeng Pharmacy
维康好声音
益丰好声音海
丸杯歌唱大賽

国药集团太极桐君阁沉香化气片品牌IP发布会

广药白云山和黄中药"让爱回家"公益活动启动

广药潘高寿"野狼行动"营销活动启动

担任中央广播电视总台央广广告品牌营销顾问

西普会营销峰会演讲

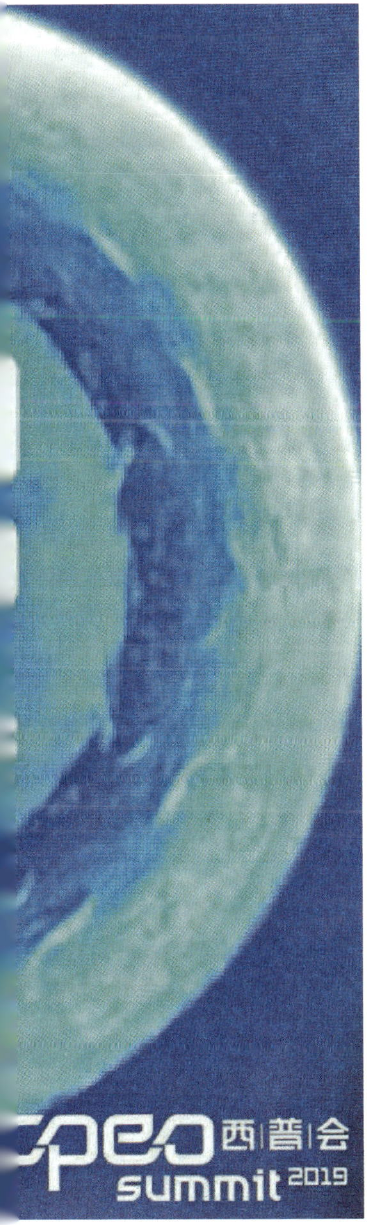

中国OTC品牌宣传月启动仪式

西湖论坛“标杆品牌”营销峰会演讲

Top 10 marketing cases Aw
中国医药十
2019中国医药

2019中国医药十大营销案例
颁奖典礼
2019赛柏蓝峰会

2019中国

中国医药界的“奥斯卡”营销奖

双品汇营销主题峰会演讲

2015年《六力营销》问世

“六力营销”编入上海交通大学医药营销总裁班课程体系

《标杆》问世受到行业大咖推崇

为全国政协委员、一心堂药业集团阮鸿献董事长定制墨宝

龙腾杯中医药书画展接受
CCTV 书画频道专访

与中国书画家联谊会终身名誉主席王子忠先生合影留念

写好中国字，做好中国人，补好中国钙

国家中药管理局原副局长房书亭

向“中国钙王”朗迪钙赠送中国书画家联谊会终身名誉主席王子忠先生墨宝

品牌营销要补短板、促长板

在品牌经营管理中，不管是决策者还是执行者，或多或少都会存在着某种缺点和不足之处。任何一个领域或者系统，都有“最短的木板”。在医药大健康产业，短板可能存在于决策者、经营者或者执行者身上，也可能存在于行业特点、广告传播法规或是某项政策。

劣势决定优势，劣势决定生死

当组织出现这些缺点和不足时，有些人没有察觉，我行我素；有些人虽然有所察觉，但司空见惯，不以为然，毫无作为。结果，企业的发展很有可能出现前无远虑、后劲不足的情况，更糟糕的就是一旦出现瓶颈，就会每况愈下。

不管是个人还是组织，想保持足够的竞争力，不能仅靠在某一方面的强项或绝对优势，而是要看整体的资源配置和协调能力以及是否存在某些薄弱环节或致命弱点。劣势决定优势，劣势决定生死，是市场竞争的不二法则。

主动发现劣势，积极加长“短板”

在医药健康产业市场营销的初级阶段，市场不成熟，竞争对手非常弱小，有些企业借助某单一奇招的强力运作，如广告宣传、特色营销模式，就可攻城掠地，取得惊人的战果，这就使不少决策者或组织产生一种错觉，认为某单一环节的优势可以决定整个组织的优势。

在竞争日益激烈的医药大健康市场，随着临床市场转战零售市场的品牌企业越来越多，个人或组织的明显弱点会导致企业在竞争中失败，甚至被淘汰。医药行业的竞争形式越复杂多样，企业所面临的挑战也会越多，自身的弱点也会在竞争环境中暴露得越明显。因此，企业需要主动发现弱点，认知缺点，进而积极补齐“短板”。

懂得木桶定律，掌握六力营销

根据著名的木桶定律：一只沿口不齐的木桶，容量的大小，不在于木桶上最长的那块木板，而在于最短的那块木板。要想提高木桶的整体容量，不是去加长最长的那块木板，而是要下工夫依次补齐最短的木板。此外，一只木桶能够装多少水，不仅取决于每一块木板的长度，还取决于木板间的结合是否紧密；如果木板间存在缝隙，或者缝隙很大，同样无法装满水，甚至漏得一滴水都不剩。在补齐短板，弥补缝隙之后，我们还要不断增加长板的尺度，让所有木板都向长板看齐，突破瓶颈，不断提高木桶的整体容量。

当然，我们不仅要理解木桶定律，运用木桶定律，更要明白木桶定律产生的根源；不仅要认识到短板的危害，更要知道如何找短、补短和除短；不仅需要加长木桶中的短木板，更需要注意木板间的结合是否紧密。随着木桶中短板的不断提升，还要考虑进一步提升长板的高度，让每一块短板向长板看齐，不断提升整体容量。这就如“六力营销”实战理论：决策力、产品力、策划力、执行力、传播力和品牌力，企业或品牌要做到长胜不衰，必须要保证“六力”的系统均衡发展。

六力营销，助力企业成就标杆

在六力营销中，企业家不仅要弥补企业的短板（它可能是决策力、产品力或策划力，也可能是执行力、传播力或品牌力，也可能是企业发展的某个环节或个人），更需要加强企业文化建设，促进营销系统的粘合力，提升局部优势，再不断提升整体优势。

定期用六力营销指数，对企业营销系统进行诊断评估，就是要发现短木板、解决短木板。如果公司从上到下都重视产品环节，创造竞争差异，但不重视执行环节、传播环节、品牌环节等，这些不被重视的环节就是短木板，前面干得再好，决策方向再正确，产品力再强，策划也很创新，但后面执行不到位，还是等于没干。因此企业一定要建立起统一的六力营销评估体系，才能使营销的各个环节真正科学协调地运转起来。

以六力营销方法论为指导，定期对企业营销体系进行体检或升级，有利于发现短板、提高短板、整体升级，最终通过立标、对标、创标和夺标四部曲，把产品打造成品类标杆，把品牌建设成标杆品牌！

厉　伟

松禾资本创始人

做品牌最怕的是“专注”二字

品牌是经济高质量发展的重要标志，是质量强国的内在支撑，更是文化复兴的特殊象征。由此，医药大健康行业人士需要高瞻远瞩，树立标杆品牌认知，从企业战略层面规划创建品牌。

我与张继明先生相识多年，其在医药大健康行业深耕20余载，对于医药大健康品牌营销有着独特见解与理论积淀。了解张继明先生的人都知道，他有一双“火眼金睛”，面对复杂多变的医药竞品，他总是能凭借敏锐的眼光、资深的经验与特别的灵感，准确把握产品的未来方向与潜在价值，从而成功服务并铸就了医药领域众多标杆品牌！

为了构建更有效的品牌标杆战略，打造更有序的营销生态系统，张继明先生通过对数百个品牌的追踪研究，结合多年的品牌策划实战经验，创造性地提出了品牌“六力营销”实战方法论，即决策力、产品力、策划力、执行力、传播力与品牌力，进而提出“六力营销”的终极目标，即打造品类标杆，成就标杆品牌。

“新六力营销”是基于数字时代的特殊背景，跳出单纯靶点思维，以市场需求为先导，以质量疗效为根本，以品牌营销为核心，以专业服务为保障，以成就标杆品牌为愿景，侧重分析企业整体营销能力，综合评估企业所占有的营销资源和所拥有的六力营销指数，是被广泛实践验证、行之有效的营销方法论，也是升级后的医药营销理论。

“六力营销”自2005年首次提出后，经过多年的实践完善，已在医药大健康市场风行17年之久，得到众多品牌企业、上市公司决策者的认同与赞誉。当 2015 年《六力营销》一书出版时，我第一时间细读，这是一本常读常新、令人受益匪浅的好书。

而今，百年未有之大变局下，市场风云瞬息万变，中医药振兴发展迎来新机遇，企业经营者面临新舞台。悉闻《六力营销》顺应时代需求，升级为全新的《新六力营销》，我倍感欣慰，希望其对医药大健康的品牌发展有所帮助。《新六力营销》中的新实战理论体系及最新营销案例，有助于读者举一反三，深刻领会新六力营销的精髓，更有效地掌握其品牌营销理论的要义。

据我了解，这本书历时四年，凝聚了张继明先生的智慧结晶，镌刻着其前瞻性、系统性、创新性的品牌营销思想，对当今医药市场品牌建设具有极强的现实指导意义。

张继明先生希冀通过著书立说传播经验与智慧，专注于将不同医药企业的经营哲学、不同医药品牌的成长案例、不同市场环境下的创意思想，为医药大健康品牌建设提供更多有价值的新思路。在医药行业变革激荡的今天，我相信，《新六力营销》定能助品牌破局而出，并为中国医药大健康领域继续创造品牌！

白慧良

中国非处方药物协会原会长、专家委员会主任

寻找竞争之道的本质

企业的生存之道，就是竞争之道。市场竞争的影响因素有很多，有说是产品之争、品质之争、诚信之争等等，然而，其灵魂之争本质上就是品牌之争。一个真正有生命力的富有内涵的领导品牌，就是品类的代名词，品质的代名词，诚信的代名词。因其根植于消费心智，历久弥新，不断丰富，从而领导品类，成为品类的标杆，产生其独特的市场魅力。

有鉴于此，品牌在市场竞争中的作用越来越重要，品牌的力量也越来越受到企业的高度重视，致力创建优秀品牌日益成为企业的共识和行业的共同目标。优秀的企业依靠品牌战略，开拓市场，整合资源，创造品牌溢价能力，推动企业形成良性循环，并不断累积品牌的长期资产。

二十余年来，张继明先生和他的桑迪品牌咨询机构，以强烈的责任和使命，深耕医药大健康领域，服务了数百个品牌药企和上百家上市公司，创造了一个又一个行业佳话。他们脚踏实地，守正务实，以良心良知服务企业，在与众多企业的深度互动中，积累了丰厚的实战经验，独创了“六力营销”的实战体系，为构建差异化品牌标杆战略提供了行之有效的方法论。企业针对自身不同阶段的品牌战略困惑和市场营销难题，可以尝试通过他们的“六力营销“方法论进行自我诊断，找出症结所在，改良升级，取长补短，结合标杆战略思想，探索高质量发展的正确方向，寻求企业源源不断的发展新动能。

本书是张继明先生累积多年医药品牌实战的策划经验之谈，特别是在疫情冲击所带来的变数中形成的深刻思考。书中蕴含了其独具视角的营销观点，有大量在营销实战中脱颖而出、特色鲜明的品牌案例，通俗易懂，解析透彻，思路清晰，见解独到，把“六力营销”的方法论在新形势、新环境下的运用之道讲述的淋漓尽致，相信对于寻求更好更快成长的企业家们一定有很好的有益启迪。

乐为之荐。

吕明方
上海医药集团原董事长
中国医疗健康产业投资50人论坛创始主席

前言：六力营销，成就标杆

一、为什么要导入标杆战略

很多管理者一直在困惑，公司的业绩为什么没有大幅增长？品牌影响力为什么没有大幅提升？为什么自己离竞争对手的差距没有缩小，反而越来越大？明明可以做得更好，执行结果总觉欠火候……一系列的困惑，可能促使管理者们去反思，公司有制定目标吗？公司制定的目标合理吗？公司制定目标时对标谁？

品牌标杆战略，一个被忽视的企业战略方法，应该引起足够重视！

一个企业如果没有立标，就如同人生失去了前进的方向，变得茫然和毫无意义。因此，不论中小企业还是大型企业，都需要且应该设定既富有挑战性又极具可行性的目标。

运用品牌标杆战略，一方面可以知道公司在整个行业中所处的地位和形势；另一方面可以帮助企业设定战略目标，以及如何达成目标。

而一旦公司制定品牌标杆战略，其将会激活公司整体营销体系，促进企业的决策体系、产品体系、策划组织、执行团队、传播平台与品牌资源联动起来，与之对应的是，公司的业绩也会有质的蜕变，品牌会有大的升值。

标杆是新时代的优秀代表，是消费者选择的明灯，医药行业尤其如此。移动互联时代，产品更为丰富，媒体更加碎片化，广告效果更为有限，营销变得越发智能，我们需要标杆，启迪思考，探求模式，创造品牌价值。

以铜为鉴，可以正衣冠；以史为鉴，可以知兴替。而以经典案例为鉴，可以明得失。

研究标杆，瞄准标杆，让自己成为新标杆！真诚希望“标杆”成为开启医药企业营销智慧之门的金钥匙。

二、品牌营销的六个困惑

战略不清晰，定位无差异，产品卖不动，品牌在老化，传播没力度，执行力不强……这些都是企业在不同阶段可能面临的市场营销难题。营销是个系统工程，单纯的定位、广告或终端解决不了根本问题，我们必须借助系统营销工具“望、闻、问、切”，找出问题的关键，审时度势，整体把脉，对症下药，方可万无一失。

桑迪品牌咨询专注医药大健康产业 21 年，为 300 多个品牌企业提供品牌营销咨询（其中上市公司 100 多家），包括品牌管理、营销策划、品牌设计、终端动销和数字营销。失败的企业家家相似，成功的企业各有不同。不同的企业或多或少面临一些困惑，归纳起来，主要是六个方面。

1. 决策思维局限

成也经验，败也经验。过去的成功经验是把双刃剑，在一定的时候可以帮助企业，其他时候又会制约企业发展。一些临床运作成功的企业欲转战零售市场，决策思维很难跳出过去的模式，容易犯经验主义错误，会浪费资源，贻误战机。

决策方向失误，就像一艘在大海上迷失方向的帆船，易误入歧途。企业领导层的意识形态与战略规划思想，在某种程度上决定了企业与产品的成败。

2. 产品先天不足

产品力就是竞争力、销售力。产品由内涵与外延构成，产品内涵是策划、创意、营销的根本。产品先天不足其实指的是产品自身内涵存在不足，如果产品内涵不足，不管其外延表现多么好，策划多么成功，也必然经不住市场的检验，最终被市场淘汰出局。

产品是根本，是基石，如产品先天不足，无论营销多么成功，终究是昙花一现，不会持久，尤其在无秘密可言的互联网时代。

3. 策划不够专业

处方药和OTC的策划存在很大的区别，一个是面向专业人士，一个是面向大众，把专业术语翻译成大众能理解的广告诉求用语，这需要专业策划，不是每家企业都具备这种策划意识与策划能力。定位不准确，诉求不清晰，媒体不匹配，广告效果就会大打折扣，事倍功半。

策划资源不足，导致投入大、产出小，或者效率低，赔了夫人又折兵。策划思维不同，策划资源不同，结果可能是天壤之别。

4. 执行能力不强

移动互联时代，传统媒体失宠，新媒体碎片化，不再是比谁的广告声音大，而是比谁的终端团队的执行力强。零售终端整合力度加大，渠道终端为王，没有战略合作关系，没有药店的强力支持，产品再好，广告投入再多，也没有机会终端动销。

没有执行能力，没有一支专业高效的团队，没有很好的网络渠道资源，没有行之有效的管理措施，再好的方案也是纸上谈兵。

5. 传播力不到位

没有传播就没有品牌，很多时候，品牌是被广告砸出来的！瞄准目标，集中兵力，精准投放，整合传播，威力就如隔山打牛，传播力是六力营销的推动力。传播有小传播和大传播之分，靠口碑传播可信度高，但进展慢，影响面有限；靠媒体传播，速度快，传播面广。针对不同阶段，可制订不同的传播策略。

没有传播，就没有品牌；没有传播，就无法“亮剑”。酒香也怕巷子深，品牌需要传播，品牌是传播出来的。

6. 品牌势能不高

临床医院运营模式的品牌力在医院，零售药店运营模式的品牌力在消费者心智。有品牌来背书，产品起量快；没有品牌支持，产品就滞销。消费升级来临，品牌力是不二选择。建立品牌势能，是处方药企业在零售药店成功突围的关键，也是OTC企业在药店保持持续增量的法宝。

品牌与销售天生紧密相连，没有销售力的品牌，不过是美丽的花瓶；没有品牌力的销售，可能会是昙花一现。

三、标杆战略为品牌营销赋能

每个时代都需要榜样，每个行业都需要标杆。医药品牌营销尤其如此，产品同质化，营销模式同质化，但是销售结果却相差甚远。针对企业的不同规模、团队状况与品牌力强弱，我们需要精选不同的典型案例，进行深度剖析，分析其成功之道，帮助行业提升品牌影响力。特别是基于2017年，“中国品牌日”设立，并且被视为国家战略，我们特别梳理了近年来成功的案例，给行业更多借鉴。

为了让医药企业家、职业经理人能够更清晰、更深刻地洞察与把握医药行业品牌营销大势，桑迪品牌咨询对近年来举办的“健康中国标杆品牌创新论坛”与“年度十大医药营销案例评选”活动进行深度回顾，对近百个极具影响力的医药企业营销案例进行深刻解密，为行业打造营销典范，期待能帮助医药行业企业家、职业经理人找到成功的方法。

作为中国医药大健康品牌营销理论及实战案例专著，本书中的实战理论及每一个成功营销案例，皆来自实实在在的医药大健康市场一线，在总结提炼过程中我们深入洞察每个案例标本，确保精确描述策略及营销环节，让读者能够举一反三，深刻领会到医药精英的智慧结晶，更有效地掌握其品牌营销理论与实战“真经”。

四、实践六力营销，打造标杆品牌

企业要基业长青，品牌要持久鲜活，必须满足“六力营销”动态平衡条件，即决策力、产品力、策划力、执行力、传播力与品牌力的有机整合，方能谋定市场。桑迪首创的六力营销理论跳出单纯靶点思维，注重企业整体营销能力，综合评估企业所占有的营销资源和所拥有的六力营销指数。六力营销讲究协同作战，要求明确自身的短板，精准提升，优化资源，整合借力。

在医药健康产业品牌营销实践中，我们要充分把握以下规则：决策力指引方向，产品力是营销之本，策划力四两拨千斤，执行力是成功保障，传播力是锦上添花，品牌力是雪中送炭。不同的力，在不同的阶段发挥着神奇的力量，企业必须领会且融会贯通，方可成就大事。

1. 决策力：君临天下，运筹帷幄

不出帅府，审时度势，掌控大局，胸有成竹，运筹帷幄之中，决胜千里之外。决策力是六力营销的中枢。洞察市场，理性分析，精确评估，把握战略方向，明智果敢决策，指引企业或产品在正确的轨道上行驶。

2. 产品力：马行日步，差异突围

不走寻常路，概念差异化，人无我有，人有我优，提升竞争力。产品力是六力营销的根本。产品力是营销成功的根本，也是成就品牌的基石。产品力由产品的内涵与外延构成，内涵与生俱来，外延靠后天打造。

3. 策划力：据守丹田，幕后策划

策划力是六力营销的灵魂。不出楚河汉界，飞田字守四方，幕后统筹谋划，不战而屈人之兵。营销处处皆策划，没有策划就没有灵魂。精心的策划可点石成金、四两拨千斤。人力不同，方法不同，策划结果就会有天壤之别。

4. 执行力：军令如山，勇而不退

锁定目标，勇往直前；执行命令，不折不扣；攻城略地，步步为营。执行力是六力营销的保障。执行是检验策划的重要标准，也是营销成功的坚强后盾。激发执行意愿，提升执行能力，完成执行方案。

5. 传播力：隔山打牛，精准发力

瞄准目标，集中兵力，精准投放，整合传播，威力就如隔山打牛。传播力是六力营销的推动力。没有传播，就没有品牌；没有传播，就无法“亮剑”。酒香也怕巷子深，品牌是传播出来的。传播要软、硬结合，爆破力强！

6. 品牌力：直指人心，纵横驰骋

纵横驰骋，所向披靡，直指人心，唯我独尊，方为品牌。品牌力是六力营销的核心目标。打造强有力的品牌，就拥有了占据消费者心智的核心资源，在营销战中就掌握了核武器，如此就可稳操胜券，长盛不衰。

品牌要长久，需满足“六力营销”条件，整合资源，谋定市场！桑迪首创的六力营销理论跳出单纯分析产品的思维，侧重分析企业整体营销能力，综合评估企业所占有的营销资源和所拥有的六力营销指数。六力营销讲究协同作战，要求明确及时提升自身的短板，优化整合，互相借力，实现战略共赢。企业靠核心品种赢利，把重点品种做深做透，集中资源做核心单品突围，打造品牌，再带动其系列产品群，做强做大，这是六力营销的核心思想。

知名企业家谈六力营销

决策力：战略“择高而立”，方向要正确

贝泰妮集团董事长　　郭振宇

当前，大健康产业高速发展，医改深化，监管趋严，传统零售药店顺利转型为“健康＋美丽”的服务提供商成为一个重要的课题。医药企业家在大健康时代要拥有非凡的谋划与判断能力，借大健康机遇延续企业梦想，因此，企业要抓住天时、地利、人和，果断出击，做好战略决策。

众所周知，做决策时最大的成本与风险，一个是时间，一个是金钱。决策方向正确，怎么做都是对的，达成目标只是时间问题。但如果决策方向错误，那就相当于偏离轨道，会越来越与目标背道而驰。

品牌战略定位需要“择高而立”，要坚持自主研发，拥有将技术成果有效转化为经营成果的持续创造能力，这一英明的决策使贝泰妮快速进入敏感肌肤赛道，而且成功登陆资本市场。2021 年 3 月 25 日，贝泰妮登陆创业板，晋升千亿级市值公司。

贝泰妮做的是皮肤健康生态，我们推出的第一个品牌“薇诺娜”亦是这个生态中功效性护肤品的第一个品牌。薇诺娜的成功与贝泰妮一开始对这个品牌进行了“择高而立”的战略定位密不可分，薇诺娜品牌从一开始就定位于世界功效性护肤第一品牌，薇诺娜是云南的、中国的，同时也是世界的。中国的护肤品市场现在是世界第一大市场，第一大市场就应该诞生世界级的品牌。这就是贝泰妮的战略决

策力。

决策是企业战略的中枢，企业战略是由一系列决策因素组成的，决策是战略的关键所在。在关键时刻，一个正确的决策能使企业步入快车道，而一个错误的决策会使公司裹足不前或者出现危机。决策者需要一种具有远见卓识的能力，而这种能力取决于决策者长期的经验积累与坚持科学的原则。优秀的决策者知道如何找到真正的问题，也会判断如何找到解决之道。

产品力：它是持久动销的竞争力

白云山和黄中药总经理　　徐科一

产品力是品牌的核心基础，是持久动销的竞争力，品牌力是靠产品力来支撑的，没有产品力的品牌只能昙花一现。尤其在医药领域，医药营销的基础是产品力，一切产品力的提升和产品研发都源于对需求的精确把握与完美的满足！产品力是企业品牌建设的基石，也是营销持久成功的有力保障！

产品力是市场竞争的必要条件，归根结底是由产品的核心、形式、附加三者组成。

1. 产品的核心

体现产品的属性，满足消费者的需求。消费者的需求分为使用需求、心理需求、潜在需求。产品的确切疗效，即产品能满足消费者什么样的需求。白云山板蓝根定位预防流感、抗病毒与抗炎的疗效，白云山口炎清片定位治疗口腔炎症以及"熬夜上火来一包"的服用场景，白云山复方丹参片定位活血化瘀、防治老年痴呆等病症，这些产品在研发过程中首先要界定好目标人群，洞察目标消费者心态，从消费特征和消费趋势中寻找产品概念并落实到产品设计中，如此将产品推向市场时，才会迅速建立消费认知，形成强有力的产品内核！

2. 产品的形式

产品的形式包括产品包装、表现形式、设计等，要满足消费者想象力，对目标消费群体产生额外吸引力。俗话说，佛靠金装，人靠衣装，产品要靠包装。人们的消费心理有时很容易受外界的影响和诱惑。有特色创意的包装能够在传播过程中降低宣传成本，有效引导人们进行购买，还能够提高药品的价值，增强品牌的美感度。比如，白云山和黄公司的板蓝根、丹参片、口炎清片等产品的包装上体现了

“GAP”和“指纹图谱”等标志产品高质量的商标标识。此外，如果在包装上融入IP元素，那便是画龙点睛了，IP可作为品牌代言人，直接与包装形成一个紧密的结合体，更有利于产品的营销推广。例如，白云山和黄公司推向市场的时尚丸剂系列产品，其包装上就融入了满洲窗、镬耳墙等象征岭南文化的元素。

3. 产品的附加

通过“人无我有，人有我优”的独特卖点，告诉消费者，你给予的超乎其想象，就能在目标消费群体中形成持久吸引，形成品牌依赖感。产品的附加价值有利于建立各环节与产品之间的品牌联系。以白云山复方丹参片为例，国家低价药目录开放后，良好的价格体系可以保证渠道各环节有利润和销售动力；良好的政策支持（如医保、国家基药目录等）可以降低消费者用药成本；宣传片“关爱老年痴呆症患者，让爱回家”的情感诉求宣扬了中国传统孝文化，极大地引起消费者共鸣，形成的良好口碑，为产品持续赋能。

策划力：贯穿营销始终、提升业绩的能力

九州通医药集团名誉副董事长　　刘树林

医药行业已经进入了品牌时代，品牌活在消费者心里，产品就能活在货架和物流链中！医药企业品牌产品从0到1落地，还需要营销、推广使其变现。策划是一个贯穿始终的营销行为，从产品的定位，甚至品牌定位、市场定位开始，就已经开始为营销布局，为营销定策略。

1. 策划产品定位

基于市场定位的类目、细分品类、人群特征、人群需求、价格、竞品等多方面因素，来确定产品的定位。主张差异化产品定位，具体为品类差异化、细分类目差异化、优势差异化、竞品差异化、目标人群差异化，尽可能地设计产品区隔。

2. 挖掘产品卖点

挖掘产品卖点是打响市场营销之战的核心工作，独特的卖点能吸引买家眼球，从而让他们购买产品。精准提炼产品卖点，首先要全面整理产品的信息，形成完整的产品价值体系；其次是了解产品提供给消费者的核心利益点是什么；再者是洞察消费者的心理需求或欲望，让卖点激发或放大消费者的需求或欲望。

3. 竞品分析

选择合适的对标品牌进行竞品分析，首先，要明确自己产品的定位，做到知己；其次，要明确对标竞品的定位及策略，进行产品优劣势分析，找到竞争产品或品牌的优点或缺点；最后，对所选择的竞品，进行目标人群与传播策略深入研究，研究其六力差异，以及隐藏在背后的用户痛点，做到知彼。知己知彼，方能百战不殆。

4. 品牌IP创意

IP就是品牌代言人，是链接产品与消费者的纽带，IP提供给消

费者的不是产品的功能属性，而是一种情感寄托，一种文化赋能，它可以实现与用户的交互和价值认同。用户喜欢IP则是单纯的“走心”和信任，这是一种感性的投入。品牌IP就像“宝藏”，通过不断输出内容，吸引更多的粉丝。IP能够影响品牌的走势，优质的品牌IP，可以提升销量，壮大品牌！

5. 终端动销

做品牌策划，需要统筹媒体传播、公关事件与动销活动，顺应时代趋势，将终端动销与新媒体传播有机结合。终端动销方案要追求B、C端一体化，以动销活动为主线，围绕品牌动销进行传播，洞察连锁终端、店长店员和目标人群特征，制定实效动销策略，系统提升品牌影响力与销售业绩。

执行力：一是来自决心，二是来自速度

振东健康产业集团董事长　　李安平

执行力是一切营销成功的保障，没有执行力，所有方案都是空谈。作为一家专注执行能力的上市企业，振东的强力执行风格在行业内传为佳话。振东集团比较注重“细、实、快”的作风，提升企业执行力可从以下三个方面来实现。

1. 完善规章制度，搭建组织结构

好的执行力需要明晰的组织架构，以明确管理层的责、权、利。任何一件事情都不是独立存在也不可能“凭空”解决的，而要在一定的条件下与平台上才能得到解决。可通过建立科学合理的运行机制（政策、制度、方案措施、监控体系等）维护和协调组织系统的运作，为工作顺利开展提供条件。树立“每个员工都是企业的主人”的观念，积极调动员工积极性。鼓励员工真诚沟通，各司其职，优势互补。

2. 关注细节与差距，时时改进与提升

细节决定成败！尤其是当和竞争对手旗鼓相当时，往往一方依靠“差之毫厘”的执行力优势，就能甩开对手千里之外。同样是补钙，朗迪钙则以“适合中国人体质的钙”的国民钙品牌的强力执行，从本土外资品牌竞争中脱颖而出，成为“中国钙王”；作为治脱生发的振东达霏欣，凭借强力的执行，在防脱生发市场犹如一匹黑马，迅速崛起。关注细节，寻找差距，才能让企业在市场竞争中立于不败之地！

3. 建立有效的绩效激励体系

有效的绩效激励体系是企业保证团队执行力的工具，企业善于设计科学的“利润分享”激励模型，将员工的收益、奖金和销售额的核

心指标、企业的发展规划捆绑在一起，必然能够让员工从“要我做”的被动境界转变为“我要做”的主动境界。在营销管理中，无论是企业团队，还是代理商团队，将执行方案、执行意愿与执行能力有机融合，就能使执行力发挥到极致。

传播力：媒体的高度，丈量品牌的高度

央广传媒集团党委书记、董事长兼总经理　　王跃进

判断一个媒体的传播力，至少要放在四个象限中看：一是公信力，媒体的公信力是权威性的表现，是媒体高度的象征，媒体的高度丈量着品牌的高度；二是覆盖力，媒体的覆盖能力是传播力的基础，只有具备广阔的覆盖能力，品牌才能有效触达足够多的真实用户；三是内容力，强大的内容生产能力是媒体的核心竞争力，也是媒体的底蕴积淀；四是转化力，效果转化是衡量媒体传播力的硬标准，也是传播品牌、提升销量的关键指标。

媒体正发生着基因重组式的深层变革。随着移动互联网的深度渗透，媒介生态发生了颠覆性变化，媒体的使用成为工作、生活场景不可分割的一部分，用户的触媒习惯变得更加碎片化，认知模式变得更加多维化，消费行为也变得更加多样化。因此，考验传播力的关键，在以上“四力”的基础上，能够最大限度获取受众注意力是关键之关键。提升传播精准度，让受众以最快速度聚焦到你则变得至关重要。

受众获取信息的场景主要有三个：家庭场景、工作场景和驾车场景。过去很长一段时间内，受众在家庭场景中获取信息的主要方式是看电视，但现在看电视已经变成了辅助方式，互联网甚至移动互联网成为主要渠道；原来报纸是受众在工作场景中获取信息的第一工具，而今同样是互联网和移动互联网终端代替了它；驾车场景连接了家庭场景和工作场景，在这个信息获取场景中，声音媒体由于解放了双眼和手脚，是受众媒介消费习惯唯一没有发生较大变化的媒介。而且，随着人们生活品质的提高，场景越来越细分，早起、做饭、睡前、健身等场景，声音媒体成为主要消费媒介。

当然，受众对声音媒介的需求已经不是传统广播电台线性传播所

能满足的了。在新的媒介环境下，传统广播要重塑其作为声音媒介的传播力，至少要在两个方向上实现突围。一是向新型音频平台转型。传统广播有必要认清自身的价值和优势，全力全速打造新的内容输出渠道和分发平台，向基于互联网和移动互联网的音频平台转型，内容供给侧从广播节目向声音产品转型，呈现形态从直播流向直播流＋细分声音产品服务转型，内容分发从一次传播向声音产品N次传播、N次销售转型。二是打造更具市场化的业务新体系。传统广播需要全速打造更具市场化的业务体系框架，即以广播业务为基础，全速全力向移动新媒体、全媒体业务转型，充分挖掘和利用广播上下游产业链资源，打造多元化内容产业体系。

以上举声音媒介的变化之例，是想进一步说明媒介生态变化带来的传播规律变革。声音媒介的强伴随性和场景化，有其独特的传播力。构建强大的场景渗透力，让自己变得无处不在，依然是提升传播力的不二法门。这也是成功品牌传播力塑造的焦点。

品牌力：心境决定舞台，大国成就标杆

CCTV《大国品牌》总出品人　　吴　纲

塑造世界级的大品牌既是企业的奋斗目标，更是时代赋予的重任。时代更迭，品牌价值始终如一。未来，一切皆品牌，品牌就是我们的名字。我认为，大品牌的内涵与标准主要体现在四个维度：有格局和社会责任，有独特产品和服务，持续创新健康发展，全球化视野及布局。在医药大健康领域，成就品类标杆，打造大国品牌，我觉得标杆战略值得思考。

1. 立标：洞察研究，战略定位

把握行业趋势，明确产业方向，设立企业品牌战略，制定短、中、长期营销目标，配置相关营销资源。朗迪钙取得成功是因为其瞄准了巨大的补钙市场，洞察了国民钙品牌的缺失，因此提出了打造“中国钙王”民族品牌的战略构想。

2. 对标：瞄准对手，优势突围

研究主要竞争对手，用六力营销诊断模型，明确自身优势，发现自身短板差距，并研究改进方法和路径。比如维康药业银黄滴丸，银黄品类在零售终端咽喉品类用药中占比9%，上升空间大，相比大类竞品和同类竞品，维康银黄滴丸依托产品剂型优势，迅速建立“小滴丸”舌下含服优势，与竞品形成有力区隔。

3. 创标：品牌创新，差异营销

研究消费趋势，洞察消费需求，突出自身优势，差异化品牌定位，个性化形象设计，创新营销传播策略。品牌是名称、符号、标志和设计，独特的品牌定位能够为产品赢得深度认知。比如仲景六味地黄丸“药材好，药才好”的品牌定位，给消费者留下了深刻印象和良好的品牌联想，进而带动了仲景牌浓缩丸系列。

4. 夺标：整合力量，完美超越

整合营销生态体系，聚集资源，核心爆破，从战略到落地，狠抓执行，超越竞争对手，成为新的品类或品牌标杆。国药太极沉香化气片策划的“和气康健、太极沉香”的文化主题方案，提出“沉兵千店、香飘万家、保胃健康”动销三部曲，紧密围绕终端氛围营造、药店引流和产品知识线上线下培训等，开启了“胃不舒服、胃肠胀气”新品类标杆，成为国药太极集团第二个黄金大单品。

目录
CONTENTS

第一章　决策力：君临天下，运筹帷幄 ······ 1

何谓决策力 ······ 3

企业家靠什么“角色”做决策 ······ 4

方向不对，一切白费 ······ 7

跟着感觉走，决策风险有多大 ······ 10

导致决策失误的九种因素 ······ 12

优秀决策者拥有的“五颗心” ······ 17

如何培养快速决策能力 ······ 21

引领决策成功的九大战略问题 ······ 26

“六步走”规范决策流程 ······ 38

三步搞定决策蓝图 ······ 44

第二章　产品力：马行日步，差异突围 ······ 47

何谓产品力 ······ 49

产品力是企业赖以发展的基石 ······ 50

产品力的五大核心要素 ······ 54

产品线就是生命线 ······ 57

好产品为何没有“好市场” ······ 61

产品创新管理中的四个关键点 …… 65
内涵外延双管齐下的产品创新 …… 67
产品包装就是一个活广告 …… 73
产品研发的五项基本原则 …… 75
定价，是一门大学问 …… 78
产品定价需考虑的心理因素 …… 80
产品组合策略大有讲究 …… 82
产品战略管理绝非小事 …… 85

第三章　策划力：据守丹田，幕后策划 …… 87

何谓策划力 …… 89
策划，没你想象的那么简单 …… 90
洞察需求的十种心理 …… 94
定位之前先得细分市场 …… 98
用定位策略指导设计 …… 101
市场调研原来要这么做 …… 105
处方药转战零售市场的六大策略 …… 110
策划短视频应遵循的七大法则 …… 112
做好内容营销就能抓眼球 …… 116
如何策划有销售力的“种草”软文 …… 118
礼品策划也得讲究个章法 …… 122
产生轰动效应的事件营销 …… 124
盘点策划认知的九个误区 …… 127

第四章　执行力：军令如山，勇而不退 …… 133

何谓执行力 …… 135
执行力是营销成败的关键 …… 136

执行力不等于蛮干…………………………………………………… 139
领导的执行力不容忽略……………………………………………… 142
三个核心流程轻松搞定执行力……………………………………… 145
坚守执行力的六个法则……………………………………………… 148
如何强化组织执行力………………………………………………… 151
个人执行力应该这样提高…………………………………………… 155
三招教你玩转执行策略……………………………………………… 159
避开执行力的九个雷区……………………………………………… 163

第五章　传播力：隔山打牛，精准发力………………………… 167

何谓传播力………………………………………………………… 169
没有传播，何来品牌………………………………………………… 170
传播赢在创新，贵在坚持…………………………………………… 172
不可小觑的网络传播力……………………………………………… 177
微营销传播，营造好口碑…………………………………………… 180
隐形创品牌的新闻软传播…………………………………………… 185
不断创新中的故事传播……………………………………………… 187
传播是一把双刃剑…………………………………………………… 192
制定传播策略的十个法则…………………………………………… 195
高效传播品牌的“九阴真经”……………………………………… 200
传播力如何信息化升级……………………………………………… 204

第六章　品牌力：直指人心，纵横驰骋………………………… 207

何谓品牌力………………………………………………………… 209
品牌魔力为什么这么大……………………………………………… 210
品牌价值由认知来决定……………………………………………… 214
品牌定位的三种策略………………………………………………… 219

打造品牌差异化的六部曲…………………………………………………… 221
品牌识别是差异化形象之魂…………………………………………………… 225
IP 形象塑造品牌全新内涵 …………………………………………………… 228
品牌核心价值的十大法则…………………………………………………… 234
数字化时代品牌营销的六个关键词…………………………………………… 239
品牌建设的四大误区………………………………………………………… 242
品牌危机管理的三个关键要素………………………………………………… 245
企业家不可复制，品牌可以传承……………………………………………… 249
品牌，让药企走得更远……………………………………………………… 252

第七章　六力营销标杆案例解读…………………………………………… 257

国货之光：薇诺娜创敏感肌护肤新标杆 ……………………………………… 259
朗迪钙凭什么成为“中国钙王” …………………………………………… 266
开创减肥新品类，成就雅塑新标杆…………………………………………… 272
华润三九：释放中华文化的力量 …………………………………………… 279
青岛双鲸“国民维 D”的华丽转身…………………………………………… 283
国药太极桐君阁的文化营销之道……………………………………………… 288
解读施慧达的“行业奇迹” ………………………………………………… 294
益君康：书写益生菌品类新篇章 …………………………………………… 299
从临床到大零售，星光灿烂“迈之灵” …………………………………… 304

后记：六力营销的哲学智慧 ……………………………………………… 307

第一章 决策力

君临天下，运筹帷幄

何谓决策力

- ⊙ 企业家靠什么“角色”做决策
- ⊙ 方向不对，一切白费
- ⊙ 跟着感觉走，决策风险有多大
- ⊙ 导致决策失误的九种因素
- ⊙ 优秀决策者拥有的“五颗心”
- ⊙ 如何培养快速决策能力
- ⊙ 引领决策成功的九大战略问题
- ⊙ “六步走”规范决策流程
- ⊙ 三步搞定决策蓝图

何谓决策力

决策力是六力营销的中枢。决策力是作出决定或选择的能力，它是指通过分析、比较、权衡，在若干种可供选择的方案中选定最优方案的过程。决策力是企业家为维持企业生存发展必备的素质，它要求企业决策者快速判断、快速反应、快速决策、快速行动及快速修正。

决策，指决定的策略或办法，是企业为各种行为出主意、做决定的过程，决策是管理中经常发生的一种活动。决策是决定的意思，它是为了实现特定的目标，根据客观的可能性，在占有一定信息和经验的基础上，借助一定的工具、技巧和方法，对影响目标实现的诸因素进行分析、计算和判断选优后，对未来行动作出决定。因此，决策是一个复杂的思维操作过程，是信息搜集、加工，最后作出判断、得出结论的过程。企业领导层的意识形态与战略思维，在某种程度上决定企业战略与产品营销的成败。因此，要建立科学的决策机制，指引企业或产品驶向正确的轨道。

运筹帷幄之中，决胜千里之外。理性分析，精确评估，科学决策，方能规避投资风险，创造盈利机会。方向不对，一切白费。决策方向失误，就像一艘在大海上迷失方向的帆船，易误入歧途。

企业家靠什么“角色”做决策

运筹帷幄之中，决胜千里之外。谈笑间，樯橹灰飞烟灭，这是何等的决策风度，也是企业家们孜孜以求的决策心境。如今，同行之间的竞争日趋白热化，众多企业内卷并在沉浮中蹒跚而行，纵观风云万变的商海，谁能够抓住商机，作出具有前瞻性的决策，谁就有可能在市场上抢先一步，独占鳌头。然而，现实情况是，许多企业家们缺乏创新且缜密的决策思维，同时，企业内部也尚未设置专业高效的决策团队，由此造成企业中的大部分决策呈现出主观性强、短期趋利、无前瞻性、无系统性等特征。企业家们在决策过程中常常扮演以下三种类型的角色。

一、“追随者”角色

中国企业家们在作为决策者的时候经常会在不自觉中就变成了“追随者”，所谓“追随者”在这里指的是在决策时一味只模仿不创新，只跟风不破旧的企业家。当一家企业凭借某个新产品或新概念成功激活市场后，同行业企业往往会争先恐后地跟风模仿，试图在市场中占据一席之位，这种状况极其容易在市场上掀起一波又一波的价格战或概念战。

最终，行业内部同质化竞争日趋严重，整个行业市场出现秩序混乱和环境恶化的局面。例如，前些年的保健品市场在经历过度的功效承诺和铺天盖地的广告战以及概念战后逐渐失去民众的信赖，以至于沉寂下来。如今，保健领域已成了企业谨慎涉足的雷区。由此可知，企业家们决策时一味地模仿跟风不仅会导致市场的乱象，而且最终会阻碍自身企业的成长与发展。

二、“经验主义”角色

许多中小企业的决策管理者惯于凭借主观经验来进行决策和管理，这些决策管理者也就成了“经验主义者”。决策管理者的经验主要包括行业经验、人生总结以及价值观念，不可否认的是，这些经验对于决策者以及企业文化建设而言确实是一笔宝贵的财富，对于企业的战略决策方面也有着重要的参考价值。然而，如若唯经验而轻实际，决策权集于一人而不集众人之智，那么决策失误的可能性必然很高。企业的决策管理者若过于乐观主义或高估自身实际情况，便可能会成为盲目自信的西楚霸王，最后落个满盘皆输。因此，企业管理者若成了“经验主义者”，那么企业的发展也将会愈发脱离实际，进而昙花一现，无缘基业长青。

三、“急功近利”角色

急功近利是企业决策者们最容易犯的错误。一旦在决策过程中一心冒进求利，决策者就会变成“急功近利者”。在数字化催生，人们正处于一个日新月异的时代，市场风云瞬息万变，企业家们必须时刻洞察行业动向，以便及时作出相应的战略决策。每一个企业家都有着美好的愿望，都希望把蛋糕做大，然而现实中存在诸多不可控的因素却又制约着企业做大做强。

企业家容易在现实与理想的落差之中变得迷茫，而若在迷茫中不能保持镇定与理性分析的话，企业家们很可能会变得急功近利。在进行决策时，在急功近利心态的驱使下，易使企业决策者们作出错误的决策，从而导致一步错步步错的局面。例如，近几年医药企业进军大健康产业蔚然成风，因为云南白药在日化牙膏领域的巨大成功，引起众多医药集团进军日化大健康，一时间，各种养生水、化妆品、健康食品流行市场，热闹非凡，遗憾的是，并没有几家取得成功，倒是不少企业赔了夫人又折兵。因此，企业的决策者们在进行战略决策时需高瞻远瞩，理性综合考虑自身资源配置，切忌急功近利，毕竟心急是吃不了热豆腐的！

拿破仑说：“做决定的能力最难获得，因此也最宝贵。”在关键时刻能够作出正确决定的能力更难得。企业内部无论是高层管理者还是中层经理人，每天都要参与、制定和执行各种大大小小的决策，这些决策都直接或间接地影响企业的发展。因此，杜绝盲目跟风，谨防主观臆断，切忌急功近利，同时掌握科学合理的决策程序和方法，抓住决策的关键环节，方能作出正确且有利于企业长青的决策。

方向不对，一切白费

“很多人爬上梯子的顶端，才发现梯子架错了墙。”这句话是指“如果目标方向错误，接下来的所有努力就是竹篮打水一场空”。决策过程的第一步是确定方向，目标方向一旦确定，接下来的行动都会朝着这个方向进行。但实际上，许多决策者从一开始就误入“歧途”，殊不知，在这种盲目的情况下开始部署执行，投入了大量的人力、物力、财力，最终得到的结果却是南辕北辙！

因此，决策者精准定位非常重要，那么应该如何精准定位方向？笔者认为可从以下三步入手。

一、找准目标市场

定位决策方向的第一步就是确定目标消费群体，最终找到满足这些消费者的特定需求。新产品的研发都是基于满足特定群体的个性化需求。

在供过于求的商品市场，尤其是同质化竞争严重的医药健康领域，企业应该立足于自己特有的优势市场来进行营销活动，而并非“同等对待”所有市场，因为规模再大、拥有产品种类再丰富的企业都无法满足所有人的所有需求。灵活跟随市场动态，才能在激烈的竞争中得到更长久的发展。

根据企业决策目的的不同，定位目标市场的侧重点也会随之不同。如果其目的在于增加市场份额、扩大市场规模，那么其定位的侧重点在于分析竞品策略与洞察消费需求；如果其目的在于强化品牌认知，那么其定位的侧重点在于分析品牌定位与传播策略。因此，营销者必须具有敏锐的市场洞察力、敢于创新和理性评估价值的能力，才能够精准定位目标市场。

二、确定自我价值

找准目标市场解决了企业为谁提供产品或服务的问题，那么满足目标顾客利益需求则是企业的自我价值体现，确定自我价值的过程，离不开差异化营销赋能。差异化营销的核心思想就是“细分市场，针对目标消费群进行定位，导入品牌，重塑形象”，即满足目标消费群体关注的，而竞争对手却不能满足的这种特定利益需要。

有差异化才具备记忆点、识别度，市场竞争的核心是差异化，能够差异化营销的企业必将在竞争中拥有绝对的优势，实现成功突围。以神威药业在同质化竞争中成功破局为例，神威藿香正气软胶囊聚焦剂型创新，以“药效强、不苦口、不含酒精、易携带”的特点，通过差异化策略进行市场细分，瞄准新一代，提升品牌价值，抢占藿香正气品类份额。神威以藿香正气软胶囊为抓手，成功借力推出神威软胶囊系列，提出“藿香新选择，神威软胶囊”，为后续软胶囊产品运作奠定剂型特色优势基调。

创造差异并不是一件容易的事，在通常情况下目标顾客的价值需求会有很大的相似性，而过度的概念营销只会给消费者留下华而不实的不良印象。企业在差异化营销中，一定要分析目标受众对这一利益的需求程度、市场容量、竞争对手定位的优劣势情况以及可能产生的跟风指数等。

三、制定营销战略

营销的成功关键在于能否执行到位。营销方案能否达到理想中的效果，关键在于营销资源要素能否有机组合，同时每个营销要素在营销战略中是否处于合适的位置。决策者作为营销战略的制定者，必须具备敏锐的市场洞察力和评估方案有效性的能力。

依据战略方向信息反馈，决策者需要：首先，进行产品规划，挖掘产品的内涵和外延属性，使产品的诉求点独一无二；其次，进行价格规划，从相关者的利益来制定价格策略，并确定好各板块价格空间需求的应对方案；最后，进行动销规划，明确动销方案，分析各类影响动销的因素，根据动销策略选择不同的传播方式。

美国管理大师杜拉克说过：“战略家要在索取信息的广度和深度之间作出某种权衡，他就像一只在捉兔子的鹰。鹰必须飞得足够高，才能以广阔的视野发现猎物，同时它又必须飞得足够低，以便看清细节，瞄准目标进行进攻。不断地进行这种权衡正是战略家的任务，一种不可由他人代替的任务。”因此，市场决策准确度取决于营销战略的定位，决策者必须具备“眼观六路，耳听八方”的能力，必须养成勤于思考、善于抉择的好习惯。

跟着感觉走，决策风险有多大

大凡成功的决策者，都有很多相似之处。他们一贯独裁但又事必躬亲，任性随意到令人捉摸不透，但是他们的每一项决策所取得的结果都出人意料，这似乎在表明决策跟着感觉走并没有那么不靠谱。

很多企业领导人的决策其实就是凭感觉。企业领导人发现商机在何处，感觉就在何处。需要弄清楚的是决策者的决策感觉是什么？是决策者凭借自己的人生经验和价值观对客观现实的一种反映，还是其他？因为他们的构想往往很完美，但若是缺乏翔实的数据分析、环境研究等基础信息，决策者的感觉就容易出现偏差，进而作出错误的决策，乃至贻误良机，极大地影响企业的生存与发展。

在某种程度上，决策者的感觉并非一时头脑发热而萌生的，而是在长期积累的经验以及大脑对海量信息进行研判的基础上产生的，这不同于一般人的主观“感觉”。这需要决策者快速梳理海量信息，然后完全集中精力思考面临的问题，迅速作出判断，我们把这个过程称为快速推理。但是，如果在快速推理的过程中遇到信息不对称或信息不断更新的情况，那么决策者很有可能在此情况中出现感觉偏差。我们知道，决策者任何微小的偏离都会通过整个企业系统被无限放大，其造成的结果可想而知！未能抓住问题本质，制定出实质性的长远规划，最后，连决策者都会感到茫然，不知何去何从！

可见，没有严格规范的决策机制，跟着感觉走，要么会滋生独裁，要么会朝令夕改，无论是前者还是后者，其结果必将殃及企业发展！

20 世纪 80 年代，人们开始彻底地由直觉决策转向了逻辑决策。推动这种转变的两个关键因素：一是计算机的出现；二是集团日益庞大。前者使程序化决策逐渐常态化，后者以权力制衡使直觉性决策难以实现。外企的董事会负责战略的研究与制定，反观我国民营企业董事会，其成员的背景、资历、经验等因素影响了其承担战略决策的重任，致使制定企业的战略决策往往就落在企业家一人的肩上。

那么“感觉”在企业的决策中，真的无用吗？当然不是！一个成功的决策，等于80%的信息加上20%的感觉。感觉很大程度上与创意相关，而创意是在大量知识储备下用时海选知识经验环境及对事物的理解等融为一体而诞生的一种难以捉摸的东西，因此最好在你的身上或床边准备一个本子和一支笔，随时记录下稍纵即逝却又难能可贵的灵感！逻辑决策会降低错误率，感觉决策则可以帮助你产生一些极富创造性的解决方案。自信的决策者把逻辑当作一种工具，把感觉当作一种辅助。因此，要想成为一个杰出的决策者，你必须学会将感性与理性完美地结合起来，将一系列思想和工具运用于各种决策环境中。

杰出的决策者之所以能够成功拿捏住“跟着感觉走”的风险，是因为他们能够克服感性中两个负面影响。

第一种影响，克服焦虑情绪。企业家在决策时的焦虑通常是来自两种情况：一是他们真切看到了瓶颈却又拿不准未来；二是他们看到了机遇却又把控不住风险。

出色的企业家会用危机意识把握焦虑感，他们会从哲学高度，以领先时代十年以上去布局，用“危机意识”从容淡定地战胜变局，让“焦虑感”的出现成为不必要，让“任性”的出现成为土壤，亦才有可能成为“时代的企业”。

第二种影响，打消完美念头。现实中并不存在完美的决策者，即使拥有了新兴技术和设备，你仍然可能犯错误。当然，决策没有固定的模式，有的只是一念之间。因此，决策必须经过精心计划和深思熟虑。

导致决策失误的九种因素

企业领导人都希望自己制定的决策不会发生失误，但失误总是难免的，我们要做的是降低失误发生的概率。最终决策是否发生失误，并不取决于决策者的主观愿望，而是取决于是否找到并消除了导致决策制定发生失误的原因。

一、缺乏赖以决策的信息

制定决策就是谋求一种优化选择，即根据所掌握的信息对活动目标和方式进行选择，以使自己的活动，能最大限度地达成所寻求的目标。但是，如果决策信息不充分，也就无法进行这种优化选择。其原因有二：第一，在信息收集上的投入存在限制，没有投入充分的人、财、物来收集所必需的信息，这使决策制定人不得不在信息不充分的情况下，仅凭自己的臆断进行选择；第二，决策制定人受限于知识结构，不知道该收集哪些以及如何收集信息，甚至被淹没在信息的海洋中，没有能力从海量信息中捕捉对决策优化选择有用的信息。

二、决策程序随意性

任何决策都应遵循着科学的程序进行，这也最大程度上保证了决策的正确性。然而，实际经营中存在许多中小企业领导者在决策时随意性大，“拍脑袋”决策、个人专断决策、权责分离等现象，因此经常会造成重大失误，其主要表现在两点，即决策环节的缺失和决策程序的混乱。

决策随意性的问题，通常在中小企业反映较为明显。在数字经济时代背景下，若稍有不慎，一个错误的决策就足以把企业拖入危险的泥潭，为确保中小企业发展稳定，因此，决策制定必须作出限定规范。

三、决策机制存在缺陷

决策机制从根本上影响着决策的科学性，决策机制不完善也是导致决策失误的又一个重要因素。目前中小企业组织决策机制不完善集中体现在两方面，一是决策机构的不健全，二是决策制度的不完善。民营企业较为普遍的管理模式是“家族管理，一人独断”，这种管理模式在企业初创时期确实具有增强企业内部协调力、市场反应力以及降低决策成本的优点。而随着规模扩大，企业为增加盈利必然要横向或纵向扩张，为降低市场风险也要实行多元化经营。此时，企业家们对其他领域、行业的认知存在局限，仅凭个人很难作出正确的决断。有些企业一次次的决策失误使企业十余年的积累与努力付诸东流，着实令人扼腕叹息。同时，家族式管理和企业内部裙带关系成为制约民营企业建立和执行科学合理的规章制度的最大阻力，无章可循、有章不循、以情代法、任人唯亲具有普遍性，由此难以吸引和留住优秀的管理人才，人员素质和人员管理结构得不到良好的改善，这些问题也愈加明显。

四、决策权力单一集中

在实际决策中，由于缺乏集体的可操作性，中小企业基本上还是一把手独断决策。个人的认知毕竟是有限的，如果决策者缺乏正确的思维方式，必然导致决策有失偏颇。一旦组织中形成一种独裁的氛围，就很难广纳群智。千万不要认为“团队协作”就是让每个人机械地照搬一个人的意见工作。领导者应该要在组织中营造一个“畅所欲言”的良好氛围，允许企业内部的成员对自己的观点提出质疑，使团队成员能说、想说、敢说，以此降低决策失误可能会带来致命后果的概率。每一位成功的企业家都应谨记：失误的隐患往往容易在一个人成功的时候埋下，因为人在略有成就时容易掉以轻心。所以，登高易跌重，务必谦虚谨慎！

五、领导者缺乏自身素养

由于客观历史条件，我国有些民营企业家未曾受过高等教育，因此存在一些领导者自身素养偏弱的现象。其主要表现在理论水平较低、意志品质不坚定以及心理素质较差。他们在做决策的过程中，因受其自身眼界、阅历的限制，难免会出现缺乏长期发展战略的眼光及可持续的创新力，乃至决策方法不科学导致误判的问题。这部分企业家受限于没有全面系统地学习过经济管理知识，当处于产业升级、数字化变迁的时代则变得手足无措。不进则退，对此，青黄不接的民营企业今后会面临更严酷的市场竞争环境，靠经验主义的管理方式将很难在市场上立于不败之地。

六、决策制定者的情绪波动

情绪是人的心理对外部世界的特定事件和变化的一种不自主的反应，具体表现为喜、怒、哀、乐、忧、惧六种心理状态。

人在这六种不同的心理状态下，对于现有的问题，会因为心理状态的不同特点而作出完全不同的选择。喜极则易松懈，怒极则易冲动，哀极则易泄气，乐极则易狂妄，忧极则易彷徨，恐极则易保守。

决策者若处于喜极的状态，则容易在决策时过于乐观而掉以轻心；决策者若处于恼怒的状态，则容易在决策时未考虑周全而冲动行事；决策者若处于衰哀的状态下，则容易在决策时怯懦而保守行事；决策者若处于狂欢的状态，则容易在决策时狂妄自大而作出不切实际的判断；决策者若处于忧郁的状态，则容易在决策时薄喜多思而彷徨不定；恐极则易保守，决策者若处于惶恐不安的状态，则容易在决策时敏感多疑而作出过激反应。

任何一种情绪的发生，都会影响人的理性，使人无法进行正确判断和优化选择，甚至本末倒置，混淆是非。决策者若处于这六种状态下的任何一种心理状态都无法避免会发生失误。因此，决策者需要锻炼的是用理性控制感性，降低情绪波动带来决策失误的概率。

七、决策制定者的情感纠葛

情感是人的意志行为指向发生固着和黏附的一种心理表现。它让人不能及时地根据外部环境的变化而调整自己的目标指向和行为选择。情感纠葛也就直接表现为一种非理性的偏见，即爱屋及乌，恶其余胥。因为爱而毫无理由地看重一些人和物的意义和作用，同时又因为恨而漠视另外一些人和物存在的价值和意义。两者都会直接导致决策制定者所寻求的价值目标方向发生摇摆，忽视其所应该寻求的价值目标，从而使这种决策所寻求的价值目标与它所应该寻求的价值目标发生背离。

存其所爱，灭其所恨，可能是决策者个人的一种优化选择。但其所爱可能无助于企业的存在和发展，其所恨也未必有损企业的存在和发展。所谓“爱屋及乌，恶其余胥”可能会导致企业决策制定与企业发展所寻求的价值目标发生背离，作出一种从企业存在和发展的角度进行评价的非优化甚至是南辕北辙的选择。

八、决策制定者的价值偏好

价值偏好也就是决策者仅仅根据自己的标准来定义真善美和假恶丑，并固守一成不变的价值观念，不根据外部社会环境的发展变化来调整改变。每个人都有自己的价值观，并且会以自己的价值观作为判断事物和对事物进行取舍的标准和依据。

如果决策者所固守的价值观，与社会发展的实际不相容，或者与社会共同的价值取向有差异和矛盾，其又想当然地按照所固守的价值观对社会进行假设，把这种价值观强加给企业和社会，并作为制定决策的根据和标准时，那样，企业的决策方向必然不合时宜，失误也在所难免。

社会是一个整体，有其共同的价值观念和行为准则，脱离这种共同的价值观念和行为准则，会直接使自己的决策所依据的条件不现实、不恰当，决策便失去其现实性和可行性，那么建立在这种与社会共同价值观念所相悖的价值观念上的选择必然是非优化的错误选择。

因此，决策者在制定决策时要抛弃个人价值偏好，以社会共同价值观念和行为准则为基础，进行正确的决策。

九、决策制定者的思维惯性

每个人在长期的工作和生活中逐渐会形成自己特有的思考和解决问题的方式方法，只要不把这种方式方法僵化成固定不变的思维模式，那么它就可以成为决策者的一个有效的参照系，以节省决策制定的分析判断的时间。通过将问题放在可能发生的背景下进行分析，分析之后的结论可为解决问题提供思路，这会在很大程度上提高决策效率。经验的价值就在于此。但是，人天性中所固有的惰性，往往夸大决策所面对的实际情况中相同因素的作用，漠视其不同因素的作用，这就难免会犯刻舟求剑的错误。经验的危害也在于此。

因此，成功的决策制定者要学会抛弃自己不恰当的惯性思维，吐陈纳新，不断创新，同时学会接受他人合理的思维方式，群策群力，共同作出正确的决策。

优秀决策者拥有的“五颗心”

拥有优秀特质的决策者往往能够带领企业走向健康发展的轨道上，在危机时刻，挽狂澜于既倒，扶大厦之将倾；在平稳时期，步步为营，力争上游；在转型时期，从容淡定，华丽转身。事实上，在每天处理各种事务的决策中，决策者是否具备优秀的特质完全可以从实践中逐一得到检验。实践出真知，优秀的决策者往往都拥有以下五种特质：包容心、勇敢心、团结心、变通心以及辨别心。这些特质通过后天的锻炼和学习是可以培养的，决策者们只要持之以恒、坚持不断地实践和学习，一定能够拥有这些优秀的特质，从而极大提高决策的准确度。

一、第一颗心——包容心

决策者必须胸怀全局，掌握整个环境的大趋势发展，以整体的、动态的眼光来统筹决策，协调好各个局部的要素。

1. 善于倾听，包容不同的意见

善于倾听的决策者能够采纳不同的意见，汇聚不同的声音。在信息爆炸的时代，善于倾听更为重要。决策者只有了解了团队组织中的各方建议，包括基层员工、中层干部、班子成员以及外部专家，在此基础上才能准确地把握好集体的思维偏向和团队氛围，进而在决策过程中统筹兼顾，选择最佳方案。最终，决策者组织凝聚团队力量，与团队成员共同推动决策方案的执行与落地。

2. 善于平衡，包容软硬信息

所谓硬信息，主要指的是客观数据，包括统计数据、行业报告、报表分析之类的信息，它们从客观层面帮助决策者了解企业运营情况。所谓软信息，则是一种主观感受，来自客户和员工的反馈，它们从主观层面帮助决策者了解企业品牌形象。自信的决策者们能够清楚地辨别软硬信息，灵活地利用软硬信息，并把握处理好两者之间的平衡。

二、第二颗心——勇敢心

1. 敢于承担风险

很少有决策是百分之百零风险的，在决策制定后必然存在着众多不确定因素。决策者如果是一个追求理想的完美主义者，那么他行事的特点就是凡事力求尽善尽美，其实力求尽善尽美无可非议，但如果害怕承担出错的风险而变得犹豫不决、畏首畏尾，尤其是在情势紧迫没能及时作出决断的话，反倒使企业错失发展良机！因此，敢于承担风险，是决策者必须练就的勇气。

2. 敢于自我革命

决策者需要具有敢于自我革命的品质，在奋斗过程中底气才会越来越足。自我革命的关键核心在于自我扬弃，一方面，决策者不但要充分发挥自身的优势和特点，还要充分认识和利用企业的优势和特点；另一方面，决策者要做到“吾日三省吾身”，勇于自我批评，对于自己的失误须及时反省，总结经验，同时决策者对企业的弱势与不足也要了然于心，在实践中努力补齐短板。如今是一个百舸争流的时代、是一个突显个性张扬、独立性强的时代，企业唯有结合自己的优势和特点，形成具有鲜明特色的产品服务和业务风格，才能在市场中博得眼球，占一席之地。

作为企业的决策者，应该牢记：敢于自我革命能够使自身和企业始终充满生机活力！越是充满生机活力的决策者和企业，越会具有创新的思维和勇气。即使处于瓶颈期，也能够超越自身打破现状、摆脱困境！

3. 敢于克服阻力

任何一项计划的实施都可能会或多或少地违背一部分人的意愿或损害到其利益，因此，这一部分人就会成为决策者必须要面对的阻力。当支持者多于反对者时，决策者克服反对者的阻力要软硬兼施，尤其在关系到企业大局、生死存亡的原则性问题时，更要有足够的魄力使出雷霆手段，将决策坚定地实行到底！当团队集体推崇某一方案时，决策者也要保持头脑清醒，理性分析，不可人云亦云，若察觉方案存在不合理之处，必须敢于一票否决！敢于克服阻力是决策者魄力和威信的体现，也是让决策顺利实行、企业健康发展的保障！

三、第三颗心——团结心

1. 团结团队的意识

任何一项决策想要执行得完美，必须得到团队的支持！因此，决策者在做最终决定之前，一定要征集执行者们的意见，在协调中团结一心，统一团队共识，形成集体价值观。有一点必须相信，只有团队成员心甘情愿地去执行方案，企业的决策才能得以充分落实到位。

2. 团结团队的方向

决策者之所以能让团队成员坚定跟随、接受领导，就在于他能为团队指引出正确的方向。决策者高瞻远瞩的能够着眼于企业的未来明确企业方向，同时也能把握当下市场运营规律，瞄准市场的真空地带，不断挖掘有利资源，积极革新以适应市场的变革。团队在高度统一的方向指引下，劲往一处使，努力占领未来的市场！

四、第四颗心——变通心

1. 变通决策的节奏

拥有变通心的第一个关键就是能够掌握变通决策的节奏，这个节奏指的是将需要决策的事件分门别类，分清轻重缓急。轻重缓急是你做决策时所遵从的框架，需要你根据所处的决策环境、决策时机来定义。优秀的决策者不会被纷繁复杂、枝茂叶密的表象所迷惑，而是能透过现象抓住实质，选择最优的方法从容应对。做到这些需要决策者具有长远的目光、卓越的胆识以及当机立断的魄力。

2. 变通决策的模式

不要一味地用自己最擅长的方式来处理问题！人们在决策中之所以倾向“模式化”，是因为大脑喜欢偷懒，通过“设想”提前定义并不成立的认知。因此，决策过程中一定要注意避免各种思维定式和决策方式，固守沉疴对于决策者而言有害无益！做决策是一门艺术，而非科学，经常变通自己的决策模式可以帮助你产生一些更有创造性的解决方案。

五、第五颗心——辨别心

1. 辨别决策雷区

决策的雷区很多，最危险的莫过于跟风决策而不自知。比如看到关于某个竞品铺天盖地的广告，就认为这个产品一定很畅销；若专家和业内人士信誓旦旦，决策者便信以为真……新时代，创新是永远的主题，踩着别人的脚印注定走不出自己的精彩，有自己的主见是决策者有辨别心的前提！

2. 辨别道德雷区

孟子云：“人有所不为也，而后可以有为。”这句话是说人知道有什么是不可以做的，才能有所作为。在社会利益和经济利益发生冲突时，决策者应当毫不犹豫地选择社会利益，而适当地放弃一些经济利益，方为明智之举，当然对于从商人士来说，很难轻易做到舍利取义。

在互联网时代，品牌声誉是一笔无形的财富，坚持维护社会利益其实在某种程度上也是在塑造品牌声誉。贪图短期的效益而不顾社会利益，则可能使品牌多年积累的努力付诸东流。一次次看似毫无收益的善举可能在未来的某个时刻给企业带来巨大的效益。避开道德雷区，坚守社会效益，顺应民情民意，能够使企业的发展更加顺风顺水。

当然，成功的决策者所具有的特质不尽相同，但是如若能做到以上五点，也足以进入优质决策者的行列。最后，作为一个决策领导者，在任何环境中，请保持乐观积极的心态。因为你的乐观自信，关系到下一个决策的成败，也感染着身边的团队！

如何培养快速决策能力

决策的质量是否重要呢？当然！可是对许多处于特殊阶段的企业和行业来讲，决策速度对成败的影响不亚于决策的质量。在进行长时间且充分详细的分析和讨论后，虽得出了最优决策，却发现时过境迁，错失良机，如此只有遗憾！一些世界级的企业家、投资家做决策的速度都非常迅速，并为其带来了巨大的财富。在变幻莫测的商海中，正确而迅速决策对于决策者而言越来越重要！

不清楚自己的目标，没有抓住主要矛盾，收集信息不充分，头脑不够专注，精力分散……这些都是导致决策缓慢的原因。决策是一个思维过程，依赖于理性的思考。因此，作为决策者，可以参考以下六个决策步骤。

第一，坚定自身目标。有了追求的目标，才会有坚持不懈的动力。

第二，充分收集信息。充分的信息是正确决策的前提条件。

第三，理性思考做决定。喜极则易松懈，怒极则易冲动，哀极则易泄气，乐极则易狂妄，忧极则易彷徨，恐极则易保守。任何一种情绪的失控都容易导致决策失误，这就需要决策者在制定决策时理性思考，用理性控制感性。

第四，制定战略战术。要想取得胜利，公司必须要有一定战斗力，居安思危，不打无准备之战，才经得起战斗；要有正确的战略战术，才能战无不胜。

第五，及时进行决策评估。决策结束后并非万事大吉，而是应该整理好思绪对决策过程进行梳理，不仅要对决策过程和步骤进行评估，还要对决策可能产生的结果进行预测和评估。

第六，执行过程中发现新的重要信息，请跳到步骤一，否则请继续执行原定计划。

在此最重要的是第一步和第六步，最需要解释的是第二步，因为我们在决策过程中，总是会忍不住选择一种决策缓慢、执行效率低的方式：一边收集信息，一边做决定！在执行前，我们需要做的是尽可能多地搜集和分析有效信息。

当今社会信息更新迭代快，如果一边收集信息，一边做决定，决策者必将在纷繁的信息浪潮中迷失方向，容易造成朝令夕改！而决策最忌讳的就是无止境地修改！其实，一旦有了新的信息，我们往往未必能够辨别信息的重要性，但是这些信息却足以影响我们坚定的信心和正在执行的计划。因此，决策和执行必须分离，若非有重大信息牵涉其中，执行不应轻易停滞。

此外，你需要注意以下五个方面。

一、接受不确定性

要想培养自己的直觉，首先必须接受一个事实，即人类一直在探寻真相的路上，在尚未探寻到真相之前，必须要接受一个模糊的世界。

你必须愿意承认自己有时候也会犯错误，这是自信决策者的一个重要特点。不仅要勇于承认自己的错误，还要学会接受别人犯错。

人们总想证明自己是对的，有时候这种欲望过于强烈会使人逐渐丧失理性思考。它会蒙上我们的双眼，让我们看不到失败的信号，甚至会在事情出现问题时给我们制造盲目的希望。一定要让自己身边的人知道，犯错误没什么大不了，重要的是知错就改。

在团队中，决策者自身勇于承认错误，并能够进行反思检讨，团队成员能认识到犯错误是正常的，但必须懂得亡羊补牢，及时纠偏纠错。

二、适时放弃精确的逻辑分析

要想培养直觉，你首先要愿意接受这样一个事实：在做某些决定时，你实际上是在打开一扇通往未知世界的大门。

直觉世界里，很多事情的起始都是莫名其妙的。即使自己不确定所做的决定是否正确，但是直觉告诉你没问题，自己便可以充满自信地前进，直觉的力量便在于此。直觉的本质其实是一种快速推理，遇到问题时：

（1）让自己的大脑充满各种相关信息。

（2）对信息进行组块，以利于更加迅速有序地利用组合后的信息块。

（3）培养专注力。

（4）训练自己接受不确定性。

（5）培养直觉能力需要明白在何时何地应该放弃精确的逻辑分析过程，有的放矢才能培养出恰到好处的直觉能力。

三、培养快速推理能力

快速推理其实就是从混乱中创造秩序，关键在于将许多看似毫无联系的事实集中在一起，然后充分利用逻辑思维将此事实串联梳理。最核心的步骤就在于对信息进行组块。所谓组块，就是以块为单位来储存信息，而非逐条储存。

培养快速推理能力是一个长期的过程，首先你得让自己放松冷静下来！当你的大脑感到混乱，理性和感性发生冲突时，一定要先暂停决策。当一个想法不停地出现在你脑中，但你认为这个想法并不完美时，建议你暂时放下眼前的问题。当你不论怎样都无法集中精力，非常沮丧，根本无法思考问题时；当你很容易发脾气，感觉自己已经陷入了身心俱疲的状态时；当你无法清晰地表达自己的意思时……所有这些信号都说明你应该休息一下了。

四、增加备选方案

要想作出一个最佳的决定，你必须为自己准备尽可能多的备选方案。备选方案越多样，选择余地越大，决策就越无后顾之忧。培养发散思维，也就是为自己创造尽可能多的机会。培养聚合思维，这能够帮助自己从各种方案中择取最优的。务必牢记一点：方案越是多样，就越有可能从中选出最优最佳方案。

创造性整合，就是把各种非完整的方案整合成一个接近完美的方案。

增加备选方案有八个步骤。

(1) 对立面思维：站在对立面，在对立中寻求统一，任何对立都是相对的，不断地进行自我提问，自我反思，自我质疑，从而不断完善方案。

(2) 环境思维：不再只聚焦于问题本身，而是要认真审视周围的环境。凡事都有联系性，要从根本上解决问题，就要寻根溯源。对症下药，有些问题是由负面环境产生的，因此从环境入手会更彻底、更快速、更直接地解决问题。

(3)“假设正确”思维：假设所做的决定是正确的，从各个角度进行综合评估，选择众多方案中整体评估最优的。

(4)“假设错误”思维：假设所做的决定是错误的，先暂时离开问题本身，另辟蹊径碰撞出更多更有创意的解决方案。

(5)“假设成功”思维：假设自己必然成功，从现在开始，突破限定，努力创造奇迹，大胆作出决定。

(6) 向榜样学习：吸取他人成功的经验，结合实际，运用发展成自己的优势。

(7) 反向推理思维：从解决方案开始展开反向推理。如果采用直接推理，有时候解决方案无法确定，而假设确定某一解决方案，再通过目前的信息确认该方案不失为一种好方法，逆推简单明了。

(8) 用“孩子般的天真”看待问题：对第一次所见到的事物都细心观察，大胆猜想，不要束缚自己的想象力。

决定的框架有以下四方面。

(1) 思考：努力思考一个问题，直到彻底想清楚。

(2) 相信：相信你能找到正确的答案。

(3) 梦想：产生富有创意的解决方案。

(4) 勇敢：敢于推进自己的梦想，直到把它变成现实。

五、启动集体智慧

遇到下列情况时，召开讨论会，采取群体决策至关重要。

（1）觉得群体讨论能激发出更多备选方案时。

（2）需要外部专家的专业技术支持时。

（3）想让该决定更符合道德标准时。

（4）需要群体支持自己时，如果想要得到整个组织的支持，就一定要让大家来做决定。

（5）在组织群体讨论的时候，你可以通过说明，让大家接受你的建议，千万不要操纵会议，一定要学会认真倾听别人的意见。

（6）当你担心有人会反对你的提议时，建议你召开讨论会。这听起来似乎自相矛盾，但其实并非如此。如果你认为他人会拒绝你的提议，那么提议可能存在某些问题。当你对一件事情很热衷时，你很容易对它的缺陷视若无睹，而将优点放大，这样容易造成错误。经过集体讨论通过的提议则可以在一定程度上避免错误的发生。

引领决策成功的九大战略问题

企业决策的成功，离不开决策者的英明指导。决策者能否作出正确指导则取决于其是否能通过现象抓住本质，掌握战略要领。制定、实施和执行战略决策是公司管理的核心与灵魂所在，战略问题已经成为决定企业竞争成败的关键与核心。在此，我们将分析引领决策成功的九大战略问题。

一、确定战略愿景

管理者关于“组织的长远发展方向是什么，其在技术-产品-顾客方面的重点在哪里及其未来的业务范围”等问题的基本观点和结论，就构成了企业的战略愿景。

要确定公司的战略愿景并使其成为一种有用的、方向明确的工具，管理者需要完成三个明显不同方面的任务。

1. 提出使命陈述

使命陈述指的是具体说明公司目前正在开展什么业务，反映关于“我们是谁，我们做什么，以及我们现在正处于怎样的位置”此类问题的本质。公司的业务界定包括三个方面：公司尽力要满足的需求是什么？公司的目标购买者顾客群是哪些？公司所凭借的技术和能力以及公司所从事的活动是什么？这三个问题来自三个要素：顾客的需求（即需要满足的是什么）、顾客群（即需求满足的对象是谁）、满足方式（即公司如何为顾客创造并提供价值，以满足顾客群的需求）。

需要注意的是，良好的使命陈述都是高度个性化的——是提出这一使命的组织所独有的。很多公司失败或业绩不佳的原因在于管理者没有紧抓这三个问题以及三个要素，他们的注意力太分散、业务面太宽泛以及有限的资源太过于分散。

2. 作出决策

把使命陈述作为确定长期发展路径的基础，作出关于“我们将去哪里”的决策，确定公司的战略路径。通常情况下，战略愿景应当考虑到未来至少五年的时间。然而，选择公司的发展途径是一项艰难的任务，需要对下述问题作出理性的回答。

公司所面对的市场上正在发生怎样的变化？这些变化对我们必须遵循的发展方向意味着什么？我们应当转而满足顾客哪些新的、不同的需求？我们应当继续集中于哪些新的或不同的消费者细分市场？未来五年内公司应采用怎样的业务组合？我们应当努力发展成为怎样的公司？

3. 激励员工

用清晰的、令人兴奋并且能够激发组织承诺的术语宣传公司战略愿景。战略愿景应该传达一种具有更深刻意义的目的，这样员工就会认为他们在“修建大厦”，而不是“摆石头”。表述清晰明了的战略愿景能够激发员工对管理者所确定的未来发展道路的热情，能够形成一种激励组织成员的动力，能够激发组织成员树立个人目标。深刻且颇具意义的愿景陈述能够具体而微地描述出公司需要共同努力的方向。

二、分析战略形势

战略制定这项工作的完成不能仅仅依靠管理者的个人观点、良好的直觉和创造性思维。公司战略的制定和实施必须基于对公司内部形式和外部环境实事求是的分析。其中有两个最重要的方面：一是行业及竞争环境；二是公司的竞争能力、资源、内部优势和劣势以及市场地位。

1. 行业及竞争环境

在思考行业及竞争环境时，我们要注意以下关键问题。

(1) 行业的主要经济特征是什么？

(2) 竞争态势如何，以及各种竞争力量的强度如何?

(3) 哪些因素引发行业竞争结构和商业环境发生改变?

(4) 哪些公司的地位最强? 哪些公司的地位最弱?

(5) 关键性竞争成功因素包括哪些?

(6) 竞争对手下一步可能采取哪些竞争行动?

(7) 公司所处的行业是否有吸引力，取得高于平均水平的盈利的前景如何?

2. 公司竞争能力、资源、内部优势、劣势及市场地位

在思考公司的竞争能力、资源等状况时，我们要注意以下关键问题。

(1) 公司当前战略的运行如何?

(2) 公司自身的优势、劣势及其所面临的机会和威胁是什么?

(3) 公司在价格和成本方面是否具有吸引力?

(4) 公司的竞争地位有多强?

(5) 公司面临的战略问题是什么?

三、评估战略资源

营销界有句名言：只有那些能够比竞争对手更快更高性价比地建立起新的战略资产的公司，才能长期地赢得卓越的回报。公司的内部形势分析则是一项基础工作，完成内部形式分析有助于将公司的外部市场环境与内部资源和竞争能力相互匹配起来，制定出符合公司特点的战略。在这个分析过程中，SWOT 分析法无疑是最经典的，也是最基础的方式!

评价公司的资源强弱及其所面临的机会和威胁的时候，采用 SWOT 分析法，可以从整体上大致反映一家公司的业务地位。深刻地把握公司的资源能力和缺陷、公司所面临的市场机会以及危及公司未来利益的外部威胁，这对于制定相应的战略规划有着至关重要的意义。

1. 公司的强势

一项技能或重要的专业知识；宝贵的有形资产；宝贵的人力资产；宝贵的组织资产；宝贵的无形资产；竞争能力；某种能够使公司拥有有利的

市场地位的成就或属性；联盟或合作企业。

总而言之，一个公司所拥有的技能和专业知识、智力成本、独特的强大能力、各种具有战略意义的资产组合及其在市场上取得的成就，决定了公司参与竞争的资源补充。

2. 公司的弱势

缺乏有着重要竞争意义的技能、专业知识或某种智力资本；缺乏有着重要竞争意义的有形资产、组织资产或无形资产；在关键领域里缺乏某种竞争能力或竞争能力很弱；强大的新竞争对手很可能会进入市场；其他公司的替代品抢占公司的销售份额。

某种弱势使一家公司在竞争中受到损害的程度，取决于这项弱势在市场上的重要程度及其是否会被公司所拥有的强势所抵消或减弱。

3. 公司所面临的机会

客户群扩大，业务扩张进入新的地域市场或产品细分市场；扩展产品线的宽度，满足更多顾客的需要；利用公司现有的技术技巧或专业知识开拓新的产品线或进入新领域；前向或后向整合；有吸引力的市场进入障碍正在降低；所建立的有关联盟或合资公司扩大了公司的覆盖面和竞争能力；有机会充分利用新技术；市场上出现了向其他地区扩展公司的品牌或声誉的机会。

一般来说，公司管理者如果没有先确认公司面临的每一个机会，评价每一个机会可能为公司带来的成长和利润前景，那就不可能制定出与公司所处的形势相匹配的战略。

4. 公司所面临的威胁

竞争公司抢先利用了新兴技术；市场增长率乏力；有关部门所采取的管理措施会使公司付出很高的成本；客户或供应商的谈判能力提高；购买者需求和品位变动，偏离行业的方向；人口特征的变动所带来的不利因素可能会造成对公司产品需求减少；容易受到行业驱动因素的冲击。

机会和威胁不仅会影响到公司所处形势的吸引力，更重要的是它们要求公司必须采取相应的行动。成功的战略家的目的是：抓住公司所面临的最好的发展机会；抵御危及公司的竞争地位和未来业绩的外部威胁。

四、制定竞争战略

严格地说，行业中有多少竞争厂商就有多少种竞争战略，但是，从各个战略的具体细节中再上升一步，我们可以将这些战略之间最重要的区别简单归纳为：一是公司的市场目标是宽还是窄；二是公司所追求的竞争优势是与低成本相关还是与产品差别化相关。其中，区别最明显的竞争策略有五种。

以上无论哪种竞争战略，都是为了给公司创造竞争优势，赋予公司准确的市场定位。当公司在处理竞争力量和吸引购买者方面具有一定的优势时，公司就获得了竞争优势。战略进攻性行动可以竞争对手的强势为目标，也可以竞争对手的弱势为目标；可以采用终结性行动的方式，也可以采用同时多面出击的方式；可以是游击行动，也可以是先买性行动。而且进攻的目标可以是市场领导者、二流厂商，也可以是行业中最小的或最弱的厂商。

保卫公司当前的市场地位的防卫战略通常表现为：为潜在挑战者的行动设置障碍，巩固公司当前的市场地位，同时采取各种行动和措施阻止竞争对手试图展开的进攻（向他们表明，由此而引发的战争对提出挑战者来说得不偿失）。

战略行动的时机选择具有重要意义，行动者在有些情况下可以获得战略优势，而在有些情况下，做一名快速市场跟随者可能要比做一名开拓型的领先者成本更低、更容易。

五、匹配战略方案

多年累积的市场经验足够证明一点：遵循科学的战略制定原则可以避免灾难性的行动方案。我们从一些公司曾经出现战略失误的经验教训中总结出十条戒律，这十条戒律可以作为制定科学战略方案的指导原则。

（1）将能够提高公司长远竞争地位的战略行动放在最优先的地位，并予以制定与执行。

（2）针对变动的市场条件、未被满足的消费需求、消费者的购买期望、迭代更新的技术以及竞争对手的新动作等，迅速作出调整。

（3）投资创造竞争优势，投资拓展领域，投资开拓机遇，能够使公司拥有超越竞争对手的绝对优势。

（4）避免脱离现实内外部环境的战略。

（5）不要低估竞争对手的反应和承诺。

（6）谨记：攻击竞争弱势通常比攻击竞争强势能得到更多的盈利并且所冒的风险更少。

（7）在未拥有一定的成本优势的情况下，要慎重地采用降价策略。

（8）采用多元化战略注意要在质量、服务或产品性能方面形成显著的特点。

（9）避免“中庸之道”式的战略：避免在低成本和高差别化之间寻找折中，避免在宽市场定位和窄市场定位之间寻找折中。因为中庸之道的战略几乎不会产生持久的竞争优势和建立稳固的市场竞争地位，其结果往往是成本、特色、质量、吸引力、形象和声誉等都一般，都很难进入行业的前列与领导地位。

（10）时刻注意：为了从竞争对手那里攫取市场份额而采取的进攻性行动常常会引起市场营销战或价格战等形式的反攻——这对双方的利润都会造成伤害。

六、建立战略资源

企业一旦确定了战略，工作重点就会转向即将转化为行动和成果。组织充分实施战略需要不同的管理任务和技巧。制定战略大部分是市场驱动性的活动，而实施战略则主要是围绕人员和经营过程管理的运营驱动性活动。

成功的战略制定过程有赖于经营远见、敏锐的行业和竞争分析以及好的资源匹配关系，而成功的战略实施过程则依赖于领导层的出色表现、团队成员的完美协作、合理的资源配置、强劲的竞争力、强有力的战略支持政策以及运营方式与战略需求相符合等方面。

实施战略是一项行动趋向的、促使事物发生的任务，它检验着一名管理者在以下各个方面的能力：指导组织变革，激励人员，开发核心能力，建立有价值的组织的能力，不断改善经营过程、创建战略支持性的公司文化以及达到或超过业绩目标的能力。

不管组织环境怎样，都应建立以下八个基础。

（1）建立一个有竞争力、行动力和资源力量的组织以成功地实施战略。在关键的职位上安排合适的人才；厘清组织需要的技术、管理人才、技术诀窍、核心能力、竞争能力以及资源力量；以符合成功的战略实施方式制定决策、组织业务流程以及活动链活动。

（2）建立预算管理体系，以将足够的资源投入到对战略成功至关重要的价值链活动中。预算是战略实施的重要保障，关键的战略活动要得到100%的人力、物力、财力支持。

（3）制定支持战略的政策和程序。积极开展实践活动，建立支持战略的最佳制度。

（4）让价值链高效运转，并不断提高价值链活动的运作水平。不同的战略对价值链的元素要求不同。价值链活动直接决定公司战略的执行效果。公司若要提高战略执行水平，就必须不断调整和优化企业价值链活动。

（5）构建信息、沟通、电子商务和运营系统，使公司人员能更好地承担其日常战略角色。信息交流体系是公司的中枢神经，在公司战略执行过程中发挥着无法估量的作用。及时高效的信息交流可以使管理者对环境因素的变化迅速作出调整和反应，及时发现问题并解决问题，保证战略执行过程中不出现方向偏差。

（6）将报酬和激励与业绩目标和实施战略情况相关联。绩效考核体系指引着员工前进和努力的方向，科学合理的绩效考核体系能够激发员工的工作积极性。公司的考核体系一定要与公司战略相匹配。

（7）创建支持战略的良好工作环境和公司文化。文化对人的影响是潜移默化、深远持久的。文化能够影响人们的行为和决策，继而影响公司的战略执行。积极向上的公司文化能够促使员工更主动高效地完成任务。

（8）发挥战略实施所需的内部领导力量，不断提高实施战略的能力水平，只有强大的领导力才能保证战略目标的成功。

不管形势如何特殊，这些管理任务会反复出现于战略实施的过程中。根据某些因素的不同，这些任务中的一项或两项通常会比其他任务变得更加关键或更费时间。这些因素包括：是否存在需要改进的重大资源弱项，是否需要开发新技能，改变约定俗成的行为模式的力量强弱，追求速成结果或提高期末财务业绩的压力大小以及其他特殊的公司环境因素。

战略实施者首先需要明确：若要使战略成功推行，组织必须做好哪些事情。其次，战略实施者要考虑如何尽快地作出必要的内部变革。成功的战略实施者为顺利实施所选择的战略，不仅有专门的技巧来判断组织应该完成哪项任务，而且在寻找方法以及有效运作关键的价值链活动时极具创造性。

七、管理战略组织

娴熟的战略实施很大程度上依赖于有能力的人，高于平均水平的运营能力、竞争能力以及有效率的组织。因此，建设一个有能力的组织一直是实施战略的首要任务。

1. 挑选人才

挑选人才不仅仅是指在关键的位置上挑选有能力的人才，还包括建立一支高效的管理队伍，招募并留住那些战略经验丰富、技术技能优良和富有智力资本的雇员。建立一支高效的管理队伍必须确定实施战略所需的核心管理队伍的类型，然后寻找合适的人来填充每个职位，有时现存的管理队伍就很合适，有时需要从内部提升合适的人员或从外部引进经验、技能和领导方式各方面合适的人才，以加强或扩大现在的管理队伍。若仅有一支好的管理队伍是不够的，人才与组织的配备工作必须要比一般的管理工作进行得更加深入，才能为战略执行得更加有效提供充足的人力资源和扎实的知识基础。

2. 建立核心竞争力

建立核心竞争力，保证战略有效地执行，并随着内部和外部条件的变化对竞争力的内容进行更新。战略实施/执行中有关组织建设方面需要高度重视的是建立有竞争性、有价值的核心能力和组织才能的需求。这些能力可以帮助公司在运作一项或多项关键的价值链活动时，形成某种竞争优势；当现有战略能够被对手轻易模仿，而公司很难或不可能在更高级的战略基础上超越对手时，通往行业领先地位的另一条途径是在实施战略方面超越他们。在对手能够随时复制另一公司的战略策略时，更佳的战略实施非常必要。建立对手无法比拟的核心能力、资源力量和组织能力是在战略实施方面超越他们的最佳方法之一。

3. 构架组织结构和工作任务

以有益于战略执行的方式组织经营职能和过程、价值链活动和决策制定。关于如何组织能够支持战略的工作活动，缺少有说服力且能立即生效的规则。每家公司的组织架构都具有自己的特点，这些特点充分反映了被优先考虑的组织模式。这个组织模式随着内部环境、管理层对于报告关系的判断和由谁获得某项任命的市场态势而有所变化。同时，每项战略都源于自身的成功因素和价值链活动，因此，一种经过定制的组织结构会更加适合公司的发展。但是，除了需要建立符合公司特殊状况的组织结构外，其他需要重点考虑的方面对所有公司来说都是相同的。

八、营造战略文化

每个公司都有其独特的文化——独特的经营哲学和原则、解决问题和制定决策的方式、深入人心的“我们如何完成周围的这些事情”的模式、自己的口头禅（用以表明公司的价值观和它们对雇员的意义的反复讲述的故事）、自己的禁忌——换言之，是构成公司文化的自有的牢固信念、行为和思维模式以及经营实践和个性。

一种根植于战略实施所需的价值观、习惯和行为准则的文化有助于激发团队成员们以一种努力实现战略目标的积极状态工作，会显著增强战略实施的力量和效果。选择一种与现行公司文化中的“不可侵犯”的或不可改变的部分相一致的战略是决策者的责任。

1. 改变有问题的文化

变革一个公司的文化，使之与公司战略相结合，是最艰难的管理任务之一。变革公司文化是一项难度不小的工作，这是由于公司成员已经形成了固有的思维和行为习惯，他们对旧事物容易产生眷恋，不愿轻易舍弃。因此，管理层需要花费一段时间来剔除这些不合时宜的问题元素，最终扫除文化障碍，灌输对战略更有支持力的有利文化内容。

2. 象征性的文化变革行动

象征性行动的价值在于它可以向人们发出关于战略实施者希望鼓励的各种行为模式和业绩的信号。最重要的象征性行动是高层领导采取的、被视为榜样的那些活动——如削减领导人津贴以降低成本；另一类象征性行动包括任用和嘉奖那些作出新文化所提倡的行动和业绩的人员。成熟的公司和聪明的领导会熟练地运用象征手法、角色榜样、仪式性场合和团体集会来加强战略和文化之间的匹配度。

3. 实际的文化变革行动

除了代表性的一马当先和象征性的领导促进采用新的行为模式，并针对新的方式沟通原因以外，战略实施者们还必须说服所有相关的人，这些努力绝不仅仅是表面的。讲话和象征必须有实际的行动和真正的活动作为补充，采取的行动必须是可信的、高度可视的，并能够准确无误地显示出管理层对新的战略措施和相关的文化变革的承诺。

证明管理层真正致力于创建一种新文化的最强烈的标志包括：以“新培养”的经理代替旧文化中的经理，变革那些功能失调或阻碍新措施实行的长期存在的政策和运营实践，通过重组使公司结构与战略更加配合，将补偿激励制度直接与衡量战略业绩的新标准相联系，将物质资源从旧战略的项目和计划中转移到新战略的项目和计划中。

九、行使战略领导

良好的战略管理的步骤是极其简单的：制定合理的战略计划，实施计划，使其得到充分的执行，进行必要的调整！但是，作为一个“积极的促进者”，需要扮演许多不同的领导角色：幻想家、主要企业家和战略家、主要的行政长官和战略实施者、文化的缔造者、获取资源的人和对资源进行配置的人、能力的构建者、对过程进行综合的人、教练、危机的解决者、掌握任务的人、发言人、谈判者、激励者、仲裁人、协商者、政策制定者、政策强化者……有时成为独裁主义者和铁面无情的人是很有用的，有时最好成为一名倾听者和懂得妥协的决策制定者，有时带有强烈参与特点的同事型的方式会起到很好的效果，有时扮演一名教练和建议者很有必要。许多场合要求领导成为能够经常见到并有着宽裕时间的人，其他则只需要在尖端的仪式性场合出现，而将细节授权给下属。

在极大程度上，重大的变革活动应当以公司远景为动力，并且从上层的领导开始，对变革活动的领导始于对形势的判断，然后决定采用哪种处理方式。在推动战略良好实施的过程中，经理人员主要承担五种领导作用。

(1) 通晓正在发生的事件的现状，密切监督进展，找出问题，了解在良好实施战略的道路上隐藏着怎样的障碍。

(2) 促使公司形成一种文化和团队精神，从而使组织成员得到激励并获得能量，能够用一种适当的方式实施战略，保持高水平业绩的运营。

(3) 保持组织对变化的条件反应力，对新机会的敏感，使组织不断产生各种革新观念，在发展竞争性的、有价值的竞争能力和才能方面领先于对手。

(4) 实施道德领导，并坚持使公司像一个模范的公司公民一样处理各种事务。

(5) 采取矫正行动，改善战略实施状况和提高整体组织业绩。

传承是中医药发展的根基。李时珍医药集团于 1998 年在湖北蕲春成立，最早可追溯到明代李时珍祖辈三代经营的“李氏药铺”，现位居中国制药工业百强，是一家集中药种植、生产、研发、销售、中医药服务于一体的全产业链、跨地区的大型集团公司。在传承李时珍精神，弘扬中医药文化方面，李时珍医药集团付出了诸多努力：联合成立了李时珍药物馆、投资拍摄《大明医圣李时珍》、举办李时珍中医药寻根之旅、纪念李时珍诞辰 500 周年、全国社区文化活动等活动，企业不仅要传承药圣李时珍的思想体系，还要传承医药技术方法，更应发扬光大“大医精诚、医者仁心”的中医精神。

创新是中医药发展的活力。李时珍医药集团始终恪守传统，敢于创新，不管在产品、技术、研发还是市场营销，持续迭代更新，真正做到“传承不泥古、创新不离宗”。在产品品质上，坚持药材道地化种植、采收、加工生产，严格把关质量，保证产品品质与效果；在技术研发上，通过技术变“现”实现药草增值，集团现建有 7 大实验室，每年投入研发费用 5 000 余万元；在市场营销方面，把握药店转型脉搏，集团陆续推出导购员入店、品牌联盟、教练品牌、带教模式以及“李时珍微中医馆”的专业服务模式，备受零售行业推崇。

李时珍医药集团创新中医药服务模式，打造中医药全产业链高质量发展生态体系，成立中医药基层发展共同体的战略布局，目的在于打造“本草纲目”牌道地高标中药，全国布局“互联网＋数智共享煎药中心”，构建智慧科技中药发展新模式。“先有文化，后有品牌”，将中医药文化作为李时珍品牌建设的强力支撑。

“六步走”规范决策流程

国内外的竞争形式在不断变化，有相当部分企业内部却依然存在决策流程不规范的情况。尽管这些企业表面上喊着现代企业管理的口号，但实质上流着官僚主义的血液。这些企业内部的官僚主义在决策流程中体现在企业家的独断专权和刚愎自用，这种独裁式的管理模式若不及早进行革新，那么早晚会让企业付出难以承受的代价。如何更加科学、民主、合理地制定企业尤其是民企的决策流程成为企业家必须思考并解决的课题。

企业经营管理决策的一般管理程序，主要有六个方面的要求：其一明确决策内容在企业整个决策体系中的位置，以避免顾此失彼而造成的失误；其二确定决策分析方法，使决策建立在科学分析、合理论证的基础上；其三强调决策的每一个环节和步骤都在周密规划的基础上进行，以消除决策行为的随意性；其四细分决策过程和决策责任，以使参与决策的人能够清楚自身在企业中享有的经济福利、权力和地位，以及相应的责任；其五将决策过程详尽地记录，以便事后能够进行复盘和总结；其六建立和完善严格的企业决策制度和规范。

一、明确决策内容体系

大部分决策者对于其要制定的决策在整个企业决策内容体系，即企业目标体系中所处地位以及与其他决策之间的关系并没有深入准确地了解。这是导致决策顾此失彼，相互不协调的根本原因。因此，必须让决策人明确其所要制定的决策在整个企业决策内容体系中的位置及其相互关系，以提升企业整体决策的质量。这一步要求决策者对以下问题进行思考，并作出回答。

（1）所要制定的决策，从时间序列分析，它属于哪个时间段的决策？

（2）所要制定的决策，属于七大决策之中的哪一类？

（3）所要制定的决策，要服务的高一层次的决策是什么？或者说它是哪个目标决策的措施决策？它的下一层次的决策大致有哪些？或者说它是哪些措施决策的目标决策？

（4）所要制定的决策，从组织内部关系分析，它属于哪个层次？

（5）所要制定的决策，相对于企业的生存和发展，处在哪个层次？

（6）决策可能会在何处失误？

（7）决策失误的后果是什么？

（8）本人以什么来对这一决策的后果承担责任？

二、确定决策分析方法

确定决策分析方法，是对所要制定的决策必须采用的分析方法进行选择。不同的决策可以运用不同的方法，分析方法的选择会直接对决策质量带来重大影响。决策分析方法不对，决策质量就失去了保障。抛硬币、抓阄虽说是一种决策分析方法，但是这些方法不具有可靠性，且与决策内容没有任何联系。恰当地选择确定决策的分析方法是至关重要的。

这一步要求决策者必须对以下问题作出思考。

（1）对于所要制定的决策的分析方法，可供选择的有哪些？

（2）各种方法的操作难易程度如何？

（3）本人或本单位能熟练运用的有哪些？

（4）各种方法的运用成本如何？

（5）运用效果比较好的方法是什么？

（6）综合考虑，选择何种方法最恰当？

三、周密规划决策过程

周密规划决策过程，是指决策人针对企业的不同决策作出详细的决策流程分析和决策程序说明，并在就具体问题制定决策之前，对此流程和程序作出清晰的界定。当需要对具体问题制定决策时，严格按照事先确定的决策流程和程序来实施，如此可以有效避免决策的随意性。

这一步要求必须对以下问题进行思考，并作出回答。

(1) 决策的目标是什么？

(2) 决策赖以制定的关键信息有哪些？

(3) 由谁对决策的结果承担总的责任？

(4) 由谁对决策的不同环节和步骤上的工作承担责任？

(5) 决策的时限和地点有何特别要求？

(6) 制定决策的每项工作的先后顺序应该如何安排？

(7) 由谁对决策的贯彻实施承担责任？

(8) 决策修正的条件和程序是什么？

回答了上述问题，意味着决策过程的规划已制定出来。决策过程有了周密规划，从信息收集一直到贯彻实施，都明确了标准、要求和责任人。这样谁都不敢随心所欲地、不负责任地参与决策活动。

四、细分决策过程和决策责任

细分决策过程和决策责任，也就是对决策过程本身进行细分，让决策过程的每一个环节、每一个步骤都有具体的责任人。这种细分可以使参与决策的成员所拥有的决策权力与承担的决策责任相对应，以保证其能够最大程度上做到恪尽职守、尽心尽责。把一个有重大影响的决策，按照规定的程序要求，分步骤确定责任人，特定的人只对特定步骤上的决策工作负责，这也就通过分散责任降低了对决策人责任承担能力的要求。

1. 决策过程细分

决策过程细分是把一个连贯的决策过程细分为多个步骤、多个环节，使每个步骤和每个环节的工作相对独立地进行。这样既可避免因工作遗漏而导致的决策失误，又可方便明确和界定责任人。这一步要求与决策过程规划结合起来，并且也只能在对决策过程进行科学规划的基础上实施。

决策过程可从以下几个方面进行细分。

(1) 关系到企业生存和发展的外部环境变化信息的收集。

(2) 对这种变化信息进行跟踪调研。

(3) 确定是否对这种变化作出反应。

(4) 收集可用作环境变化反应的措施办法。

(5) 比较反应措施办法，并讨论拟定决策预选方案。

(6) 对预选方案进行比较，选择最优方案。

(7) 具体贯彻实施方案。

2. 决策责任细分

决策责任细分指的是界定决策过程的每一步和每一个环节的责任大小和责任承担方式，其内容包括对以下几个问题的思考和解答。

(1) 决策信息收集人的责任以及承担责任的方式是什么?

(2) 决策方案拟定人的责任承担方式是什么?

(3) 决策讨论参与人的责任及责任承担方式是什么?

(4) 决策拍板人的责任及责任承担方式是什么?

(5) 决策实施过程负责人的责任承担方式是什么?

五、详尽决策过程记录分析

详尽决策过程记录分析，就是在决策的实施过程中，严格按照决策过程规划的内容进行记录，如实地反映决策实施过程与决策过程规划之间的关系，以便在决策后进行检查，并明确落实责任人。记录的内容要求与规划的内容相一致，如果决策实施过程在某一环节或某个步骤上没有按照决策规划过程进行，必须有具体明确的说明。

决策过程记录必须说明以下几个方面的问题。

(1) 没有严格按决策过程规划实施的环节、步骤是什么?

(2) 为什么没有严格按决策过程规划制定决策?

(3) 是谁批准突破决策过程规划的?

(4) 这样的可能后果是什么?

(5) 应该由谁对这种后果承担责任?

六、完善决策管理制度规范

决策管理规范化，是实现企业持续稳定发展的一条重要途径。

企业的决策管理规范一般包括两大类制度：一是决策程序管理制度；二是决策方案论证管理规范。下面就企业必须有的两类管理制度内容作简要说明。

股东会决策程序管理制度：其目的是保证股东的决策参与权。其内容在《公司法》中有明确规定。

董事会决策程序管理制度：其目的是保证董事会的决策能按照科学的方法和合理的程序进行，避免企业领导人独断专行或拍脑袋决策。其内容包括决策种类的分析和不同种类决策制定过程的分步骤标准和要求的界定。

筹资决策程序管理制度：其目的是优化筹资渠道组合，节省筹资成本，规避负债风险。其内容包括对不同筹资渠道的可能性分析、不同筹资渠道的成本和风险分析以及筹资决策制定过程的分步骤标准和要求的界定。

投资决策程序管理制度：其目的是最大限度地降低投资决策的失误，提高投资收益，避免因为感情、情绪等因素而导致的决策失误。其内容包括投资的收益分析、风险分析、可行性分析和投资方案的优化选择，以及决策实施的活动步骤和决策活动责任人的界定等。

市场战略决策程序管理制度：其目的是保证企业经营战略的完整性和企业核心竞争力的建设，避免跟风随机决策和拍脑袋决策。其内容包括对市场战略的可行性分析、价值关联分析及决策制定过程的分步骤标准和要求的界定。

人才战略决策程序管理制度：其目的是保证企业发展战略的贯彻实施，服务于企业核心竞争力建设。其内容主要是对人才战略决策制定过程的分步骤标准和要求的界定。

重大市场决策程序管理制度：其目的是保证市场决策对市场战略的贯彻实施，并具体形成企业的核心竞争能力。其内容主要是重大市场活动的可行性分析、风险分析、成本收益分析。

三步搞定决策蓝图

文与可画竹，先有成竹在胸的把握，才能绘就栩栩如生的惊世神作；诸葛亮隆中对，早有三分天下的谋划，才能成就刘备蜀地为王的霸业。成功在于规划，“纸上谈兵”也能够为决策指引方向！决策者要想绘制出一份合格的决策蓝图，那就需要尽可能全面地考虑到诸多因素。一份优秀的决策蓝图能够让团队成员了解自己的职责，企业发展的方向和前途，以及目前企业所拥有的资源等。决策者绘制一份精确的蓝图就需要对问题有一个完整、正确、清晰且简明的认识，这是决策者在决策时胸有成竹的前提！

一、学会简洁地描绘蓝图

如果只有 5 分钟时间做某个决定，你陈述问题的时间就不应该超过 1 分钟，这样你就有 4 分钟的时间来寻找答案。要想清晰地描绘出决策蓝图，你需要了解以下几个问题。

1. 你究竟了解多少

在绘制决策蓝图时，决策者应当作一个现实主义者，从实际出发，尽可能收集到全面多样的信息，加深对问题的了解。

2. 你拥有信息搜集系统吗

关于搜集信息，应该预先建立一套全面搜集信息的系统，将各类信息进行整理归档，以便在需要的时候随时利用，并防止查找信息出现手忙脚乱的情况。

二、规划蓝图过程中的关键步骤

规划蓝图过程中有以下三个关键步骤。

（1）精确定义问题，这样才能清晰地看到自己需要作出怎样的决定。

（2）一定要意识到你在搜集信息的过程中可能会出现信息偏离现象，使用不精确的信息可能会让你错过一些重要的机会。信息偏离的现象主要有以下几种情况。

① 可获取性偏离：你越注意某些信息，就越容易在潜意识中夸大它的重要性。

② 经验型偏离：受个人长期积累的经验偏见的影响。

③ 冲突性偏离：跟你的信念相冲突。

④ 回忆性偏离：过于相信你的记忆。

⑤ 选择性偏离：基于个人兴趣，优先记住对你最重要的事情。

⑥ 锚定偏离：过于看重早先得到的信息。例如，销售人员总是喜欢先向客人推荐产品价格便宜点儿的款式，因为他们担心把客户吓跑了，可由于锚定偏离，一旦客户听了低价产品，之后便会很难接受产品更高价格的款式了。

⑦ 近期效应偏离：对近期发生的事情印象更清晰。

⑧ 个人倾向偏离：被自己的决策蒙住双眼，通常会更加努力地寻找那些能支持你的观点的信息。

（3）在列出问题时，一定要客观。乐观情绪不妨留到作出决定之后。自信的决策者都懂得：提出正确的问题比想出正确的答案重要得多。

三、绘制决策蓝图需要避免的五个问题

绘制决策蓝图需要避免以下五个问题。

（1）你可能距离问题太远，因而看不清问题的真正面目。

（2）你对自己遇到的问题过于熟悉，这很可能导致你掉以轻心。

(3) 距离问题太近，反而让你忽略大局，紧盯一处钻牛角尖。

(4) 太急于克服障碍，结果却忘记了自己最初的目标。

(5) 陈述问题不正确，这会让你的决策方向整体偏离。

第二章 产品力

马行日步，差异突围

何谓产品力

- 产品力是企业赖以发展的基石
- 产品力的五大核心要素
- 产品线就是生命线
- 好产品为何没有“好市场”
- 产品创新管理中的四个关键点
- 内涵外延双管齐下的产品创新
- 产品包装就是一个活广告
- 产品研发的五项基本原则
- 定价，是一门大学问
- 产品定价需考虑的心理因素
- 产品组合策略大有讲究
- 产品战略管理绝非小事

何谓产品力

产品力是六力营销的根本。产品力，即产品对目标用户的吸引力，主要从产品品质、价格、包装、体验等层面来体现。换言之，产品力就是一种通过满足消费者欲望和需求，使之产生购买欲的能力。产品力作为用户最可感知的环节，直接影响用户的体验与持续消费。

产品力由以下三个因素决定：产品的实用价值、产品的形象价值、产品的特定价值。

产品的实用价值。产品是市场上任何可以让用户注意、获取、使用或能够满足消费需求和意向的东西，可见，产品必须有实用价值，解决实际问题，对客户有帮助，而这正是用户选择产品的最根本目的。

产品的形象价值。在颜值经济时代，产品的外观设计、概念创意显得尤为重要，它可左右用户的购买行为。由于产品日益同质化，在满足基本功能属性后，消费者会在乎产品的形象价值。

产品的特定价值。随着消费进一步升级，用户更追求个性化服务，一些常规的属性已无法满足用户日益增长和变化的高需求，他们寻求彰显自身品位和身份，对产品的要求也越来越严格，这就需要产品通过一些特定功能来满足这种个性化价值体现。

归根结底，产品力就是竞争力、销售力。产品分内涵与外延，产品内涵可满足用户最基本需求，产品外延是策划、创意、营销价值的体现。如果产品内涵不足，不管其外延表现多么好、策划的多么传奇，也必然经不住市场的检验，最终被市场淘汰出局。

产品力是企业赖以发展的基石

中国医药市场从来不缺“百年老牌”，但过去很少有产品能够长盛不衰，相反“各领风骚三五年”的“爆品”比比皆是！企业往往热衷过度营销，在营销传播上不吝投资，花大把银子进行广告轰炸，在互联网、社交媒体上进行全方位种草、无孔不入。无奈，产品本身存在缺陷，或品质、或疗效、或药材、或故事乏善可陈，与消费体验效果相去甚远，再好的营销创意也无法持续，使“产品已随黄鹤去，市场空余广告词”的现象不断上演，留下诸多靠资金砸出的广告语。

企业家们应该明白，依靠营销固然可以迅速见效，但要成为“品牌”，尤其是成为行业标杆品牌，必须要从产品力本身做起。产品力强，营销才可能持久，才具备做强做大品牌的基础。

一、产品力主导药品的消费行为

对于药品而言，消费者选择的首要标准就是产品质量、疗效和安全性，产品力在药品的消费行为中起着绝对的主导作用。这些年，一些医药企业存有投机心态，单纯想以产品概念炒作的营销模式获取利益，这种方式显然比通过提升产品力来打造品牌要简单得多，但是结果往往会自毁前途，甚至还会殃及整个医药行业。这类事件频频曝光，使整个医药行业都面临着前所未有的信任危机。正所谓“医者仁心”，医药行业的道德观一直都是消费者考量的首要标准，离开了产品质量，提升产品力根本无从谈起。对于医药大健康而言，产品力是企业赖以生存和发展的基石。

二、产品力保障产业链条的优化

医药企业的市场困局、终端困局等营销瓶颈一直难以突破，其实就是企业长期忽视提升产品力的结果。当同质化竞争激烈时，通过产品力的提升，可以使厂商之间的关系由短期的利益捆绑成为长期的战略伙伴，使合作商能够进行系统的网络共赢和品牌共建，同时增加终端的拉力，减少零售商因产品疗效弱所产生的推荐风险，并重新确立生产企业的话语权，优化医药产业链上的各个环节，让其逐渐向阳光型产业迈进。

三、产品力促进药企的品牌建设

研发创新是必然的选择。随着国家监管力度的加大和市场竞争的日趋激烈，仿制产品在集采、定价上已受到影响，其发展也日渐乏力，产品研发已经成了众多药企必须面对的课题。因此，制药企业首先要丢掉急功近利的想法，抛开异想天开的产品开发思路，制定切实的产品研发战略，对资源进行调整，使之向产品研发倾斜。同时积极开展与药品研究机构、相关高校课题组等的合作，重视产品研发阶段的市场研究分析，使产品研发与市场紧密结合，从而塑造更强大的产品力，带动企业持续发展。

四、产品力是成就品类标杆的关键

正所谓“皮之不存，毛将焉附”，没有强大的产品力做支撑，企业的品牌建设无异于空中楼阁，无所依附。大企业难以维持品牌忠诚度，小企业难以打造品牌认知度。因此，产品力的重要性不言而喻！它能促使品牌知名度转化为品牌美誉度、形成品牌忠诚进而实现转化为生产力。对中小企业而言，强大的产品力能够明确品牌建设的方向、降低品牌建设的投入风险，使企业在未来的品牌竞争时代掌控未来。

随着医改的不断推进，医药政策规范趋于完善，那些靠投机取巧打概念牌的时代已一去不复返。谁能成为医药行业全球化发展的代表，谁能在中医药行业的国际市场上崭露头角，最关键还得看其产品全球化的竞争能力。产品力是成功营销之根基，这是中国医药企业家必须牢记于心的价值观。

五、产品力成就罗浮山百草油的传奇

产品力靠文化传承，也要靠科研创新！传承是中医药发展的根基，创新是中医药发展的生命活力。广东罗浮山国药股份有限公司立足中医药，传承创新葛洪文化，依托罗浮山百草油带着的“非遗光环”，且拥有着历史悠久的著名产品。

这家坐落在“千年古郡，人杰地灵”岭南名山罗浮山下、始建于1970年的企业，至今已有50多年发展史，是广东省中药企业20强，更于2020年步入中国中药企业百强之列，2021年，罗浮山国药实现总产值近10亿元。

作为罗浮山国药的主打产品之一，罗浮山百草油制作技艺不断发展和提高，其制剂质量标准已上升为国家药品标准，罗浮山百草油OTC药品属性、穴位涂抹、新品规等均获得国家药品监督管理局批准，奠定了罗浮山百草油的发展基础。早在2011年，罗浮山百草油制作技艺成功入选第三批国家级非物质文化遗产名录。

罗浮山百草油，其古老的药方由葛洪在罗浮山创制，具有很好的祛风解毒，消肿止痛功效，尤其是独特的“解毒”功效，在治疗虫蚊咬伤方面疗效显著，备受零售药店终端及消费者认可与信赖。此外，罗浮山国药还创立了以罗浮山百草油为基础的“阿是疗法”，阿是疗法是根据传统中医刮痧、推拿、按摩理论和技法，用罗浮山百草对人体疼痛点（阿是穴）进行治疗的一种方法，对颈椎病、肩周炎、腰腿疼痛具有明显的治疗效果，目前企业在全国各地组织团队开展公益治疗活动，深得各地政府、民众的好评。

不仅如此，为快速提升技术水平、实现创新突破，罗浮山国药与北京中医药大学、广州中医药大学、广东药科大学、广东省中医药工程技术研究院等 10 多所国内顶尖高校、研究所开展深入合作，建立起多个重点实验室、博士后科研工作站及创新实践基地，推进产学研一体化发展。

未来的罗浮山国药将继续立足罗浮山，充分利用罗浮山资源，从葛洪著下《肘后备急方》到屠呦呦研发青蒿素，从罗浮山“洞天药市”到罗浮山百草油，承袭千年历史文化基因，助力中医药不断创新、走向世界。

产品力的五大核心要素

产品力指的是企业开发满足顾客需求的产品和服务的能力。产品力强，从陈列在货架上开始到顾客接受消费和使用，都是用实力在说话。没有产品力的营销是无根之木，企业若依靠炒作、不能兑现的承诺、饮鸩止渴的促销、竭泽而渔的短线操作等营销方式来实现眼前的虚假繁荣，则必然会遭遇大厦倾倒的结局。不用说，企业在打造产品力的过程中必须注意以下五大核心要素。

一、产品的质量

没有质量保证的产品，再好的营销也只是营造了一场“水中花、镜中月”的幻境。因此，企业营销的立足点必须回归到产品本身的质量。产品质量是企业的生命。离开了产品质量，品牌、发展、竞争等都是“空中楼阁”，尤其是对于医药行业而言，产品质量更是行业赖以生存和发展的基石。

产品质量，不仅成了现代企业发展的一个永恒主题，更是品牌实现“百年基业长青”的重要砝码。正如同仁堂依靠多年的经营，成功在消费者心目中树立了童叟无欺的品牌形象。在企业生存和发展“靠质量树信誉，靠信誉拓市场，靠市场增效益，靠效益求发展”的今天，谁拥有过硬的产品质量，谁就能在激烈的市场竞争中脱颖而出，更能实现在医药行业的全球化市场浪潮中立于不败之地的远大目标。大量事实充分证明，只有重视质量的企业才是有活力的企业，才是有前途的企业。

二、产品的创意

创意产品指的是企业生动、深刻的描述和表现产品。具体创意和表现产品的形式有：文字、声音、图片、影视多媒体、活动展示、产品实体展示等。中国有句俗话：耳听为虚，眼见为实。因此，如果要吸引顾客购买，单凭一张嘴说是不够的，要使出上述的十八般武艺，利用好视听化工具，增强营销氛围。产品包装和陈列是非常关键的创意场景，包装样式和陈列方式与产品在销售终端的曝光率直接相关，独具特色的包装以及显眼的摆放位置能够更有力地抓住顾客的眼球，从而进一步激发顾客继续了解产品的兴趣。因此，必须重视产品在终端的展示和陈列，尽量争取到比其他同类产品更显眼且方便拿取的陈列位置，比如药店入口的货架、与视线平齐光线充足的位置等，进而提高自家产品的购买率。

三、产品的命名

一个别出心裁的名字能够为企业省下千万级的广告费。产品命名是产品独特性最大化的浓缩，是顾客了解产品的第一元素。巧妙的命名会让企业在品牌宣传时事半功倍，反之，不合适的名字就会让企业在品牌宣传时事倍功半。一个恰到好处的品牌名称应当符合三大标准：第一个标准是好说、好听、好记；第二个标准是能激发好的联想；第三个标准是能凸显并向顾客传达产品利益或卖点。

在为品牌命名时，可以选用能够直接表达产品意义的词语，也可以选用一些看似不相关，但是能够激发联想进而传递产品利益点的词语，如同仁堂、脑白金、农夫山泉、古汉养生精、至宝三鞭丸等。同时注意，在选用有明显意义的中文词语时，要特别注意该词语意义与产品利益点的关系，如果处理得当，则可帮企业节省广告费用。

四、产品的文化

当听到“得到你是我一生的幸福——德芙巧克力”时，德芙就不仅仅单纯代表巧克力，更是代表着甜甜蜜蜜的爱情；当听到“怕上火，喝王老吉”时，王老吉就不仅仅只代表一种饮料，更传达了朋友聚会时能无忧的尽情享受生活的欢乐。

产品文化内涵得以确立，这是塑造品牌的基础，也是产品在消费者心中生根立足的原动力。企业要确立产品文化内涵，首先要做的就是研究分析市场信息，这些信息包括：竞品的特点、定位、策略、市场分布状况以及其文化内涵等。通过细分市场、区隔与各大品牌竞争，同时结合自身产品的特点来创意合适的文化内涵。在此过程中，企业应遵循的最重要原则，就是“避免跟风”和“自说自话”，只有充分了解广大消费者的产品认知，才能最大限度地满足消费者的需求。

五、产品的附加

产品附加指的是顾客购买有形产品时所获得的全部附加服务和利益，包括信心承诺、自我彰显、心理满足感、免费送货、质量保证、安装、售后服务等。美国学者西奥多·莱维特曾经指出：“新的竞争不是发生在各公司的工厂生产什么产品，而是发生在其产品能提供何种附加利益（如包装、服务、广告、顾客咨询、融资、送货及具有其他价值的形式）。”其实无论是有形产品还是无形服务，本质上都是服务，是完整的顾客解决方案的一部分。就区别而言，有形产品是可售卖的服务，而无形服务是产销不可分离的。这一点在尚未完全树立“信任度”的医药电商、直播带货领域尤其适用，医药互联网营销越能提供良好品质贴心咨询、售后服务，越能够赢得消费者的好评，从而形成良好的口碑效应。

总之，“产品力”才是营销之本，产品有内涵与外延之分，只有两者兼顾，企业的成功营销才能更加持久，品牌建设才具有社会价值。

产品线就是生命线

药企在进行产品线规划时，极容易陷入两个误区：一是不考虑自身的实力和强弱项，盲目导入多种产品；二是缺乏对不同终端市场适合哪些产品的专业判断，以模仿为主，规划产品线时眉毛胡子一把抓，造成产品线出现混乱状况，如一盘散沙，更无从谈起核心爆品引领。因而合理规划产品线首先要审视企业资源优势，从实际出发，聚焦核心单品，立足市场创品牌，整合产品做规模。

一、审视企业的产品线

对照以下四个现象，即可发现企业的产品线是否存在混乱情形。

1. 兄弟产品是否“自相残杀”

同一企业旗下子公司的产品间功能、价格出现高度重叠，这明显意味着目标客户群是重叠的，据此，必然会导致自相残杀的恶果。

2. 营销费用短时间内是否幅度增长过快

根据规模经济的原理可知，规模可以降低各种管理费用，企业集中做一个产品或者一类产品的难度比做多个产品低多了。如果在短时间内企业内部的营销费用急剧增长，则需及时审视是否在同时推进多个产品？若毫无主次地同时推进多个产品也是产品线混乱的表现。企业集中做大几个或者某类产品才是明智的选择。

3. 物不尽其用，人不在其位

物不尽其用，人不在其位？其实是要企业审视自身的资源配置是否到位。产品线过度复杂或出现混乱的情况，会使资金和内部的资源被平均化分配，这种大而全的分配方式极大地消耗了企业资源，却发挥不出真正的效用。

4. 成本上升但产品品质却下降

企业管理者只考虑产品线的整体数量往往没有足够的精力去关注更重要的推广问题。一家企业生产线的柔性都是有限度的，过度复杂的产品线会导致生产的转换成本提高，同时可能会带来产品质量的下降。

针对以上四点，要考虑产品线的规划和整合问题，那么第一步就是从现在开始自我审视！

（1）企业在经营多少个产品？

（2）利基或量基产品有几个？

（3）哪些是有竞争潜力的产品？对此，企业发展计划是什么？

（4）通过怎样的方式来拓展产品线？

（5）新产品进入市场会给原有主力产品带来怎样的影响？

二、产品线延伸

当产品在市场上发展到一定规模时，想继续做强做大，占据更多的市场份额，往往会采用产品线延伸策略，它主要借助消费者对现有产品的认知度和认可度推出新品，以期通过较短的时间、较低的风险实现快速盈利，迅速扩大市场。

产品线延伸策略可分为以下三种类型。

1. 向上延伸策略

向上延伸策略是指企业原本生产中低档产品，后在此基础上逐步增加中、高档的产品或业务。向上延伸可以有效地提升品牌价值，改善品牌形象。一般而言，高端产品的利润丰厚，如果产品的高端市场潜力大且企业又具备进入的条件，则应抓住机遇，开拓高档产品市场。企业在进行向上延伸策略时，要解决的问题是如何实现企业和产品的成功转型，使消费者信赖所营销的高端产品。

2. 向下延伸策略

向下延伸策略是指原本生产中高档产品的企业在现有产品线内增加中低档同类产品，进入中低端市场。这可以使企业资源得到更充分利用，并进一步分散经营风险。但这种策略也存在风险，如果运用不当，有可能会损害原有产品的声誉和品牌形象。另外，由于中低档产品可能需要另辟销售渠道，这就可能会增加企业营销费用的支出。

3. 双向延伸策略

双向延伸策略是指正在生产中档产品的企业在现有的产品线内增加高档和低档的同类产品项目，同时进入高端和低端市场，从而扩大企业的市场阵地。但是，只有企业在中端产品市场上已取得市场竞争优势，且有足够的资源和能力时，才可以进行双向延伸，否则还是单向延伸较为稳妥。

产品线延伸管理需要注意的两个问题。

延伸产品线在一定程度上说明了企业实力有所增强，这是良好的势头。如果在延伸产品线的过程中产生混乱且没有恰当地处理好混乱，那么将会淡化品牌原有的个性和形象，增加消费者认知选择的难度，销售利润难以填补开发和促销成本，严重的甚至会造成同一产品线中新老产品自相残杀的局面。如何避免这些情况，产品线延伸管理成为产品线延伸中不得不认真考虑的问题。产品线延伸管理需要着重思考以下两个问题。

1. 延伸的底线在哪里

有一个问题一直令企业管理者困惑：产品线延伸的底线在哪里？当霸王推出凉茶，海尔转攻 PC，娃哈哈卖起了酱香酒……我们看到了企业在品牌延伸时的勇气，也看到了企业在品牌延伸时的急功近利。事实证明，消费者往往对多数的品牌延伸并不认同，根本的症结在于，延伸产品的特性与品牌的核心价值并不相适应！

企业在进行产品或品牌延伸时，不能只看到市场空隙背后巨大的利润空间，而忽略了分析自身的品牌定位及品牌核心价值。现有的品牌核心价值是否支持即将进行的产品线延伸？支持到什么程度？这些都需要进行严谨、理性的分析，盲目的延伸只会让消费者产生混乱感，继而失去对品牌的信任。

因此，在产品延伸中，品牌核心价值决定了品牌延伸的最大范围，也就是说品牌的核心价值决定了产品延伸的底线。如果具有相同的核心价值，即使在类别差异甚大、属性各不相同的产品之间也可以进行延伸。

2. 延伸的后路在哪里

经过产品线延伸后的新品再次面临渠道的规划和设计，这是让许多企业都犯难的问题。选择原有成熟产品的渠道，销量不但没把握跟上，还可能与原有产品形成冲撞，这让渠道商很难接受。而选择新渠道，面临着开发成本高、风险大的难题，尤其是专业的强势渠道，新品的进入概率可谓小之又小，这是中小型企业很难攻克的瓶颈！

其实，产品的渠道战略是一个需权衡选择的过程，它要企业在权衡中加强渠道的渗透力度。企业可以根据不同的产品定位和产品用户来选择渠道，要平衡好其现有资源与满足顾客之间的关系；通过比较不同渠道的获利能力选择最合适企业的组合渠道，以便于日后调整和改进，具有相对稳定性。此外，还要了解主要竞品使用的渠道种类以及每条渠道的市场份额，并将这些数据与自身情况作对比，通过分析每条渠道的相对获利能力、渠道种类的增长速度以及市场覆盖率，让企业在市场竞争中更加有利和有的放矢。

好产品为何没有“好市场”

据不完全统计，目前中国药品生产企业至少有 4 000 余家，在规模如此庞大的行业里，只有拥有自己独特的生存法则的企业，才能在行业竞争中占据一席之地。许多药企的董事长、CEO 们谈起自家产品力时，往往会津津乐道：拥有国家专利、选用珍贵药材、技术领先、效果如何好等。他们坚信自己的产品一经推出必然会有广阔的市场前景，只要上市就会热销大卖，然而，现实情况果真如此吗？

经过一番市场征战后，投入产出严重失衡，其产品的销量和口碑未尽人意。探其究竟，高管们也是“丈二和尚——摸不着头脑”。我们也不禁反问：好产品为何没有好市场？

一、定位不清晰

企业在营销过程中需要思考的问题很简单，无非是“卖什么”“卖给谁”“怎么卖”三要素？且不论产品优劣，许多企业高管对于自家产品的定位并不清晰，对目标消费群体的界定也很模糊，对产品的一句话营销更不聚焦。然而，只有找到产品的差异点，精准定位到目标市场的特需人群，产品的渠道营销和品牌传播才能有的放矢！营销中常言道“需求就是市场”，而更严谨地说，应该是“找对真正有需求的人，才会有市场”。如果企业管理者在贪多求全的思维中不懂得舍得之道而一意孤行，则很可能得不偿失，最终让产品或企业在竞争大潮中退出市场。

企业管理者都应该清楚，高度市场化的经济时代，同质化产品比比皆是，很多都是跟风以迎合市场需求，结果形成红海之势，由于缺少定位差异，绝大多数都黯然惨淡。

那么如何刺激选购、引导消费呢？企业管理者们需要将更多的精力放在需求洞察与市场导向上，以差异化营销的思维找到区别于竞争对手的战略和策略、管理和服务以及相关针对性强、有销售力的宣传方式和营销模式，认清方向，找准定位，塑造产品的核心竞争优势。反之，如果不具备这些条件，自以为再好的产品也只会导致滞销，所投入大量的人力、物力、财力，换来的结果也将是竹篮打水一场空。

二、规划不科学

作为企业决策者，一定要有长远的发展规划，打好发展基础，增强发展后劲，千万不能太随性。

很多中小企业的管理者们普遍存在以下问题：缺乏战略规划和风险管控，多数情况下任凭感觉行事，产品习惯跟风；热衷学习成功企业的营销模式却没吸取到其中精髓；根据自身经验判断推出的新产品却特色不足，在市场上缺乏核心竞争力。因此，如何发挥好各环节的优势资源，体现自身的独特价值，显得尤为重要。当然，所有这些工作都有赖于企业管理者的长远眼光、资源整合和管理经验。

对于大型企业而言，资金从来都不是问题，但管理者们容易陷入一个思维怪圈：认为做品牌就是要砸资金投广告，投入的资金越多品牌就越强。其实不然，打造品牌需要钱，但策略仍然是第一位，好钢要用在刀刃上。医药行业花巨资投广告但收效甚微的案例不胜枚举，究其原因就是规划不足，高空和地面没有有机衔接，投放的广告大都打了水漂。而反观一些缺少资金投入的企业，踏实认真做好 B 端市场，创行业品牌，线上线下紧密联动，狠抓终端市场，很容易成为行业黑马，如星银医药的迈之灵片，经过重新定位、IP 营销、线上线下传播推广，短短几年时间发展，仅零售药店市场，便有望突破 10 亿元大关，取得可喜业绩。

三、入市不合时

进入市场不合时宜的产品，通常有两种情况：一种是进入市场太早，另一种是切入市场太晚。对于医药企业而言，也许产品在剂型、工艺等研发方面取得了新突破，但当这些优势无法有效传递给消费者时，或者信息不对称，就免不了陷入遭冷遇的境地。

遇到这种情形，最重要的就是做好产品教育或消费引导，如果策略正确、资源用好、执行有力，很可能会脱颖而出、独占市场鳌头，但也有可能来不及唤醒消费，就“折戟沉沙、销声匿迹”了。

眼前医药行业政策集采正当时，不少在临床市场赚得盆满钵满的企业要及时调整战略，转战零售市场，实现转型升级，不能怀着侥幸心理，或者坐以待毙。很多先知先觉的企业在零售市场大放光彩，将临床学术经验转化为零售市场的专业化推广能力，再辅以适度品牌运作，效果会立竿见影。

早从 2016 年开始，中国医药电商行业进入发展期，多轮政策利好接踵而来。先是取消医药电商 B、C 证，对网上药店予以放行；紧接着是鼓励“网订店取，网订店送”的类 O2O 的配送方式；再是各地试点电子处方和处方外流，为“互联网＋”医药提供了机会；最后连“含金量”最高的 A 证亦予以取消，医药电商全面解禁。2020 年疫情出现，助推了医药电商的迅速发展。

在国家政策的规范指导下，在市场需求的推动下，尤其是 Y 世代、Z 世代消费群体的崛起，医药电商、社群直播等迎来发展利好，市场空间潜力巨大，目前还在观望的医药企业，应该抓住进入时机迅速将好产品切入市场，参与竞争分一杯羹，为未来发展占据一席之地。

四、品牌无优势

好产品不等于好品牌。好产品是消费者都喜欢的，但事实上，当下的好产品并非某家独有，市场竞争还是异常激烈的。那怎么办？当好产品不是唯一时，或者希望好产品持续产生销售力时，就要依靠品牌的力量来带动。品牌能带给消费者良好的信赖感与体验感，既有安全感又有亲和力。有品牌的产品其消费者忠诚度自然会高，而没有品牌的产品则少人问津或无人问津。

非处方药品更需要品牌的力量，医药当品牌逐渐增多时，就需要建设标杆品牌，成就品类标杆，这样企业竞争力强，才能走得更远更长久，比如减肥药品类标杆——雅塑奥利司他胶囊、新一代藿香正气品类标杆——神威藿香正气软胶囊、胃肠胀气品类新标杆——太极沉香化气片、中国敏感肌肤药妆品牌标杆——贝泰妮集团薇诺娜、适合中国人体质的钙品标杆——朗迪钙、百年老字号品牌标杆——同仁堂等。当品牌成为行业标杆时，其核心竞争力就更强了。

总之，好产品要有好市场，就必须做好科学规划，要有清晰的定位，选择最佳的时间切入市场，要么有品牌的带动，要么让产品成为品类中的标杆，打造其核心竞争力，这样，才能成为市场上真正的王者。

产品创新管理中的四个关键点

21世纪，创新成为永恒不变的主题。在信息泛滥且快速迭代的当下，越来越多的企业意识到：唯有创新，才能发展。然而在实践过程中，许多企业却不知不觉地步入误区。

一、是创新还是创意

产品创新包括技术的更替、材料的更新、工艺的改造、设计的突破等，创意则是指独具创造性的思维，即是一种通过创新思维意识，从而进一步挖掘和激活资源组合方式进而提升资源价值的方法，甚至是新颖的语言、图片等表现形式。然而，在时间就是金钱的市场环境下，越来越多的企业无法静下心来进行产品创新，而是希冀依靠创意，吸引消费者的眼球以实现一夜出名、暴红。然而缺乏市场调研，缺乏深入的消费者研究分析，仅仅靠制造噱头的产品又怎能长久？产品创新是要能够驱动企业的成长并能和商业相结合，需要寻找到其独特的内涵，而不是单单在创意点子做文章。

二、是增值还是增价

很多大健康企业，往往把设计的创新理解为包装及材质上的更新，习惯于依赖包装的精美来实现产品的增价，把注意力都集中在产品的外包装上。不可否认，产品本身包含设计的成分，对产品包装进行精心设计能够提升产品的档次，这一点毋庸置疑。但产品的增值绝非“灰姑娘穿上水晶鞋”那么简单！没有产品内涵的焕新以及研发技术的进步，即便换上再华丽的包装，只在乎面子却丢了里子，性价比不高，也只会风光一时，一旦消费者醒悟过来，被市场抛弃则是在所难免的。

三、是差异化还是歧义化

产品差异化是目前营销界提倡的重要战略之一，它是指企业应该从产品本身的特性中找出差异化的优势，找到自己的区隔空间。企业以某种方式提升产品，使消费者相信这些产品存在差异而产生不同的偏好，这是产品创新的一种重要方式。但是，若不愿意以研发技术来支撑差异化，企业寄希望利用消费者的错觉来形成差异化，结果可能会导致歧义化！如在产品的外包装规格上跟风畅销产品、移花接木偷换概念、过度的品质功效承诺等，极易产生营销陷阱，甚至会导致全行业的信任危机！

四、是功能创新还是概念创新

产品创新最终应表现为功能的创新，而功能创新主要是要提供给消费者更安全、健康、高品质的产品。随着市场环境的变化，单凭产品概念赢市场的时代已经过去，如今的医药竞争也将回归产品本源。在此情况下，产品自身的创新自然成了驱动药企发展的“引擎”。因此，产品的功能创新不能仅仅凭借概念宣传，还要依靠产品研发技术来作支撑。

为实现产品创新，药企应将产品战略视为核心战略，这类产品包括通过购买、原研、仿制等途径获取并用于大病种领域的产品。从政策层面来看，创新药品具有较高的自主定价权，其准入通道更加顺畅，国家政策会进一步引导医药企业加大研发投入，支持医药行业积极创新产品。在此基础上，药企再运用强大的营销能力，使之产品的价值实现最大化，进而促使企业成为行业的标杆。

内涵外延双管齐下的产品创新

产品力是成就品牌的基石，由产品的内涵与外延构成，内涵与生俱来，外延后天打造。

一、内涵是硬道理

产品是以满足消费者需求为前提的，从长远来看，产品内涵永远是企业打造品牌金字塔的基石，尤其是医药健康领域，把产品质量放在第一位是企业不二之选！聚焦一个好产品进行市场突破，打造一个品牌，继而衍生出系列产品，这是将其营销价值最大化的必由之路！归纳总结，其产品内涵主要包括以下五个方面。

1. 质量疗效

毋庸置疑，疗效是消费者选择药品的第一标准，产品无疗效等于企业自砸招牌。持久成功的品牌，都因产品效果显著，才会赢得市场青睐，如保健品中的知名品牌脑白金，如果仅凭大广告宣传而在改善睡眠与润肠通便方面没有明显效果，也不可能助史玉柱东山再起。启迪古汉的古汉养生精口服液，如果不是凭借其卓越的补气、滋肾、益精疗效，也不可能在湖南市场畅销 36 年之久，目前仅一个湖南省，销量就突破 3 亿余元。

2. 技术配方

技术配方决定了产品的功效，也决定了产品的成本。在新形势下，消费者对健康主动防御愈加重视，对医药的认知也有很大的提升，人们更加关注产品技术、了解产品配方，如广东罗浮山国药的独家品种罗浮山百草油，就是依据中国古代十大名医葛洪的医学理念，精选79种中草药提炼其精华科学配伍而成，在岭南市场畅销多年，在全国多地也很受市场欢迎！

3. 国家认证

医药企业在中医药行业有很多含金量比较高的认证，如中华老字号、国家级非物质文化遗产，这都是不可多得的宝贵财富，是不可再生的资源，这都需要时间与技艺的沉淀与打磨。如皇封参就是长白山人参产业的唯一一个中华老字号品牌，在众多人参品牌中鹤立鸡群，也将代表着产业的发展方向。又如哈尔滨康隆药业的强力枇杷露是品类中唯一的无糖型止咳药，属于国家级非物质文化遗产，以之很精准地诠释了康隆药业专注呼吸领域的中药世家地位。

4. 原料选材

俗话说，中医成于中药，也毁于中药。因此，中医药行业一直呼吁药材的道地原生特性，来保证中医行业传承与高质量发展。故“道地药材”认证、地理标志认证也成为中药企业值得骄傲的产品力体现，仲景宛西制药的仲景牌六味地黄丸利用自身中药材种植基地的优势，一直广宣“药材好，药才好”，多年来成就了一个大品类，可见原料选材的重要性不言而喻。振东制药的大山楂丸之所以细腻、浓滑味醇、口感好，就是选用了太行山的道地山楂与优质荆条蜜，强劲有力地演绎了“真情振东，好人好药”的企业制药理念。

5. 企业实力

产品或多或少都会因为企业背景而被贴上相应的标签，在消费者看来，企业实力也是产品力的一种体现。比如提到跌打损伤，消费者自然会想到云南白药的喷雾剂或贴膏；提到消化不良，消费者会想到江中制药的健胃消食片。正是因为拥有如此强大的企业背书，其产品的实力与品质疗效才得以充分彰显！

二、外延是软实力

产品的外延则是软实力。产品在满足消费者基本需求外，就要注重其延伸价值了，因为它更能获得消费者好感。产品外延也是产品竞争力的精神体现，其外在光环足以给人心理上的满足感，企业找到了更好的产品外延表现方式，就能实现产品持久的成功营销。

1. 产品设计

产品设计是表现产品灵魂和品牌文化的重要方式，其价值不逊于产品的研发，设计可以把文化嵌入产品，以最少投入提升产品的档次。如劳力士等名表，经过精妙绝伦的产品设计，可以将成本千元不到的腕表提升到几万元，甚至几十万元的价格，这就是设计——产品的美学价值。再如同样是褪黑素，脑白金独特的“1+1”组合设计，在广告传播与终端执行力的配合下，成功打入礼品市场，而且稳坐头把交椅二十多年。为产品赋能了巨大的品牌和商业价值。

2018年，振东制药确立以“品牌年”为营销主旋律，开展了一系列的品牌传播活动，包括产品包装形象的升级。如何以振东制药核心元素为中心，对传统中药、现代中药与西药的药品包装进行整合，共同赋能企业品牌？

包装是消费者与企业沟通的最直接触点，包装设计要体现品牌核心价值，既要统一性，又要差异性。桑迪对其品牌战略规划、产品系统线规划后，着手对包装进行全面升级。通过市场研究、消费洞察后，结合振东的企业文化与品种特色，强化系列化产品包装核心元素的识别性，从而提升产品差异化形象。

振东中药系列中的传统中药包装凸显主视觉符号“中”（代表中医、中药，中国传统符号）在原有图形基础上将中字形做了调整，图形互补交错，使包装更具时尚动感。色彩互补对比，具有时尚特点。左边中式边框突出振东制药LOGO，在包装上起到独立醒目的效果，突出企业品牌。

振东中药系列中的现代中药包装创意设计中，产品群包装以白色为底，十字符号底纹简洁大方，也体现了中西医学的科技结合。左下角的两个弧度三角箭头通过渐变色系展现向上向下的方向感，使整体画面富有节奏和动感。在黄金分割的重要位置放以中药材的包装符号，简单的几何圆形通过渐变来增添厚重与层次感，绿色叶子代表了中药草本也代表了生命力。中间以凸显药材和症状，以扩散的分子圈围绕，体现了药材的精华与卓越的现代制药技术。

振东化学药物包装保留主视觉符号“1”（代表行业第一、排名第一、质量最好），包装底部以图形对勾符号作为图形演变，对勾代表正确选择，是身份的权威代表，金色对勾代表了企业品质如金，无可取代。“1”字前端着重突出振东制药LOGO作为视觉符号的组合，更能突出企业公司品牌，得到一个更大的企业识别度。

2. 产品定位

准确的市场定位利于有针对性地确立产品精神，针对不同年龄的人群、不同层次的市场，产品定位的理念以及传播调性也将不同。华为是中国高科技的领军品牌，影响了更多国人的爱国热潮；朗迪钙“为中国人设计，让中国人健康”的产品理念，使“适合中国人体质的钙”的诉求更具有吸引力；“好三七，叫豹七”，高品质三七标准的制定者定位，让云南白药“豹七”三七粉在三七行业独领风骚多年。

康隆强力枇杷露的产品力

好产品，自己会说话。从临床到零售市场，不仅需要营销战略的制定，而且是对产品力的深度检验。康隆药业始创于2000年，是集中药材种植、研发、生产、营销为一体的全产业链企业。22年来，康隆药业致力于匠心做药，成为一家有情怀、有信念、有态度的中药现代化制药企业，其核心品种就是无糖型强力枇杷露。

据《米内网》2021年的数据显示：康隆强力枇杷露在临床和零售市场的中成药枇杷露品类中，多年名列前茅。作为止咳药的经典组方，康隆强力枇杷露集六代传承名方，以现代制药技艺和标准，进一步技术升级，攻克了口感、澄清度、微生物三大技术，满足了市场对高品质现代中药的需求。

2022年，康隆药业导入品牌标杆战略，洞察市场需求，将品牌定位于“专注呼吸领域的中药世家”，创新“秉承工匠之心传承国药精粹，领科技之先智造现代中药”的品牌使命，提出“强力止咳不含糖，认准康隆大品牌”的USP主张（独特卖点），并结合无糖型强力枇杷露的三大领先技术，将强大的产品力展现在行业和大众市场，开启销售新思维，成就呼吸领域新标杆。

3. 产品概念

产品概念需要在定位的引领下深入挖掘，概念是定位的形象表述。比如欧诗漫作为珍珠养颜的标杆品牌，其向大众展示的是来自江南水乡的珍珠护肤养颜文化概念；桐君阁作为国药太极集团旗下的品牌，向大众展示的是百年老字号的历史底蕴与文化价值概念；茅台，则代表的是国宴水准文化概念等。这些产品概念都充分体现了产品的特色，深深吸引抓住了消费者眼球。

4. 产品文化

中医药产品都讲究文化，传承精华，守正创新，是发展中医药的核心精神。文化是传播产品的动力源泉，也是创造差异化的利器。比如上药集团厦门中药厂的八宝丹，其产品文化就源自明朝宫廷秘方；雷允上健延龄胶囊，讲究对药特色理念，其产品文化源自民国京城四大名医施今墨的经典名方。

六经辨证回归本源，四诊合参传承岐黄。上海和黄药业前身原上海中药制药一厂，是由沪上四家百年药店雷允上、胡庆余堂、童涵春堂、蔡同德堂于1958年合并而成，其秉承“创新传统中药，服务健康中国”的宗旨，不断推进中药现代化、国际化进程。为老百姓提供疗效确切、服用安全、价格经济的上品好药，这是上海和黄药业的使命。作为治疗胃肠型感冒的经典药物，上药牌正气片基于传统藿香正气类药物组方改良，并运用现代技术进行全过程生产工艺优化，进一步满足市场对高品质现代中药的需求，丰富了终端消费者的用药选择。

桑迪品牌咨询以标杆战略为指导，依托六力营销方法论，对上药牌正气片进行精准定位，洞察胃肠型感冒市场品类机会，结合正气片自身强有力的古方改良优势，预测未来市场潜力巨大，成就标杆值得期待。桑迪品牌咨询助力正气片升级包装形象，创意一身正气的“正气金刚侠”IP形象，创新公益主题营销活动，助推上药牌正气片品牌战略规划、产品价值传播、零售市场落地执行，力争将其打造成继麝香保心丸之后的又一黄金大单品。总而言之，产品力就是竞争力、销售力，是策划、创意升华后产品综合要素的总和！产品力决定着企业能否做强做大、做长做久，如果一个药品缺乏品质与疗效，且无法满足消费者需求，那么这个药品无论花多大精力去推广，投入多大营销成本，都将无法在市场上长久立足！

产品包装就是一个活广告

有产品就会有包装，没有包装的产品，就是失去了灵魂的产品。包装是企业与用户最直接最高效的接触点，已成为各商家竞争的重要利器。包装不是艺术品，不是简单的图案，而是品牌定位的表现，是吸引消费者关注甚至选择的重要因素。

药品的包装设计，貌似戴着镣铐跳舞，行业政策管控很严，对包装设计的规范要求挺多，包装外观可创意的位置很少，这更体现了包装设计策略的重要性与差异性。

一个成功的包装设计在流通过程中的作用举足轻重，假如某药品一年的销量是 1 000 万盒，这就意味着药品广告到达的目标人群有 1 000 万人次，按照这个逻辑，可以把包装当成一个活的、可移动的广告，让包装自己来说话，以此吸引消费者眼球，提高药品的销量。

有人认为药品的包装和销售没有关系，其实这不能一概而论，处方药由医生开给患者是可以不讲究包装。但在零售市场，药品是在药店或电商平台上销售，包装就需要格外重视。包装是消费者与品牌沟通的第一个接触点，消费者能否对产品产生好感，很大程度上与产品的包装有直接关系。

药企在设计产品的包装时，一方面，要符合产品定位，要研究产品的目标人群，了解他们的审美和认知需求，进而决定产品的包装应符合一个什么样的审美基调和定价档位；另一方面，为产品做宣传物料时，要考虑其延展性，是否适合做充分的延展应用，只有这样才能降低传播成本，降低消费者认知的风险。总体来讲，包装要讲究营销策略，而药品包装既要讲究营销策略，又要遵守行业政策包装法规。

药企应在定位的指导下进行包装创意，包装设计需要满足三个条件：差异化、价值感和美感度。第一，差异化就是当自家的产品和同类产品摆放在一起时，能够令消费者产生与众不同的感觉；第二，价值感指的是产品的包装要体现产品的定价和品质，符合该产品的目标消费人群的审美基调；第三，美感度指的是包装所包含的元素，如规格、色彩、图案、风格等，这些元素要与产品本身保持统一性与和谐性，才会有足够的美感度。

俗话说，“佛靠金装，人靠衣装”，产品要靠包装。人们的消费心理有时很容易受外界的影响和诱惑。有特色创意的包装不仅能够在传播过程中降低产品的广告成本，有效引导人们进行购买，更能够提高药品的价值，增强品牌的美感度。

此外，如果在包装上融入 IP 元素，那便是画龙点睛了，当用 IP 作为品牌代言人的时候，可以直接与包装形成一个紧密的结合体，更有利于药品的市场营销推广。

产品研发的五项基本原则

新产品研发对医药企业的生存与发展至关重要，尤其是在同质化竞争愈加激烈的今天，产品研发创新和产品的升级换代成了企业打造竞争壁垒的必然选择。然而，成功地研发推出新产品并非易事，首先要把握创新，让创新贯穿产品始终，但光有创新还远远不够，为了进一步提高产品研发的成功概率，医药企业应该遵循以下五项基本原则。

一、以市场客户为导向原则

研发新品须立足于迎合消费者尚未满足的需求。因此，企业必须进行深入的市场调研，分析消费者需求的变化趋势以及对产品品质、功效、剂型、包装、样式等方面的要求，根据所掌握的消费者需求变化和市场演变趋势进行科学的推测和判断，进而调整产品开发战略依据和方向，根据需求的内在规律性创造和引导需求。唯有此，企业研究开发的新品才能获得广大消费者的认可，才能真正赢得市场。

二、风险与赢利平衡原则

新品的研发过程具有投入大、周期长、技术含量高的特点，以化学药物为例，其研发到上市的流程分为五个阶段：制定研究计划和制备新化合物阶段、临床前研究阶段、临床研究阶段、药品的申报与审批阶段以及新药监测阶段。前三个阶段涉及各种复杂医药科学知识和研发技术，包括药物的合成工艺、提取方法、理化性质及纯度、剂型选择、处方筛选、制备工艺、检验方法、质量标准、稳定性、药理、毒理、动物药代动力学等专业知识。

近年来，众多生物医药企业的制药研发投入已过亿，国内创新药研发市场中，生物药平均临床研究时间为 5.37 年，化学药为 4.12 年。在漫长的药品研发过程中充满着各种不确定性，这些不确定因素使药品研发和上市面临各种风险，包括市场风险、营销风险、政策风险、收益难以抵补成本的风险、信息系统风险等。这些风险一旦失控，将会对企业的利益、信誉等方面造成损失。因此，药企的新产品研发必须在既有的法律法规政策规范框架内，同时在有效控制风险以及实现风险和收益相均衡的条件下，科学稳健且灵活大胆地进行。

三、核心优势原则

靠山吃山，靠水吃水。企业在研发过程中要根据自身资源、设备条件和技术实力来确定产品的开发方向，确定并强化核心优势。产品研发贵在与众不同、新颖别致，有特色才能形成优势。这种特色可以表现在产品的功效、剂型上，也可以表现在产品的包装、品牌文化等其他方面。企业可以从这些方面入手，根据消费者的不同需求和特殊喜好来发掘特色，形成核心优势，提高产品的销售业绩。

四、创新原则

我国医药行业长期被竞争多、规模小、成本高、效益低等顽疾所困，多数企业缺乏创新能力，多以仿制为主，很少有自己的创新药，产品缺乏差异性，无知识产权的普药充斥市场，这种情形一定程度上制约了医药行业的高质量发展。随着市场竞争愈加激烈，医药政策不断推陈出新，以及行业的优胜劣汰并购重组加大步伐，药企应该不断增加对药品研发创新的投入，积极应对挑战创造新的市场契机。

五、经济效益原则

开发新品必须以经济效益为中心，这是企业的经济性属性所决定的。企业面对拟开发的产品项目，必须进行技术经济分析和可行性研究，以保证产品开发的投资回报能够获得预期的利润。市场规模小、竞争白热化、不能为企业创造利润的产品，其研发创新对企业没有任何经济意义。有些类型产品在市场上的需求相当大，但如果企业缺乏相应的研制能力和市场开发能力，切忌盲目跟风，必须量力而行。

定价，是一门大学问

2022 年 3 月初，上海疫情牵动着全国人民的心，全国各地近 4 万名的白衣天使支援上海，打响上海抗疫攻坚战。大家积极配合疫情防控，居家线上办公，群策群力，智慧优化推进项目开展。病毒虽然困住了人们的脚步，但是封不住思考的大脑，以及对美好生活的向往和追求。

据媒体报道，疫情期间，某超市一棵白菜的定价引发了人们的极大争议。人们常说的“白菜价”，是以白菜为比喻，说明某产品价格低。很显然，这家超市的定价无疑突破了人的底线，故而引起网民的热议以及媒体的争相报道。

这件事告诉我们，企业商品的定价必须要遵循市场定价规则，否则将会付出更大的代价！曾经有一个客户是专门研制和销售治疗鼻炎的纯中药制剂，其公司高管在进行市场调研时发现，有一对年轻人在选购鼻炎产品时，并不考虑这款价格更低、有知名度的纯中药制剂，反而选择价格高出一倍的另一款治疗鼻炎的产品，年轻人选择的理由是：认为价格便宜的药，治疗效果肯定不理想。

可见，价格是产品魅力源泉之一，它在吸引消费者、增强竞争优势、塑造良好形象等方面，有着不容低估的作用，但药品是特殊商品，也有其特有的定价策略，定价时要考虑多种因素，比如政策、病症、适应证、目标人群、消费心理、场景等。当然，价值决定价格！

桑迪根据在医药行业从事品牌咨询二十多年的实战经验，将药品定价的原则进行了归纳，主要有四个方面：消费者、竞争者、运营者以及生产者。

第一是消费者，药品定价之前必须要了解消费者，价格定位在哪种档位容易被目标消费群体所接受，价格档位其实也就是产品目标消费者的承受能力。

第二是竞争者，关注竞争者的定价情况，自家的产品和对标的产品一定要有区隔，这个区隔的意思就是通过价格塑造唯一性，强化与同类产品的对比，使消费者能够有“这个价格，太超值了”的感觉，即“物有所值”。

第三是运营者，药品从企业的生产车间流通到销售终端的这个过程需要投入大量的人力成本、管理成本等，如代理商或经销商、药店从业人员或电商从业人员，因此，药品的定价需要给各相关环节预留出足够的空间，如此才能形成流通环节的良性发展。

第四是生产者，药品生产过程会有人量的如厂房、设备、研发、生产及品牌与管理的投入，药品定价时同样也需要为给这个环节要留出足够的空间，以此才能保持产品生产的可持续性。

以上是药品定价所要遵循的主要原则，只有掌握了这些原则，药品的价格才会有更强的市场竞争力。价格是市场竞争的重要手段之一，如果产品一旦在价格策略上失误，将会给产品竞争力、品牌推广能力及公司盈利能力带来直接的负面影响。俗话说，定价定天下，定好产品价格，才有机会建设品牌，甚至成为品类中的标杆。

产品定价需考虑的心理因素

价格是用户愿意并且能够为产品或服务支付的金额。一般认为价格是直观的可控制因素，但实际上，产量和成本比产品价格更容易改变，频繁改变产品价格的行为会导致价格水平线如潮水般此起彼落。价格综合体现了产品的特色、质量、服务、利润及品牌形象等方面，因此，企业的定价决策必须有合理依据，应充分考虑消费者的心理因素，且能够在和对手竞争中占据性价比优势，以确保企业利润最大化。

每件商品都应能满足消费者某方面的需求，其价值与消费者的心理感受有着很大的关联。企业在定价时可以结合消费者心理因素，有意识地将产品价格定得高些或低些，以满足消费者生理的和心理的、物质的和精神的多方面需求，通过消费者对产品的偏爱或忠诚，扩大市场销售，获得最大效益。

1. 整数定价策略

对于无法明确显示其内在质量的商品，消费者往往通过其价格的高低来判断其质量的优劣。在整数定价方法下，常常以偶数，特别是“0”作尾数，来给消费者造成高价的印象。整数定价策略适用于需求的价格弹性小、价格高低不会对购买产生较大影响的商品，如流行品、时尚品、奢侈品、礼品等，一般在星级宾馆、高级文化娱乐城场景消费，由于其购买者基本属于高收入阶层或特定需求者，他们甘愿接受较高的价格，因此，整数定价得以被推崇，且大行其道。

2. 尾数定价策略

尾数定价策略又称“奇数定价”，指企业利用消费者求廉的心理，制定非整数价格，且常常以奇数作尾数，尽可能在价格上不进位。比如，把一种药品的价格定为 6.97 元，而不定 7 元；将感冒药价格定为 19.90 元，而不定为 20 元。这种定价直观上给消费者一种“捡到便宜”的感觉，从而获得消费者好感，激起消费者的购买欲望。

3. 声望定价策略

这种策略一般适用于传统的名优产品、具有历史地位的民族特色产品，以及知名度高、有较大的市场影响、深受消费者欢迎的驰名商标产品。这是根据产品在消费者心中的声望、信任度和行业地位来确定价格的一种定价策略。声望定价可以满足某些消费者的特殊欲望，如地位、身份、财富、名望和自我形象等，还可以通过高价格显示产品的名贵与优质，如奢侈品、楼盘、名表等。

4. 引流定价策略

这种定价策略常为综合性百货商店、超市乃至高档商品的专卖店所采用，它们将某种商品的价格定得非常之高，或者非常之低，在引起消费者的好奇心理和观望行为之后，光顾门店，从而带动其他商品的销售。

在考虑心理因素之余，若企业的生产能力足够强大，有足够资本来调节产品价格，将价格压低到能打消竞争者投资这一领域的念头，绝对的价格优势可能使企业获得无人匹敌的垄断地位。

当然，如果提高价格时企业还能保持充足的生产能力，则是更好的结局。此外，企业维持价格优势的同时更应将利润投入到新增生产能力上，保证较高的营运比率，这样就能保证产品的成本水平优于竞争者的平均成本优势。

产品组合策略大有讲究

产品一般都有生命周期，极少有企业仅仅依靠经营单一的产品就能实现长期发展。如前所述，企业经营的产品也不是越多越好，而是应该具有适合企业长期发展的产品组合战略。企业将旗下的产品进行有机组合，并制定产品与产品之间相互配合的关系，这就是产品组合战略。

一、产品组合分类

在这个过程中，企业最首要的任务就是找出盈利产品和亏损产品。根据波士顿矩阵，我们可以将企业的产品分为以下四类。

1. 金牛类

这类产品具有高市场份额、低增长的特点，它们会产生大量流动资金，通常将这些资金用于维持超过市场份额所需的再投资。超额部分的资金，不必也不应再返还给这些产品。实际上，如果回报率超过了增长率，要无限制地返还现金也不可能，除非把回报压低。这类产品是成熟市场中的领导者，有较高的边际利润，但是其未来增长的前景有限。金牛类产品适合采用稳定战略，注重保持市场份额。

2. 瘦狗类

这类产品具有低市场份额、低增长的特点。它们可能会有一些账面利润，但要维持市场份额，就必须把所获利润重新注入这些产品，因此没有什么资金盈余。从本质上看，这一类产品如果不变现，留在手中毫无价值可言。瘦狗类产品适合采用收缩战略，对其进行出售或清算，以便将利润等资源转移到更需要、更有利的品类中。

3. 问题类

这些产品具有低市场份额、高增长的特点，所需投入总是大大超过其所能产生的利润。不进行资金投入，它们就会落后乃至夭折。在成为市场领先者之前，问题类产品一直是一种负担。这种产品需要巨额资金投入，而它本身却产生不了所需利润。这类产品要分类解决，如产品符合企业发展长远目标，企业拥有充足的资源优势，着力发展此产品能够增强企业的整体竞争力，那么可采取增长战略，扩大市场份额；反之，则采用收缩战略。

4. 明星类

这类产品具有高市场份额、高增长的特点，它们几乎总会有账面利润，但却不一定能产生所需资金。然而，如果“明星”能够保持领导地位，那么在增长放缓、再投资的行为停止之后，它就会成为一棵摇钱树。“明星”最终会变成“金牛”，产生大量高利润率、十分稳定和安全的资金回报。这些资金回报将可再投资于其他产品。明星类产品适合采用增长战略，需要时刻保持与市场同步增长，并保持差异性，以便在同类竞品市场中脱颖而出。

任何产品，最终不是变“金牛”，就是变“瘦狗”。产品的价值在于在增长放缓之前取得领先市场份额的地位。一家公司若要取得成功，就必须拥有增长率和市场份额各不相同的产品组合。组合的构成取决于资金流的平衡，高增长的产品需要有资金投入才能获得增长，低增长的产品则应该产生大量的资金。这两类产品缺一不可。在合理的产品组合中，高市场份额、高增长的“明星”是未来的保障；“金牛”供给了未来增长所需的资金；增加投入，“问题”将转变为“明星”。

二、产品组合策略

针对市场的日益变化，产品组合策略应包括如下三种。

1. 产品线扩张策略

产品线扩张策略包括向下策略、向上策略、双向策略和产品线填补策略，比如增加“明星类”产品的统一规格、型号、款式，增加与其相配合使用的产品系列，就可以帮助企业提高市场占有率，减少市场风险。

2. 产品线削减策略

比如削减象征着失败的“瘦狗类”产品，企业应该在其增长阶段取得市场领导地位，如果不能则要及时撤退，及时止损。

3. 高低档产品策略

在原有的产品线内增加高/低档次、高/低价格的产品项目，比如扩张“明星类”产品的产品线，充分利用企业现有生产能力，补充产品项目空白，形成产品系列。

由于市场需求和竞争形势的变化，产品组合中的每个项目，必然会随之发生分化，一部分产品获得较快的增长，一部分产品继续取得较高的利润，另有一部分产品则趋于衰落。企业如果不重视新产品的开发和衰退产品的剔除，则必将逐渐出现不健全的、不平衡的产品组合。

为此，企业需要经常分析产品组合中各个产品项目或产品线的销售成长率、利润率和市场占有率，判断各产品项目或产品线销售成长上的潜力或发展趋势，以确定企业资金的运用方向，作出开发新产品和剔除衰退产品的决策，进而调整其产品组合，维持产品优质组合的动态平衡。

产品战略管理绝非小事

研究发现，很多企业的产品战略存在以下问题：产品线的愿景和目标不明确；产品线/产品在企业发展过程中所扮演的战略角色不清晰；产品在公司发展的过程中缺乏明确的使命、发展规划、战略角色定位；产品线/产品之间的关系（竞争还是互补关系）不清楚；缺乏明确的产品线划分；公司愿景和目标缺乏产品战略的支撑；区域产品规划不具体，全国区域产品策略“一刀切”。对此，不妨采取以下几方面措施。

（1）梳理公司的产品地图，明确公司各产品线/产品的关系（竞争还是互补关系）；通过产品细分，界定公司主要产品的目标客户群及其特征，解决产品定位及产品线/产品的发展方向问题。

（2）通过产品排序，明确哪些产品是黄金单品，哪些产品是重点突破产品，解决产品在公司的使命及战略角色分工不明确的问题。

（3）通过确定区域、渠道、产品线/产品，明确在哪些区域主推哪些产品；找到新品快速增长的路径，解决产品怎样“好卖”问题。

（4）通过产品细分、六力营销诊断分析，对比区域竞争对手各自的优劣势，明确自己区域产品结构的合理性及提高产品销售途径，解决区域产品策略全国“一刀切”的问题。

（5）通过确定的区域产品、渠道以及子区域、各产品的战略角色定位（用哪些产品打击竞争对手、哪些产品追求规模、哪些产品突破利润、哪些产品进行未来布局）的明确，解决用什么策略有针对性打击竞争对手的问题。

（6）通过培养区域主管的营销能力（学会分析产品市场潜力、竞争地位、目标客户群及其消费特征、本区域的产品结构等），有针对性地制定区域产品策略。

需要提醒的是，世界上只有不到20%的企业能把自身战略执行下去。有调查表明：80%战略和策略失败的原因不在于战略本身，而在于产品战略管理及执行的失败。多数企业只有战略没有策略，半数企业没有将计划有效运作起来，少数企业缺乏分目标的关联和层次。由于数据来源的不一致和缺乏关联分析，管理者要花相当多的时间在做无效的计划、报告和预测上。因此有了战略，还要有落地计划，更要去实施执行，否则，产品战略就是空谈，空谈误企业。

第三章 策划力

据守丹田，幕后策划

何谓策划力

- ⊙ 策划，没你想象的那么简单
- ⊙ 洞察需求的十种心理
- ⊙ 定位之前先得细分市场
- ⊙ 用定位策略指导设计
- ⊙ 市场调研原来要这么做
- ⊙ 处方药转战零售市场的六大策略
- ⊙ 策划短视频应遵循的七大法则
- ⊙ 做好内容营销就能抓眼球
- ⊙ 如何策划有销售力的“种草”软文
- ⊙ 礼品策划也得讲究个章法
- ⊙ 产生轰动效应的事件营销
- ⊙ 盘点策划认知的九个误区

何谓策划力

策划力是六力营销的灵魂。策划力是指遵循一定的方法或规则，对未来即将发生的事件进行系统、周密、科学的预测，并制订有创意性、实效性、可行性方案的能力。

策划力包含的能力要素有：分析能力、定位能力、规划能力、文案能力、设计能力、传播能力等，具体地说，就是要团队具有相当的专业性，如具备战略规划、产品定位、主题营销、短视频 TVC 创意、公关活动、媒体传播、终端营销、动销活动等方案的撰写和沟通能力。

提升策划力需要满足三种要求：团队、专业和创新。

(1) 团队。人是做策划的关键，需要有一个从事策划的团队专项来负责，满足不同岗位的需求。

(2) 专业。医药行业是个特殊行业，需要相当的专业性，体现在对行业趋势的把握，对消费需求的洞察，对政策法规的了解，对营销生态的熟悉，以及对行业成功经验的积淀。

(3) 创新。创新是永恒的，是策划焕发生机的源泉动力，保持相当高的创新能力非常重要。墨守成规，没有创新，终将被市场淘汰。

很多企业虽然配备专职策划团队，但由于团队经验欠缺、专业不足或创新乏力，不能发挥更好的作用，使策略、设计、活动等方案效果平平。

好的策划可四两拨千斤，策划力需要资源来匹配。资源不足，导致投入大、产出小，或者效率低，必然会影响营销的成败，赔了夫人又折兵。策划资源不同，策划思维不同，策划方法不同，结果可能是天壤之别。

策划，没你想象的那么简单

不出楚河汉界，飞田字守四方，幕后统筹谋划，不战而屈人之兵。策划力是六力营销的灵魂，营销处处皆策划。好策划可点石成金，可四两拨千斤，人力不同，方法不同，策划结果就会有天壤之别。

那么，何谓策划力？日本著名的策划理论家高桥诚先生曾对策划力做过非常形象的论述："如果能够将所面对的限制突破得很漂亮，这种能量就是产生优秀价值的源泉，这种能产生优秀价值的能量就是策划力。"一句话，策划力就是运用创意思维去解决某一难题的能力。

医药行业的市场竞争激烈，终端力量强势，有效的策划是企业提高产品销量、打造优势品牌、破卷突出重围、树立标杆的不二途径。脑白金畅销市场 24 年之久，王老吉的销售额从 1 亿元到近 200 亿元的跨越，古汉养生精从 3 000 万元到 3 亿元的战果，双鲸维生素 D 从 2 亿元到 40 亿元的增速，朗迪钙年销售额冲 50 亿元大关、问鼎"中国钙王"的奇迹等。从这些活生生的成功案例中我们不难发现：真正的好策划并没有改变产品本身，而是解决产品大幅增量、成就标杆的系统营销问题。策划追求细分市场，利用不同的媒体平台进行传播，吸引消费者（目标人群）的关注，进而引导激发消费者产生购买欲望，建立持续性的联系，形成品牌忠诚度，最终实现长久的销售目标。那么，策划力主要包括哪些方面呢？

一、善于用脑的能力

要想做一个优秀的策划者，必须保持脑细胞的活跃度，不要浪费任何一个可以动脑的机会，动脑是培养策划力的首要方法。人都有着懒得思考的惰性，面临困难的时候总会本能地选择逃避责任，脱口而出："你点子多，帮我出个主意吧！"却没意识到此时正是锻炼用脑能力的最佳时刻！

若想成为一个出色的策划人，你必须比平常人多动八倍的脑筋！这八倍的精力，三分之一交给左脑用于语言组织、编辑写作、逻辑演算等活动，从而锻炼逻辑分析推理的策划力；三分之一交给右脑用于培养自己对于图像、音乐、直觉等的感性能力，从而锻炼想象、创意、灵感等策划力；另外三分之一的精力用来协调好左右脑，均衡思考，从而增进全面解决问题的能力。

二、恢复想象的能力

人类的心智大约可分为观察、记忆、理解、想象四大功能，其中想象力最为重要，它是一切创意、策划、发明的源泉。其实每个人的儿童时期是想象力最丰富的时候，然而随着年龄的增长和生活压力的加大，这种能力逐渐减弱。

因此，对于想成为优秀策划者的人来说，想象的能力不仅要培养，更要重启！重新拥有儿时丰富的想象力，以全新的眼光来看待整个世界，用好奇心去探索这个世界，用纯真心去联想万物，用初生牛犊不怕虎的无畏心去打破常规，你的头脑中就会充满天马行空的奇思妙想。当然你还需要"读万卷书，行万里路"，通过读书和旅行增广见闻、激发想象力。最后，最重要的一点：记住要持之以恒！

三、激发创意的能力

创意是策划的灵魂，贯穿策划过程的始终，没有创意的策划只能算是计划，而拥有创意的策划则新颖、奇特，仿佛画龙点睛般令人拍案叫绝。创意的方法有很多种：有将两种或两种以上旧元素组合起来的组合法，如小罐茶；有在产品原有基础上进行升级的改良法，如倡导肠道用药升级的整肠生；有聚焦特点的焦点法，如聚焦“专注呼吸领域的中药世家”的康隆强力枇杷露；有集思广益的“头脑风暴法”，如营销教父乔布斯以智能手机颠覆人们的生活方式。此外，还有诸如相似类推法、属性列举法、四处讨论法、多维度思考法等。总之，创意无极限，方法也多种多样，条条道路通罗马。当然，一切创意都是以策略为指引的，以策略为中心的创意往往是戴着镣铐跳舞，必须在准确定位后才能够让创意有的放矢，精准落地！

四、收集资料的能力

策划人必须要有收集大量有效信息资料的能力，在对这些资料加以筛选、整理、分析的基础上，最终拟定策划研究方案。策划人要拟定一个策划案，大致需要经历界定问题、收集资料、研究市场、把资料整理成情报、产生创意、选择可行性方案、实施与回馈这七个步骤。这个过程中，资料主要来源于互联网、传统媒体、市场调查、同行间信息互通有无等方面，这是一个规模庞大、琐碎的系统工作，要求策划人随时保持“三勤”：“手勤”，收集即时信息，及时集中整理信息；“腿勤”，频繁定期和客户、第三方媒体、同行等保持联系，及时拜访交流，互相沟通信息，确保最新消息的及时反馈；“心勤”，保持高度警惕，具有敏锐的洞察力，辨别信息的真伪，找出信息的本质，看透信息的预示。

五、解决问题的能力

解决问题的能力是最考验策划人的关键指标，因为所有策划的最终目的就是解决问题！策划人要培养解决问题的能力体现在：首先是界定问题的能力，能够一针见血地找出问题的关键，深入探求症结所在，然后对症下药，而不是纠结于表面问题；其次是集思广益的能力，能够客观地接纳旁人的意见，筛选过滤，去粗取精；最后是去伪存真、各个击破的能力，能够集中脑力，将问题按照主次分门别类，再逐个解决。当然，每个人解决问题的风格各不相同，最重要的是能够拥有“无可无不可”的客观态度，选择最优的解决途径。

六、预测未来的能力

预测能力是策划人必备的素质，原因在于策划人的眼光长远与否影响着企业或产品生命周期的长短。预测未来的方法很多，最常见的有：通过分析现有形势找出规律的趋势法，凭借多年市场经验的直觉法，排列分析数据的推算法，用书面形式广泛征询专家意见的特尔斐法，通过抽样调查、民意调查的盖洛普法等。这些方法不一而足，在实际操作过程中应该审时度势，针对不同的情况进行具体选择，使自己的预测能力最精确化！

总之，策划是一切成功营销之灵魂！营销处处皆策划，没有创意的策划就没有灵魂，而人力不同，方法不同，策划结果也会有天壤之别，只有真正有效的策划能够运筹帷幄、四两拨千斤。因此，策划力实在是一门值得任何人终生学习培养的能力，也是企业做大做强的不二法门！

洞察需求的十种心理

消费者购买产品是让商品实现价值的最终途径，营销的本质就是将产品或品牌植入到消费者心智中，从而令其产生购买的行为，而这个过程中的关键点就是消费者的购买抉择。因此，作为品牌方，了解消费者心理是非常有必要的。在此，我们将分析十种消费者心理，洞察其内心深处的真实意图！

一、面子心理

古往今来，中国人特别看重面子。尤其是把商品当作礼品时，要使商品具备礼品的四个属性，其中一个重要属性就是知名度，礼品知名度越大，送礼人越有面子。因此，送礼人通常会选择有知名度的产品送人。面子功夫做到了，商品的销量也就不愁了。产品要想满足消费者的这一心理，除了产品品质的保证，还需要在价格上讲究策略，在产品设计和品牌建设上下大功夫，在消费者中形成口碑名气。例如，脑白金就是利用消费者在送礼时的面子心理，不论在城市还是农村都找到了广阔的市场。

二、从众心理

从众心理也叫羊群效应，经济学里经常用“羊群效应”来描述经济个体的从众跟风心理。中国人喜欢热闹，在网上的气氛怎么烘托？那就是以数字说明，这样能达到从众的目的。比如直播带货为什么都要做爆款？就是要引起观众的从众心理。还有些店员故意在货架上留下空位，给消费者留下一种产品畅销供不应求的印象。

三、权威心理

什么是权威？国字号、权威认证、国家授权、权威专家，这些都是商品能够给消费者带来权威感的标签，契合消费者信赖权威的心理。例如，中华老字号云南白药、同仁堂具有国字号权威加持，施慧达苯磺酸左氨氯地平片获得国内众多心血管领域权威专家的认可等。人们生活中常见利用权威心理的平台，如某卫视养生栏目，该栏目通过聘请国内知名的养生专家，进行养生知识讲解和养生产品软性推荐，很多中老年人都非常愿意相信且购买这些产品。

四、占便宜心理

从人性的角度看，人们都或多或少存在占便宜的心理。各路商家利用消费者的这种心理，做了名目繁多的营销活动，如赠品、免费体验、打折、清仓、大减价、送鸡蛋等。电商行业更会利用消费者的这种心理，常见套路有：店铺优惠或者商品优惠，设置优惠券，达到多少金额免邮、满减等，还有如双十一、618 大型电商促销活动，店铺周年庆活动等，不一而足……

这些营销套路都是为了让消费者感觉到划算，满足占便宜的心理。而且商家会反复强调“走过路过，不要错过”，让人们有一种紧迫感、冲动感，生怕“过了这个村就真没了这个店”，致使非理性消费。

五、稀缺心理

在消费心理学中，人们把因“物以稀为贵”而引发购买行为的现象，称为“稀缺效应”。在销售商品时，商家常使用“限量版”来吸引顾客，引发顾客购买行为。例如，饥饿营销——限量（全国只有100套）、限时（二十四小时内付款）、限人数（一人只能买一件），就是充分利用了消费者的稀缺心理。商家有意地调低产量，造成供不应求的现象，这样既可维护产品形象，又能在一定程度上提高产品销量、售价与利润率。

六、价位心理

这可关系到定价的艺术。要注意“以中间线为基准线”，上可升下可降。上升价格要突出“一分价钱一分货”，好货不便宜；下调价格要突出物美价廉，价格下降，品质没有下降，服务依然有保障。

消费者看重产品的同时，更注重它的附加值。附加值除了带给客户的名誉、荣耀、自信外，更实惠的就是售后服务。实际上，售后保障到位，能让消费者在购买产品和服务时更具有安全感。

七、追星心理

每个普通人多少有点追星的心理，或者有过当明星的梦想，也会有崇拜的明星，会追逐自己喜欢的明星所用的产品。自媒体时代，普通人也能够分享自己的消费体验，试图引起他人的关注，或可能成为网红。现如今，各类移动社交平台软件盛行，小红书种“草”、抖音短视频分享购物体验等，在这些平台上普通人可以分享自己的购物体验，过一把“明星瘾”。

八、求名心理

多数消费者购买产品时更看重名牌，而对产品的价格并不十分在意，这是出于名牌能够给他们带来放心感、荣耀感和满足感。要花大价钱购买高档奢侈品或者畅销大品牌，一方面是为了在别人面前炫耀他们的名牌消费能力，另一方面是来彰显自己的地位或品位。例如，高端手机和中低端手机的用户消费心理是完全不同的，高端手机的用户追求的是品牌度、荣誉感和良好的使用体验；中低端受众则更注重于性价比，以及产品带给他们超值的体验。

九、求美心理

随着生活水平的提高，人们逐渐开始追求美的享受。在享受商品的同时，他们更追求心理和情感上的满足。这是很多品牌将自己的海报做得足够美的重要原因。如江小白酒，很多消费者反映其酒的质量不见得特别好，但凭借着独特的走心文案，创造了年轻群体白酒消费的奇迹。求美心理强的消费者在选购产品时，更看重产品的造型、色彩、制作工艺等，他们喜欢购买那种实用性不强、价格不菲，但造型精美的产品。

十、求新心理

莎士比亚曾经说过："衣服穿破的少，过时的多。"这位伟大的先哲在几个世纪之前，就道出了人们求新的消费心理。人们追求时尚和潮流，追求新意和创意，他们并不十分在意需要为产品付出多少钱。某品牌笔记本年年出新款，价格比大多数笔记本品牌高出不少，面对如此高的价格，仍然有许多人蜂拥购买，这充分表现出人们追求时尚和新体验的求新心理。

定位之前先得细分市场

确切地说，市场细分是战略定位的基础，也是营销战略成功的关键所在。在对市场进行细分后，要对所细分市场进行有效的评估，并选择目标市场，在完成这两项基础性的工作之后，更重要的一环便是市场定位战略。

在竞争激烈的市场环境里，企业资源是有限的，不可能在所有市场上拥有完全的优势。因此，企业需要将自己的优势资源投入适合企业盈利的市场，实现利润最大化。这也是差异化营销的一种战略方法，即聚焦某类消费者价值进行差异化营销。

一、市场细分的类型

根据国内外著名管理咨询机构和一些成功案例归纳总结，大致有八种市场类型的细分标准。

（1）地理位置：按一级市场、二级市场、三级市场、四级市场等进行细分，如省会城市、地级城市、县市级城市、乡镇和农村市场等。

（2）人口特征：按照性别、年龄、收入、教育程度等方面进行细分。

（3）使用行为：按照使用量、费用支出、购买渠道、决策过程等方面进行细分。

（4）利润潜力：按照收入、获取成本、服务成本等方面进行细分。

（5）价值观/生活态度：按照宏观的价值取向和态度进行细分。

（6）需求动机/购买因素：按照价格、品牌、服务、质量、功能、设计等因素进行细分。

(7) 态度：按照针对产品类别和沟通渠道的态度进行细分。

(8) 产品/服务使用场合：按照使用地点、使用时间、如何使用进行细分。

根据细分市场的类型，进行目标市场的选择，采取差异化的营销策略。

二、市场定位

市场定位是企业及产品确定其在目标市场上所处的位置，其目的是为企业及其产品创造并维持某一独特的市场位置，为顾客提供差异化的产品或服务优势。通过运用市场营销组合（4P）来创造差异化优势，包括产品的差异性设计（product）、广告促销的产品印象（promotion），便捷快速的分销渠道（place），以及定价策略反映的高性价比优势（price）。

一个成功的市场定位战略，必须要确保四个关键因素的存在：竞争性（competitive）、可信性（credibility）、简明性（conciseness）和一致性（consistency），这就是市场定位的4C关键因子。

1. 竞争性

市场定位的差异化优势对顾客能够产生足够的吸引力，企业提供的产品或服务是基于自身强势资源的最优化使用。顾客高度认可此产品或服务的价值，而竞争对手囿于资源稀缺，难以对这种差异化优势进行复制或模仿。

2. 可信性

确定的市场定位必须是可以令顾客信服的，所打造的产品印象不能与顾客长期以来的基本认知相悖，产品定位是可以创造和艺术化的，但是不能脱离需求现实。

3. 简明性

市场定位传达的印象和信息都应简单明了，复杂或晦涩的定位容易产生歧义，也不易被顾客记住。因此，无论何时，简明清晰的市场定位都是最佳的选择。

4. 一致性

顾客每天会面对大量商品信息，常常会在纷繁复杂的信息海洋里困惑，而市场定位长期保持一致性的信息，能使顾客对其产品认知更加清晰。如果在某个时间段宣传产品的高科技特性，而在下一个阶段转而强调服务的出色，就会使顾客更加迷惑，增加顾客对产品的认知障碍。

用定位策略指导设计

好的品牌形象一定有个好的包装设计，包装是品牌形象的基础与源头。

产品包装是企业高管最为关心的问题，产品就如企业的孩子，要倾注大量的心血去精心培育，所以每个产品的包装，首先得满足企业自己的喜好！有的设计师往往为了迁就企业，可能会违背了市场策略的专业原则。因为一个策略再好的包装，如果企业高管这关过不了，它就没有机会上市，更不可能让消费者去认识、去认购！

众所周知，每个经典成功案例都是在充分调研的基础上，在精准定位策略的指导下，以目标人群为方向，以设计体现形象差异化，最终市场营销突围，成为行业经典！

一、争议最大的包装：脑白金

脑白金的包装从上市后到现在，依然饱受争议，尤其在设计界，很多设计师们对其包装创意不以为然，从美学的角度分析，认为太土。

但脑白金的产品定位策略是这样描述的：① 色彩必须体现高科技感；② 必须区别于市面上的主流包装色彩，蓝色市场上用的少，最合适；③ 字体要突出，特别，消费者一看能看出，率先使用琥珀体；④ 定价要满足中档消费水平。

二、最有历史沉淀感：古汉养生精

古汉养生精的配方源自长沙马王堆出土的西汉古墓秘方《养生方》，经原湖南中医药研究所专家精心研制而成，因此，产品出身就带有浓浓的历史厚重感与皇家养生内涵。

古汉养生精的品牌定位方向：① 体现产品的皇家色彩、贵族气息；② 中华养生精品，补充精气神，是补肾品，但不强调补肾；③ 价格走平民化路线，人人都买得起，适合大众长期消费；④ 突出品牌配方的神秘性、故事性，体现差异化。

古汉养生精的包装设计描述：通过现代设计理念对其进行优化整合、演绎，找出代表古汉千年养生方的元素符号，以红、黄、橙、绛渐变色作为基础色调，以四条印型金龙图腾的六边形图案作为产品的核心记忆点，中间是隶书体的古汉养生精字样，图、字、印相映成趣。包装的上部波浪形有点神似长沙马王堆外形，暗示产品的出身很神秘，蕴含了西汉古方的皇家理念，突出了产品的差异化。

三、功能疗效一目了然：心宝龟鹿补肾片

定位对任何产品营销来讲，都是最重要的第一步，具体包括界定产品卖点、目标人群、功能诉求、价格定位等。

心宝龟鹿补肾片针对补肾市场上或滋阴或壮阳概念界定，结合产品阴阳双补的特点，推出“滋阴助阳，双效合一，补你所虚”概念，突出“龟”和“鹿”这两味主要动物药成分，针对55岁以上老年男性夜尿频多、腰酸、失眠等症状，首创“腰不酸，夜尿少，睡眠好，阴阳双补，挺好!”的一句话营销。包装设计要体现产品价值高，必须能满足高毛利要求，与药店合作战略首推。

四、佛手黑珍珠：佛慈浓缩丸

佛慈制药秉承的企业理念是“国药佛慈，慈心好药”。1929年，始创于上海，是中华老字号的杰出代表，也是中药西制的领军者，开创了我国中药生产现代剂型先河。佛慈首创的中药浓缩丸，远销欧美、日本、东南亚，广受好评，被誉为“黑珍珠”，是中药出口国家最多、出口历史最长的品牌。这是佛慈六味地黄丸与其他品牌最大的区别，也是消费者信心的重要来源。

但近年来，市场份额不断被蚕食，同时也面临品牌老化困境，佛慈如何改变困境，差异化突围，重回昔日浓缩丸首创者的领导地位？桑迪从品牌战略出发，为佛慈进行了一系统优化升级。

首先，将佛慈“浓缩丸首创者”的定位和“风行海外八十年”的出口历史与消费者心智关联，构建品牌差异化价值，形成与其他品牌的区隔，并围绕升级后的定位打造品牌核心识别元素，提炼品牌故事，结合品牌名称，深挖文化内涵，创造“佛手”和“黑珍珠”视觉元素。

“佛手”形象寓意佛慈秉承“我佛慈悲，药物普救众生”，“黑珍珠”则凸显由佛慈首创的中药浓缩丸剂型。“佛手”拈着“黑珍珠”的形象不仅成为佛慈浓缩丸系列的一个特别的记忆符号，还广泛应用到产品包装和宣传物料，重塑品牌形象。

“植根西北六十年，国药佛慈传真情”，通过一系列终端动销活动，如佛手“OK”手势大赛等，让品牌形象深入人心的同时，巩固佛慈在陕甘地区的核心市场地位，渗透老中青三代消费群体，重新获得竞争优势，成为西北市场浓缩丸标杆品牌。

五、剂型升级的领航者：神威软胶囊

神威药业的企业定位是“现代中药的领航者”。多年来，神威以中药注射剂引领行业方向，成为现代中药的代表者之一。但随着国家医改与用药安全性政策影响，中药注射剂未来存在很多不确定因素。作为国内最大的中药软胶囊基地，神威的软胶囊无论在质量还是疗效上，都称得上是首屈一指的，因此，软胶囊能否成为引领神威中药现代化的另一个剂型？纵观近年来，神威在药品零售渠道上加大力度，大力拓展 OTC 渠道，构建企业自身新的核心竞争力，软胶囊将作为一个特别的剂型符号在神威的 OTC 产品上定格！

市场调研原来要这么做

营销策划界有个共识——“策划要用脚去创意!”脚带动我们去看，去观察，去发现，对需要解决问题的提炼以及创造力的激发亦由此而生。企业进行市场策划的第一步——市场调查，就离不开一双勤奋的脚四处奔走，丈量市场。市场调查对于策划人来说，是方向盘，是指南针，是黑暗中的灯塔。

市场调查就是指运用科学的方法、客观的态度，有目的、有系统地搜集、记录和整理有关市场营销的信息和资料，分析行业趋势，了解市场现状及其竞争趋势，为市场预测和营销策划提供客观的、正确的资料。

市场调查是为决策者提供信息，帮助他们发现并解决问题。企业在市场营销过程中要洞察需求、研究竞品，提出一些创意性的方案，如产品设计、包装定价，分析消费者对产品形状、包装、口感或效果的喜好或现有产品的改良建议，以及比较分析竞品……进行市场调查，企业可以有的放矢，精准发力；不进行市场调查，仅依靠“拍脑袋”做出的决策，肯定风险大、行不通，在营销过程中会不断出现新问题。《孙子兵法》云，知己知彼方能百战不殆，营销策划也应该本着这种态度，做好市场调查。

总之，要进行营销策划，科学的市场调查是第一步，调查的前脚迈出，策划的后脚才能及时跟上，否则你一定会有闭门造车的嫌疑。企业在进行市场调查时，一般要经历以下六个流程。

一、明确市调目的

企业进行市场调查构想时，多面临重大营销问题或战略方向模糊，因此，须先从“战略方向、品牌建设、营销问题”等分析着手，设定市场调查目的，再着手市场调查准备工作，以避免调研方向错误。

企业在作“问题分析”之时，需要从以下三个角度进行思考。

(1) 分析企业现况，企业的战略方向是什么？

(2) 分析品牌现状，如何有效进行品牌建设？

(3) 分析营销现状，当前营销遇到哪些难题？

企业将上述三个问题方向作深入探讨后，明确了解企业借由市场调研所拟达成目标，以及达成目标应采取的营销策略，才能进入市场调查的下一个流程。

二、确定调研对象

调研对象根据调研目的来确定，调研对象的锁定有利于保证调研活动本身的真实性与客观性。市场调查的对象一般为消费者、零售商和经销商，零售商和经销商为产品的营销执行者，消费者一般为使用该产品的消费群体或购买者。

三、设计调查方案

一个完善的市场调查方案一般包括以下七方面内容。

(1) 调查目的：根据市场调查目标，在调查方案中列出本次市场调查的具体目的。例如，本次市场调查的目的是了解某产品的消费者购买行为和品牌偏好情况等。

(2) 调查对象：消费者、零售商、经销商（或代理商）等。

(3) 调查内容：调查内容是收集资料的依据，是为实现调查目标服务的，可根据调查目的确定具体内容。

(4) 调查表：调查表是市场调查的基本工具，调查表的设计质量直接影响到市调分析研究的结果。

(5) 调查地区范围：调查地区的范围选择应结合企业产品销售范围，

当在某一城市做市场调查时，调查范围应为整个城市。但由于调查样本数量有限，调查范围不可能遍及城市的每一个地方，一般可根据城市的人口分布情况，主要考虑人口特征中收入、文化程度等因素，在城市中划定若干个小范围调查区域。

(6) 样本的抽取：调查样本要在调查对象中抽取，由于调查对象分布范围较广，应制定一个抽样方案，以保证抽取的样本能反映总体情况。

(7) 资料的收集和整理方法：市场调查中，常用的资料收集方法有观察法、实验法、访问法和问卷法，企业可根据实际调研项目的要求来选择。资料的整理方法一般可采用统计学中的方法，利用 Excel 工作表格，可以很方便地对调查表进行统计处理，获得直观的统计数据。

四、设计调研问卷

设计市调问卷时，要考虑的因素很多，如需紧紧围绕市调目的，考虑题目的易理解性，考虑问卷是否便于统计分析，考虑被调查者的特点，考虑各个问题的排列顺序等。一份良好的问卷，应具备三项条件：① 能达到市场调研目的，将调研目的以询问方式具体化、重点化地列举在问卷上；② 促使被访问者愿意合作，提供正确信息，协助达成调研目的；③ 正确表达访问者与被访问者的相互关系。

问卷设计共有十个步骤，依序重点述说如下：① 确定所要搜集之资讯；② 决定问卷调研方式；③ 决定问题内容；④ 决定问题形式；⑤ 决定问题用语；⑥ 决定问题先后顺序；⑦ 决定检验可靠性问题；⑧ 决定问卷版面布局；⑨ 试查；⑩ 修订及定稿。

五、市调实施

展开调研后，首先应掌握每天调研工作进度，促使调研工作如期完成。其次，每天宜审核调研结果，将非统计性偏差降至最低，以增加抽样调研精准度。第三，应进行日常调研工作检讨，以使调研工作品质日益提高。进行此项工作时，通常以小组讨论方式进行，必须以运用脑力激荡法或充分交流方式进行，以求实际效果。

在市场调查实施过程中，选择访问员和进行访前训练是影响市场调查质量的两项至关重要的工作。

1. 选择访问员

访问人员的素质优劣将影响调研结果，故选择合宜的访问人员，并施予必要的访问训练，可提高调研品质。

2. 访前训练

访前训练的内容有二：一为课程内容安排，二为实地演练。访员训练内容包括：① 调研访问有关知识的传授，如调研基本认识、抽样技术、市场调查问题性质、访员的态度和行为准则、受访者心态等；② 访问技巧研习，如建立和谐气氛、提问技巧、处理拒绝访问技巧、访员自身安全保护等；③ 问卷内容之解释和讨论；④ 提供实地访问经验，室内模拟访问及实地演练的目的是使访员在正式访问之前拥有实际的经验。

六、市调分析

当实地调研完成时，搜集的所有访问表格，只是一堆资料而已。研究人员必须将所有搜集来的资料，加以编辑、组织及分类与制表，方能使调研资料进而变成可供分析解释的资讯。在此资料整理阶段，可包括下列五个程序：① 编辑；② 汇总及分类；③ 制表；④ 统计资料之阐释；⑤ 提送报告及追踪。

一般来讲，企业依照此六大流程循序渐进，就能顺利地完成市场调查任务。无数经验证明，拍脑袋、不深入调研、不了解实际，对企业来说等于自欺欺人、刚愎自用。总之，企业市场实战运作与营销策划离不开市场调查。究其益处，我们可以总结出以下五点。

(1) 倾听客户心声，通过调研可以真正了解消费者潜在购买动机和需求。

（2）获取创新想法，通过调研可以从受访者那里获取一些新资讯，为企业的发展提供新的契机。

（3）监控市场变化，通过调研可以了解市场可能的变化趋势，避免企业决策失误，有助于营销者识别最有利可图的市场机会。

（4）了解竞争对手，通过调研可以获悉竞争对手的情况，做到知己知彼。

（5）预测市场情况，通过调研可以对市场变化趋势进行预测，从而提前作出计划和安排。

一句话，企业能够通过市场调查充分理解市场变化，从中谋求企业利益最大化！

处方药转战零售市场的六大策略

时光飞逝，回想几年前众多药企摇旗呐喊着进军大健康领域，抢夺零售市场大蛋糕，可如今成功者寥寥，失败者惨淡收场。为何会造成这样的结局呢？用六力营销方法论模型去判断分析可知，六力营销的第一个力叫决策力，决策力是大脑，是顶层设计。我们认为，很多药企之所以失败，其实是败在了思维上，习惯了以前的成功经验，换一种玩法就不灵了，这是决策力出了问题。俗话说，方向不对，一切白费。正如许多处方药企业在医院做得风生水起，一旦转战零售药店就玩不转一样。那么做临床营销和零售营销有什么区别呢？

处方药的临床营销如何转战零售营销？处方药从医院转战零售药店，桑迪结合企业从业20多年的成功案例经验，建议可从六个方面入手。

第一是产品定位。处方药品进军零售市场，首先就是要进行产品定位，要告诉消费者这个产品的差异化卖点是什么，与其他竞品对比拥有哪些优势，能够解决消费者的哪些问题，面向的是哪些目标消费人群，这些都是处方药品进行定位时要解决的主要问题。

第二是品牌形象设计。药品在药店终端和互联网平台上都需要展示独特的品牌形象，有个性，有记忆点，独特的品牌形象能给人一种舒服的感觉且加深人们对产品的印象，不仅能够吸引顾客的关注或购买，而且也能促进药店店员向消费者主动推荐该药品。

第三是一句话营销。所谓一句话营销，就是将患者听不懂的医学专业术语，翻译成科普大白话，提炼成具有销售力的一句话，让药店店员能够简单轻松地传递给消费者，而且能够精准表达产品的卖点。

第四是终端陈列。在产品陈列的终端，要营造一种热闹畅销的氛围，比如产品陈列的排面要大，要有端架、堆头，甚至收银台、进出口处都要有陈列，多点布局，时时展示产品，只要有利于宣传接触的位置，尽可能都要占领。

第五是终端维价。处方药在临床销售时，价格是相对稳定的。但在药店就不同，一个片区或者一条马路，可能会有多家药店，药店之间存在竞争关系，且产品可能渠道层级不同，难免价格不统一或者自主打价格战。价格稳定是产品畅销的关键，价格混乱很容易造成终端药店的积极性受挫，因此必须维价。

第六是终端引流。终端引流一般分为两种形式，一种是广告传播，通过广告的形式吸引消费者到线下门店或者进线上互联网平台进行消费。另外一种是活动推广，利用节假日或者是一些特别的日子举办一些促销活动，激发消费者的购买行为或购买冲动。

以上六个方面，很好地归纳总结出处方药企业转战零售市场的一些基本方法和营销策略，处方药进军零售市场已是大势所趋，处方药企业要充分掌握这六大策略，在激流中奋勇前进，才可获得成功，甚至成为品类中的标杆。

策划短视频应遵循的七大法则

视频广告，分为传统视频广告和移动视频广告两类。

传统视频广告是以液晶屏或LED屏呈现的商业终端广告系统，主要以播出电视广告节目和其他节目为表现手段，主要包括七类终端，如商业楼宇、卖场超市、航空终端、医院药店、户外大型LED、公交车载电视、车站以及其他渠道；而移动视频广告是指在移动设备（如手机、PSP、平板电脑等）内进行的插播广告视频的模式。

无论是何种视频广告类型，在未来，网络视频都将是广告传播的主要形式。在网络视频广告策划的过程中，我们总结出以下七条策略原则。

一、成本性法则

网络视频及门户网站视频的原创内容广受欢迎，这主要是由于这类视频的制作成本低且内容新颖，比较接近生活。一般情况下，制作一支电视广告片的成本投入少则需要几十万元，有时甚至数百万元，但一支普通的网络视频短片几万元就可以轻松搞定。正是由于制作网络视频广告比制作电视广告成本更低，许多公司开始尝试拍摄一系列网络短视频。虽然网络短视频所耗成本低，但并不代表其宣传效果差，相反具有很高的性价比。一支创意好、流传甚广的短视频可以让公司以极小的成本获得极大的曝光。毫无疑问，在这种情况下，对广告预算有限的公司来说，短视频营销是最合适的选择。

二、内容法则

网络视频广告既要在内容上注重创意技巧，也要在策划上突出核心主题，两者都不可忽视。通过创意实现信息的高效传递，通过策划掌握用户的心理。以形式装饰内容，以内容描绘内涵，从形式上吸引，用内涵感染，牢牢把握用户心理。

当前，网络短视频的内容丰富多彩，融合了技能分享、幽默搞怪、时尚潮流、社会热点、街头采访、公益教育、广告创意、商业定制等主题。网络视频广告的形式也呈各式各样，如产品演示视频、功能演示视频、博文转化视频、价值主张视频、街拍视频、开箱视频、宣传视频等。

总之，创意形式不同，网络视频广告的效果也不一样。但是，内容为王始终被奉为圭臬，优秀的短视频广告无须依靠多样化媒介渠道，而仅需凭借其内容的独特魅力就可俘获无数网友的芳心，受到追捧点赞转发，实现病毒式传播。

三、定位法则

品牌定位的核心是差异化，人群定位就是要找出最合适且与品牌资源最匹配的消费群体，成功运作去满足其消费需求。消费者需求随着社会发展、物质生活的改变而不断发生变化，针对这些变化，在产品或服务上通过升级来满足，是人群定位核心差异化的价值与意义。短视频内容是根据目标客户群体进行定位及创制的，不同的用户群体喜欢不同的内容，不同的内容也会吸引不同的用户群体，既要结合二者，又要有布局思维。人群定位清晰，充分满足用户需求，才能增强自身优势。

四、精准投放法则

在人群定位清晰的基础上，对网络视频广告进行精准投放才能收到事半功倍的效果。

网络视频广告可以借助合适的平台进行精准投放，目前短视频广告的投放平台有许多，比如腾讯、抖音、哔哩哔哩、知乎、小红书等。其中，小红书用户量大，且女性群体较多，建议投放教育、母婴用品、婚纱摄影、美妆护肤品、娱乐等短视频；结合哔哩哔哩的用户属性和在投客户行业特点，游戏、教育、写真摄影、美妆护肤等短视频比较适合该平台；知乎比较适合工具、社交、教育、娱乐等行业的短视频投放。

因此，结合各大平台的用户特点来进行短视频广告投放，能够实现投放目标精准化，使网络短视频广告的宣传效果更有成效。

五、时效性法则

无论是传统视频广告还是移动视频广告，都要根据产品的淡旺季以及产品所处的特殊时期来进行发布。数字化时代，广告日新月异、琳琅满目，小到每日的新闻头条做文章，大到各个节假日的狂欢，网络短视频以其低成本、快传播的特点让企业做广告的概率大大增加，也让广告趋于娱乐大众化、软传播化。

另外，在每年的“三八节”“端午节”“中秋节”等节日中，各大商家会通过短视频广告招徕客户，各显神通。借用优酷网 CEO 古永锵的话来说，互联网“短视频营销”是将“有趣、有用、有效”的“三有”原则与“快者为王”结合在一起。

六、吸睛法则

如何使一支网络短视频在浩如烟海的视频广告中脱颖而出、抓住目标受众的眼球呢？“第一眼吸引”的感觉很重要！吸睛的手法很多，最有效的方式就是让短视频广告的位置足够显眼。例如，微博热搜榜的第四位是广告位，如果一支网络视频广告能够位于此，那么，这支短视频广告必然引爆微博全网。

网络短视频广告还有一种吸睛的方法是抓热点，这可以从标题、关键词和画面着手。一是标题，这是要点的核心；二是关键词，往往是最新的亮点，才能够博人眼球；三是画面，这是分析印象的关键。结合社会背景和时下热点的短视频往往能够引起巨大共鸣，传播的范围更广，借此也能更好地推广品牌。

七、互动性法则

互动性法则体现了网络短视频广告的优势特点。比如 UGC 模式，即用户生产内容，调动民间力量的积极性参与制作视频，主动生产作品。最简单的方式就是以征文的形式征集与企业相关的视频作品。显然，UGC 模式超越了普通的单向度浏览模式，让用户与产品高度互动，将产品单向传递的旧形式升级为与用户双向互动的新形式，增加了品牌黏性，深化了广告传播效果。

另外，AR、VR 等人工智能技术已日渐成熟，企业可以使用这些先进的技术让视频短片里的主角与网友实时互动起来。网友们简单触动手机屏幕或移动鼠标就可以实现互动，沉浸式参与往往能够让一个简单的创意取得巨大的传播效果。

做好内容营销就能抓眼球

有人说网络时代是信息化的时代，有人说是自媒体时代……不管是什么时代，都是数字化高速发展的时代，并且是以内容为王的信息化时代。

在互联网时代，比拼的是资源，是平台，更是内容！谁都知道“内容为王”，然而如何理解内容的价值？这是一个眼球经济时代，人们在乎品牌，更关注表达品牌的精彩内容。

内容营销是一种教育，不是销售产品。公司提供了有价值的信息，使目标受众忠诚于该品牌。内容营销是营销最核心的一个部分，内容越好消费者才更能去接受，在内容营销里，内容可以归纳成三种形态。

一是图片。首先需要一目了然突出重点，抓住受众点；其次看起来要赏心悦目。也许仅仅是一张图片，带来的可能就是超高的流量，“星星之火，可以燎原”，所以切不可小看图片的力量。

移动社交中，图片是传播最快、最讨喜的方式，“单图派”比“微图文”更适合传播，并很快就能实现刷屏且带来流量，但不可忽视内容的体现性，一张有价值的图片，往往比零星点缀的图片更富有深意。

二是软文。标题是吸引用户的最关键因素所在，想要软文能持久吸引用户关注，软文的话题一定要醒目，文章内容读起来特别生动，由此标题和“亮相”就显得极其重要，而清晰的结构模式更能达到撰写明确需求目的，根据产品特性，有针对性、有计划地提高阅读者的认同感。

其最终目的就是通过推广进而提高自身品牌说服力，甚至要拿出强有力的证据，让“铁证如山”，永远不会动摇，使消费者更坚定选择并能类似于球迷的那般狂热，形成一种信仰，久而久之则成为忠实客户。而选择的方式进行则需要对比，任何品牌、产品，有对比就会有伤害，介绍自身、发挥长处是需要突出的重点，缩小短板，优化自身长久稳定的发展，经由消费者权衡利弊、货比三家，潜移默化地影响消费者的观念，认为该品牌定是首选。

三是短视频。那些生硬广告的作用已经越发微弱，信息爆炸时代，用户对于获取的信息已经目不暇接，更不用提千篇一律的生硬广告推广。快餐文化在互联网影响下高速发展，短视频时间虽然很短，但开头的“亮相”依旧十分关键，“亮相”的关键就在于与后续短视频内容无缝衔接。一个优质的文案是与短视频的内容是融为一体的。

使用短视频的用户大部分都是年轻人，年轻人的普遍特点是时尚、个性，追求与众不同，追求独一无二。一条优质视频，定位就极为重要，内容的本质是提供一种服务，最先考虑的是比较自身优势，拉近与用户之间的距离。例如，一些医生、医药人相关博主提到的医药用品，观看的客户可能会购买，很少有人将这类视频当作广告。

因此，我们需要抓住这三个形态的特点，把它做得更好。

如何策划有销售力的“种草”软文

提到“种草”，大家首先想到的大概就是小红书了。小红书以社区起家，“发布笔记”这一模块一直都是小红书“种草”和提高用户活跃度的一大利器。其实“发布笔记”就是一种撰写软文、发布软文的过程。一篇有销售力的软文发布在小红书上就有可能成功激起网友购买所推荐商品的欲望，成功“种草”。“种草”已经成为近几年内出现频率较高、推广效率和发展趋势较好的一种营销方式。

其实，无论是“标记我的生活”的小红书，还是“信息创造价值”的今日头条，抑或是随时随地提供信息和服务的微信公众号，以及百家号、百度贴吧、知乎，甚至是微博、抖音、豆瓣、简书、网易号、搜狐号等一系列网络平台已经成为消费者习惯关注的领域。通过软文话题策划，激发网络口碑舆论，形成群体效应，扩大品牌知名度与影响力，已经成为网络立体化传播的一种重要方式。

软文本质上是企业以广告的形式实现软渗透的经营策略，通常借助文字表达和舆论传播，使消费者认同一定的理念、观点和分析思路，从而达到企业品牌推广和产品销售的目的，达到营销全网推广的目的。

在营销领域，软文营销或新闻营销一直是企业成本最低的营销方式。脑白金运用软文策划早期实现了低成本、高收益的效果，因此，软文策划在大健康企业的营销策划中也是非常关键一环。在软文策划的过程中，需要遵循以下五步。

一、市场背景分析

软文策划属于营销行为，市场背景自然是软文策划的基础依据，因此做市场分析是十分必要的。市场分析包括了产品和用户的全方位资料。如果是药企则需了解其产品的成分原料、产地，独特的配方，功效机理，科技含量，所获得的技术成果，研发背景等资料。

二、软文话题策划

软文话题策划要准确把握用户群的特点，再者就是根据营销的导向性来策划话题。如果企业在运营的起始阶段，软文话题应该注重建立用户信任；如果是成熟的企业，软文话题应该侧重活动和特色产品的推广，以直接带动产品的销售；如果是品牌推广，软文话题应侧重企业的公关传播，突出企业的社会责任感。总而言之，软文话题可以包罗万象，多构思多考虑便能策划出好的软文。

三、软文媒体策划

软文媒体策划，就是软文传播的媒体策略，说白了就是媒体规划。但是企业往往是重发布轻策划，最后还倒说软文营销的效果看不出来，怪软文发布商不给力，其实这并不是问题的关键。社交媒体是一个很好的选择，也是大多数企业长期使用的强大工具。社交媒体既有趣又非正式，虽然不适合发布新闻稿，但是能够提供一种绝佳的互动方式，可以同时与多个人联系，并与留言的用户进行直接交流。

四、软文创作

软文创作，即按照软文策划案编撰软文文案。软文写作需要一位有行业知识背景的写手，如医药企业需要有医药知识背景的写手，对于稍微有点软文写作经验的人来讲并不难，只是耗费脑力和时间，需要细心去琢磨。一篇优秀的软文创作具备吸引人的标题、清晰的文章结构规划以及合适的阅读字数。在软文创作实操中，遵循以下十步必定能够创作出不落俗套的软文。

（1）详细了解项目。具体了解内容包括具体服务项目的数量、客户性质与要求、项目时间进度表、每周工作安排以及主要营销策略及方向。

（2）分析产品资料。具体包括产品成分原料、产地，独特的配方，功效机理，科技含量，所获得的技术成果，研发背景，研发人员资料等。

（3）研究竞品资料。具体包括同类产品的配方、产品机理、独特卖点、广告语、研发背景、研发人员资料、技术含量、主要媒体策略及广告表现、剪报和其他宣传资料。

（4）进行资料收集。前三步所提到的资料需要通过多种渠道进行收集，包括网络渠道收集、图书馆文库收集、线下书店收集、终端零售店收集。

（5）搜索关键词。设计与产品相关的关键词，如机理类、概念类、功能类、症状类、成分类、相关新闻类、季节性类等。

（6）进行整理筛选。根据需要选择审核资料，将相关联的资料编辑整理，挑选出有用的材料，分门别类进行整理。

（7）关注“惊喜”信息。在资料收集过程中，可能发现一些有惊喜的资料，应及时整理，与项目成员共同分享。

（8）提炼产品核心利益点。其实就是吃透本产品，分析其他竞品，有针对性地提出产品的核心概念，从机理上创新，从技术上创新，从人群上定位，从症状上定位，从广告语上定位等归纳总结提炼。

（9）撰写基础文案。用400—600字概括产品的主要优点，从原料、配方、症状归纳、科技含量、独特机理、效果承诺、权威认证、广告语等方面展开，集中体现产品差异化特色，表现出产品的核心利益点。

（10）创新软文标题。根据产品上市思路，创新不同阶段的软文策略，策划相关的软文标题，主要从新闻、功效、权威、情感病例、季节等角度进行软文策略的标题创想。

五、软文效果评估

软文营销效果其实是企业最关心的问题，但是如何评价软文营销的效果呢？软文效果评估需要综合品牌、销售情况、网站流量、电话咨询来考虑。一般来讲，以发布几天之后网站的销售和流量提升来考核是不合理的，软文自身的优势在于网络口碑与推广的持续效果。

通常，企业做软文策划，把握好这五步，便可以顺利地实施软文营销。每个企业各有背景，项目经理要有实际操作经验，整体管控软文营销的实施，这样效果才能保证。总之，掌握了如何写软文，再加上有策略地进行资源投放，可以使成本和收益达到最优化的平衡，让品牌营销产生意想不到的实效。

礼品策划也得讲究个章法

中国是人类文明的发源地之一，是闻名世界的礼仪之邦。几千年来，中国人受周公之礼、孔孟之道的影响，一向崇尚礼尚往来。《礼记·曲礼上》说："礼尚往来，往而不来，非礼也；来而不往，亦非礼也。"这正是中国人对礼认识的真实写照。中国人的礼品文化讲究诚意，这是因为送礼表达的是对别人的尊重和重视。俗话说，送礼要送到骨子里，这体现的是送礼要送得贴切。那么，送什么样的礼品才能恰到好处呢？

当一个产品销售成了礼品，那么这个产品就具有了礼品属性，市场容量就会得到大力扩充，甚至可以成为一种流行。例如，在大健康滋补领域，东阿阿胶就独领风骚，风靡市场多年，成就了大健康滋补礼品的标杆品牌地位。东阿阿胶之所以能从药品变成流行礼品，不仅仅是由于在广告传播过程中投入了大量的人力、物力和财力，更重要的是它满足了礼品的四个属性。那么，到底是哪四个属性呢？

第一是知名度，产品本身要具有一定的知名度。中国人自古以来看重面子，礼品知名度越大，送礼人越有面子，送礼人通常会选择有知名度的产品送人。故而，没有知名度的产品做成礼品，是很难真正被收礼人接受的。

第二是价值认同，是指这个产品能够使送礼人和收礼人都对礼品的价值"心知肚明"。送礼人表达的是一种心意，对于送礼的对象、场合、时机以及礼品的价值，心里都有一杆秤，收礼人也有他的评判标准。如果收礼人不清楚礼品的价值几何，那么这个礼品的心意价值就无法发挥。

第三是流行属性。要让产品本身具有流行性，那么当作礼品时就能更加顺利地打入购买者的首选行列，成为人人选择的流行礼品。这样，就不用担心其销量了，因为消费者都有从众心理，有利于降低选择这个产品的机会成本。

第四是需求属性。产品要能够满足送礼对象的需求，那样送礼人选择该产品，就相当于送到对方的心坎里了，否则再好的东西，对方不需要，就可能会不重视或搁置，那么送礼的价值就未能有效发挥。

综上所述，要做好礼品策划，务必要使产品具备以上四个属性，要了解送礼人和收礼人的价值需求，确定礼品的定位、定价与包装策略，进而做好传播、渠道、推广等一系列系统营销工程，这样，才有可能把它做成礼品中的标杆。

产生轰动效应的事件营销

事件营销是多年来一直流行的一种创新营销方式，简单来说，事件营销就是通过把握新闻的规律，制造具有新闻价值的事件，并通过具体的运作，让这一新闻事件得以广泛传播，从而达到广告的效果。其本质就是通过策划活动吸引大众眼球，引起社会关注，引发轰动效应。网络营销的兴起，让事件营销的轰动效应愈加显著。

一、事件营销的规则

事件营销固然能够有效提升企业品牌知名度，但在事件选择和营销方式上，需要慎之又慎，一般的事件不足以引起轰动效应，边缘性的事件又往往带有极大的风险性，因此，在事件营销中还必须注意它的有效规则。

1. 符合文化特性

事件营销主要存在两种形态，一种是借势，即把热点事件的高关注度嫁接到自身产品上。例如，蒙牛利用"神五"上天大做宇航员文章，"航天员专用牛奶"就此打响并提升了蒙牛的品牌形象。

另一种是造势，即创造一个新的概念，引发群体关注和追捧。比如海尔的张瑞敏利用"砸冰箱"事件将产品过硬的质量和良好的服务推向社会。巧妙利用这两种形态能为企业节省更多的广告费用，达到广告所不及的品牌传播效果。借势和造势都可以利用危机事件或策划特定事件，充分传播品牌知名度或美誉度，因此必须符合品牌所指向特定群体的文化特性。

2. 追求价值对等

一个事件之所以能够成为新闻，究其根本在于其具有一定的新闻价值。企业在选择新闻事件进行事件营销时，不能一味追求新闻事件的轰动效应，也要充分考虑该新闻事件的新闻价值与品牌所追求的价值是否吻合，否则容易产生南辕北辙的效果，无益于品牌传播，甚至损伤原有的品牌形象。因此，在事件营销中，要把事件特性与品牌属性有机结合起来，抓住传播重点，达到新闻事件传播与品牌传播同步共振的效果。如此，便能将事件营销的威力充分发挥出来。

3. 舆论导向控制力

事件营销本来就是“借力打力”或者“用力打力”，而这些都离不开媒体，因此在事件营销中，要有绝对的媒体舆论导向控制力。在事件营销的大潮中，诸多企业“八仙过海，各显神通”。但即使面对同样的契机、同样的事件，不同的运用策略取得的效果也不尽相同。事件营销的效果，在很大程度上取决于企业与策划人对事件营销传播规律的把握，对舆论导向的控制力以及事件营销策略的系统执行力。

4. 品牌传播复原力

作为一家企业，传播品牌不仅要懂得策略，还须具备一种特殊潜质——复原力。复原力是指企业在市场中遭遇某种危机后，能够发挥潜质，迅速恢复原有生气的能力。事件营销中，品牌传播的复原力是至关重要的，否则很难形成事件营销的涟漪效应。

二、药企新闻事件营销方法

新闻事件营销的好处就在于它通过新闻事件而并非广告，使药企以最经济的方式，将企业以及药品品牌的有关信息及时、准确、有效地传送到目标受众群，迅速提高药品的品牌认知度、美誉度，从而快速拉动药品的销售业绩，以最少的投入获得最大的回报。从某种意义上说，事件营销是药企迅速建立品牌知名度的择优途径。药品品牌运用新闻事件营销的方法主要有以下几种。

1. 跟随新闻热点制造新闻

跟随新闻热点，要求药企时刻注意新闻媒体的动向，了解新闻媒体近期正热衷于哪一方面新闻事件的报道。如果药企发现新闻媒体所热衷的诉求点与企业品牌或产品关联度很大，就可以利用机会制造新闻，使企业或产品成为被关注的对象。鸿星尔克的成功正是利用这一方法，实现了品牌美誉度的迅速提升，使其成为运动品牌中的责任与诚信的象征。

2. 利用新产品制造新闻

新产品也是新事物，新鲜事物都有可能成为新闻焦点。那些由权威机构背书、确实有显著疗效或填补某项空白的新药，新闻媒体也乐意报道。因此，如果企业有新药推出，可以主动造势，积极主动向新闻媒体发布消息，为药品营销造势，使药品品牌扬名。具体方式可以是药企通过召开一定规模的专家研讨会或新闻发布会，向某机构捐赠新药，表达企业的公益行为与社会责任感，引起媒体的关注，从而制造新闻。

3. 利用价格策略制造新闻

产品的价格关系着国计民生和消费者的直接利益，因此价格问题是新闻媒体界一个永恒的话题。特别是近年来，消费者和新闻媒体关注的热点包括药品价格虚高。如果药企利用价格策略进行公益营销，只要操作得当，必定会引起新闻媒体的关注。表面上看，降价会使企业的利润受损，然而在不断地宣传造势下，消费者对这些品牌的关注和青睐也会相应增加，市场面扩大，总销售额未必会下降。

盘点策划认知的九个误区

如果将建设品牌比作建楼房，那么策划相当于这栋楼的设计，楼的外形、选材、结构等都是策划需要考虑的事情。如果策划做得不合格，在结构设计上有问题，在外形设计上不美观，那这栋楼即使选用了最贵的材料，最后也还是一栋危楼。因此，专业的策划团队很重要，选择不同的策划团队最终会产生不同的结果。

尽管策划业在国内风行了三十多年，认可策划价值并选择专业策划机构的大中型企业也非常多，但还是有一些企业或负责人对策划不甚了解，或把策划当成出点子，或对策划认识较模糊，容易陷入对策划的认知误区。梳理一下，主要有以下九个方面的误区。

一、策划无用论

部分企业对策划的认识仅仅停留在做规划的浅层次方面，习惯“走一步看一步，看一步走一步”，并没有形成周密而严谨的策划概念和思想，也不认同策划的价值。这种对策划不求甚解、掉以轻心的态度，极易造成企业规划和产品混乱的严重局面！

策划是一门由多学科构成的边缘性综合应用型科学，它的原则、方法、理念等都有着深厚的理论渊源和严密的逻辑关系。此外，对策划者本身也有很高的要求，既要有事业心、责任感，又要有相当敏锐的观察能力和分析能力；既要有专业知识，又要有丰富的实践经验；既是一个思想家，又是一个杂家、战略家。因此，营销策划并不是简单的做规划、写计划，而是建立在科学理论之上、运用科学方法进行的系统性、创意性的思维活动。

二、策划无敌论

与上一条正好相反，部分企业对策划有一种过度崇拜、迷信的思想。将企业和产品的成功全都归结于策划，认为策划人具有点石成金、起死回生的神奇魔力，殊不知巧妇也会难为无米之炊。

这种过分夸大策划作用的思想同样是一种不成熟的表现。在激烈的市场竞争中，企业在经营与营销中遇到的难题也会越来越多，少数管理者就把解决问题的希望完全寄托在策划上，这是非常错误和危险的。理性而客观地看待策划业和策划人，是现代企业高管必备的素质。

三、忽略整体谈策划

首先，部分企业高管对策划存在某种程度的误解，仿佛策划就是想一两个点子或创意，在和策划团队沟通时，只谈有利条件而不论风险，甚至隐瞒部分真相。其实，策划是在充分掌握企业实态和市场竞争态势之下的分析、判断和推论过程，客观、实事求是的信息是策划人作出准确判断的依据，在不完整的原始信息下作出的策划方案，可能不适用，对企业又有何价值？

其次，企业常常是在经营出现问题或产品营销状况糟糕时才会想到让策划人介入，期待快速解决问题，扭转乾坤。这种思维仍是传统意义上的策划，也叫“事后策划”。这种将“鞋子”穿烂了才想到补救的做法，是对策划极其狭隘的理解。策划不能靠“事后策划”力挽狂澜，更重要的是“事前策划”和“事中策划”，以及“全过程策划”等，以策划介入企业的深度和长度又可分为“大策划”和“小策划”。真正的策划不是简单的做些修修补补、做市场部遗漏补缺的事，而是要统筹兼顾、系统思考、全程介入，这样才可能标本兼治解决问题。

四、只选价低的

物有所值、物超所值才是企业作出取舍的依据，广告的目的在于广告效果，希望达到塑造品牌、扩大销售量、提高市场占有率的目标，最终归结为“利润”，而不是“省钱”。对策划方案价值的判断不能仅看策划机构的报价，还要看方案是否有实质性内容，是否能为企业带来价值。少数企业在选择策划战略伙伴和广告传播媒体方面，信奉一味追求低价的、低折扣的，以为这样就占了便宜，殊不知这样可能会贻误战机，甚至降低品质。花经济适用型宾馆的钱，期待享受五星级酒店的服务标准，这样能行得通吗？

五、策划就是创意

有的企业高管认为策划就是创意，这种认知肯定是片面的。本质上，创意是策划的一种表现方式，策划不仅仅是一种高智慧的创意。策划需要根据科学的方法论，按照一定的程序，经过严格的逻辑思维规划之后，才能完成的系统性智业工程，策划是具体的，创意是抽象的。策划固然离不开创意，但创意仅是一个点，而策划才是面。

企业通过策划团队对产品、市场竞争，以及行业资源整合的分析与研究，可以初步判断这家策划机构是否有真正的实力，或者实力有几何。如果他们的分析到位，见解入木三分，则表明其思路可行，在创意表现方面可能会不落俗套；如果他们对产品、市场竞争、行业状况一知半解，认识肤浅，要求通过调研后才能提出观点，则表明其需要大补行业功课，企业与之合作的风险系数就比较高。

企业高管们都应该明白，成功的营销策划，不能仅看策划方案、广告创意、形象设计，更要看支持方案运作背后的资源整合能力，这样才能落到实处，产生出其不意的效果。

六、经验主义

这一点体现在有些企业高管往往唯感性认识为上，而缺乏理性思维分析。看到有企业通过某种营销模式而获得成功，自己不经过理性分析就依葫芦画瓢，盲目模仿，结果是南辕北辙，并不适用于企业自身。

其实，每一个成功的策划方案都是为企业度身定制的，是依据该企业实际情况而制定的一种创新营销方案，具有很强的专属性、个性化与独特性。在竞争环境中，市场形势复杂多变，每家企业决策者的综合素养、性格、思维各异，企业所拥有的资源和所处的发展阶段也不尽相同，照搬其他企业的经验肯定是行不通的。他人的策划方案可以当作学习模板来参考，但绝不能一味模仿照抄，否则会给企业带来不必要的损失。

七、本本主义

有人会本能地认为，专修过市场营销的相关课程，或者是广告科班出身，有一定的经济理论知识、市场营销、广告创意等培训经历的人才能做好策划。事实上，职业策划的确是需要一定的知识储备，但并不强求知识的深度，而是需要知识的宽度。在策划过程中，必然会涉及多方面的知识和各种环境，如果知识面过于窄，又不善于随机应变，那么整个策划过程必定会缺乏大局观，内容也会比较片面。如果策划人具备了足够的知识储备，但是缺少行业实战经验，或是不熟悉行业，不善于将其运用到实践中，那么这就犹如纸上谈兵。因此，策划不能唯书本论。

八、急功近利，朝令夕改

企业在选择策划机构合作时，往往是处于问题迫在眉睫、急于改变现状的关头，决策者会有急功近利的心态，从而可能会看重饮鸩止渴、舍本逐末的方案。然而，问题的爆发一般是积累到一定程度的结果，想要解决还需要抽丝剥茧，各个击破。急功近利的另一个表现就是朝令夕改，企业在实施某方案一段时间后，当没看到预期的效果时，就容易慌不择路地改变策略，最后导致整个营销团队无所适从，也让原本积累的市场效果化为乌有。

九、策划是做市场预测

有的企业在做咨询策划时，对未来市场发展的趋势更关心，在他们看来，策划是为未来营销做决策依据的。随着行业政策的变化、市场竞争的发展，不少企业会邀请一些咨询策划公司来研究、预测未来市场走势，他们认为策划是对市场未来的指导，这也是一种误解，这类方案更像是市场研究分析报告。

事实上，策划是对未来市场发展作出了当前的行动对策。经过调研分析，可以找到今后市场的发展方向，那么，企业要做的就是未雨绸缪，依照方案提前部署。具体行动就是通过策划做好当前的营销部署工作，在此基础上，应对未来的变化制定相应的策划方案。

第四章 执行力

军令如山，勇而不退

何谓执行力

- 执行力是营销成败的关键
- 执行力不等于蛮干
- 领导的执行力不容忽略
- 三个核心流程轻松搞定执行力
- 坚守执行力的六个法则
- 如何强化组织执行力
- 个人执行力应该这样提高
- 三招教你玩转执行策略
- 避开执行力的九个雷区

何谓执行力

执行力是六力营销的保障。执行力，指的是贯彻战略意图、完成预定目标、落实营销方案的实际操作能力。它是把意图、规划、方案转化为现实的具体执行效果好坏的体现，其强弱程度直接制约着公司经营目标能否顺利实现。因此，执行力是决定企业成败的一个重要因素，是企业核心竞争力形成的关键。

执行力，对个人而言就是办事能力；对团队而言就是战斗力；对企业而言就是经营能力。衡量执行力的标准，对个人或团队而言就是按时、按质、按量完成自己的工作任务；对企业而言就是在预定的时间内完成企业的战略目标。

执行力包括执行方案、执行意愿与执行能力。首先，需要有一个切实可行、行之有效的执行方案；其次，需要通过奖惩制度、利益驱动激发团队的执行意愿；最后，需要提高团队的执行能力，提升团队的专业技能水平和职业素养，让大家能够认真执行。

执行力既反映了营销组织的整体素质，也反映出管理者的角色定位，其关键在于透过制度、体系、企业文化等规范及引导员工或合作商的行为。

没有一支专业、高效的团队，没有优质的网络渠道资源，没有行之有效的管理措施，再好的方案也只是纸上谈兵。发挥团队的力量，整合优势资源，注重细节，然后贯彻落实，这是营销的根本。

执行力是营销成败的关键

有调查分析，企业的营销成功20%靠策略，60%靠企业各层管理者的执行力，其余则是一些不可控制的运气因素。可见，在多数情况下，企业的执行力决定着其营销的成败。随着市场经验趋于成熟，越来越多的企业高管意识到执行力的重要性，并在管理过程中将执行力作为考核个人或团队的重要标准，以期改变“策略上的巨人，执行上的矮子”的现状。

一、领导决定着整体的执行力

在策略执行中，管理者是最重要的主体。传统观念认为，管理者应重点关注策略制定、授权传达的层面，对执行这种细枝末节的事情不值得大费精力。其实，这是一种纸上谈兵的观念，真正优秀的管理者，必须在制定策略后脚踏实地参与执行，在执行中准确、及时地认清自身所处的大环境和真正问题所在，紧抓主要症结，根据执行的情况及时调整策略。如此策略才可能得以有效执行并实现目标，否则，再完美的策略也会在没有执行力的管理者手中夭折。

因此，企业要培养执行力，应把重点放在管理者身上。管理者带头执行可以激励下属，团结队伍以随时应对策略执行过程中的突发情况。在这个意义上，执行力是企业营销成败的关键。

二、策略执行两手抓

策略和执行是企业营销成功的必备要素，二者辩证统一，缺一不可。策略是企业执行的指南，是执行方案制定的依据，策略的价值唯有通过执行才能得以体现；执行是检验策略是否正确的唯一标准。因此，企业必须高度重视策略和执行，要两手一起抓，两手都要硬。

一方面，无法执行的策略只能束之高阁，没有实际价值，因而管理者制定策略时应考虑其是否切实可行，是否有利于执行工作长期、有序地展开；另一方面，管理者需要用策略的视角来诠释“执行”，用合理的策略来一步步制定和指导执行任务，而不是“眉毛胡子一把抓”，没有目标和重点，吃力不讨好，陷入一个又一个蛮干的泥潭。因此，合理的策略应与执行力相匹配，强有力地执行，才能切实让策略落地。

三、培养部将的执行力

管理者是策略执行最重要的主体，但并不是说管理者对大小事务都需事必躬亲。管理者角色定位很重要的一点就是在重视执行力的同时，还必须培养部将的执行力，做到如心使臂、如臂使指地层层下达执行命令，充分调动集体的主观能动性，提升整个营销团队的执行效率。在这个过程中，要避免无计划执行、推卸责任执行和粗放型执行。管理者充分培养部将的执行力，也是企业提升系统营销的关键。

四、打造执行文化和理念

执行力的关键还在于通过企业文化影响员工的行为，拥有积极的执行力文化的企业，员工会自觉地用心做事，讲究速度、质量、细节和纪律。因此，营造优秀的企业执行力文化也是管理者需要着重进行的工作。

在营销策划的过程中，打好根基是必不可免的，而这些根基就是企业的执行力文化和理念。如果只是一味追求方案的优劣，而忽略了根本的建设，在执行力上不能做到快、准、狠，那么营销策划也就变得毫无意义。因此，打造积极的执行力文化和理念有助于制定有生命、有活力的策略。

执行决定营销的成败，以执行为导向且拥有积极的执行力文化的企业，其策略的实施能力一定会优于同行，在营销战场上也定会更胜一筹。

执行力不等于蛮干

执行力是让企业战略决策最终落地的保证，是影响企业成败的重要因素。没有执行力，无论策划的蓝图多么美好，组织结构多么科学合理，都无法发挥其应有的威力。因此，保证执行力是企业管理的一项重要任务，是企业家们必须要重视的关键环节。

执行力并不等于简单粗暴的蛮干，也不是逞匹夫之勇，执行力讲究的是执行素质、执行态度、执行应变认知和执行管理，如果企业在这四个方面存在不足，会导致各部门的执行力变成蛮干。

一、执行素质待升华

企业中的一级执行者多是各级主管人员，他们自身能力和素质的强弱、高低，会直接影响组织决策的运行。在现实情况下，各级主管在执行过程中可能存在各种错误和过失，比如主管尚未明晰上级安排的任务便匆匆安排部门人员去执行；执行过程中缺乏完整的监察、考核流程以及闭环的控制系统，容易造成本末倒置、假公济私的现象；没分清执行工作的轻重缓急，容易造成重点不分、主次颠倒的无效执行以及过度依赖下属等，这些都阻碍了执行力作用的充分发挥。另外，人、财、物配备失衡，执行人员理解偏颇、执行力后劲不足也会造成一损俱损的局面。

企业从干部到员工的整体素质和行动质量，决定了执行力的强弱和营销运行的实际品质。因此，必须集合高素质、优品质的企业主管和优势兵力去执行合适的策划方案，方可得胜。

二、执行态度欠统一

论起执行态度，首先想到的问题是团队工作动机消极以及基层员工执行意识淡薄，无法有力地完成任务指标，另外，心态不稳、安于现状且懒散等状态导致高技能员工执行不力。

执行力的薄弱也集中表现在团队中高层管理者的心态上，高层的执行力水平是衡量企业执行力的关键。高层执行力薄弱多表现为：无法合理恰当地看待和衡量团队员工的才能和综合素质；对于企业花重金聘请的“策划精英”，他们对其作出的方案持不积极甚至消极抵触的态度；对于工作任务，他们不提建议也不思考问题，即使有想法也选择缄默，存在“多一事不如少一事”的心态。因此，纠正和统一这些管理者的执行态度，成为执行工作中需要着重耗费心力的一大重要环节。

三、执行应变无认知

一般情况下，营销方案一旦通过高层认可，就需要一往无前的执行魄力，如果打折扣或朝令夕改则会动摇军心，使团队成员产生不信任感。然而，不可预知的变化是客观存在的，针对变化采取不当的应变措施、失误的策略调整、失衡的团队资源配置、变动的局部目标等，这些错误都会导致执行团队的不良反应，执行人员往往会一边心不在焉地执行变动后的任务，一边又对方案的可操作性心存疑虑。这样的工作方式和氛围不利于营销方案的顺利执行，这使得集体对原本可以掌控大局的能力失去了共有的认同感。因此，提高执行团队的应变认知势必为管理者不得不考虑的课题。

四、执行取舍差管理

很多企业，尤其是中小型企业对于执行方案的取舍很随意，今日定，明日改，边改边做，美其名曰“摸着石头过河”“随机应变”。但事实上，一个优秀的营销方案往往在短期内难见成效，如同儿戏般地执行命令，会将企业的资源一再浪费。那些已经取得一些成就的企业，往往容易犯经验主义错误。一部分高管把过去成功的经验和方案奉为圭臬，把取得的业绩夸大到无人可敌的程度，继而认为往后的方案必定毫无错漏。实际上，这种愚昧的认知和无厘头的“骄傲资本”，往往会使企业团结健康的团队变成一盘散沙，直到活活断送企业前途。

执行力不是单纯的蛮干，而是完成一系列系统的动作；也不是简单地完成任务，而是不折不扣地取得成果；更不是机械的工作，而是有头脑的行动。执行力是智慧和行为的有机结合，是管理者为实现战略性和阶段性目标而具有的计划、指挥、跟进、协调能力。因此，最高境界的执行力是一切都在管理者的掌控之中，甚至细化到“每个人每天的每一件事”。在执行的过程中，我们需要不断地要求、跟踪、落实、精进与提升。

领导的执行力不容忽略

领导们存在这样一种观点：执行的成败取决于员工，自己需要做的只是管理员工。这样的认知忽略了领导自身的行为影响员工的客观事实。人性的本质也表明一个事实：没有人能够完完全全被管理，也没有人能够彻彻底底地管理他人，唯有自己才能在真正意义上管理好自己。领导管理好自己的行为，既是为团队执行做好表率、引导团队提升执行力之举，也是最为便捷、最低成本的管理方式，即所谓榜样的力量。

一、融入团队，全面了解

领导者不参与企业运营，就必然会和实际脱节，和员工产生隔阂。领导者通过参与到实际业务中去，能够对公司的经营状况有更直接的感受；通过和员工建立良好的沟通关系，可以充分了解员工的工作思想状态，对团队中可能存在的消极执行心态进行及时干预与调整。在视察企业工作时，领导者既要观察出企业面临的重要挑战，也要注意员工的日常工作表现，领导者对工作表现良好的员工应给予关心和肯定，激发其成就感与满足感。一位优秀的领导者，只要亲自深入企业的实际运营，就能把公司治理得井然有序。

二、实事求是，审视自身

许多企业领导者，尤其是创业者潜意识里会存在英雄主义情结，对自己的能力和见识往往过于自信，不愿意自我审视和自我否定。因此，他们常常会过于夸大优势，而面对劣势则选择鸵鸟心态，或是轻描淡写，或是隐瞒错误，更或是借故拖延，不愿意承认在某些方面尚有不足。事实上，领导者如果对员工坦诚相待，反而能够激励员工更加积极主动地投入到生产经营与品牌建设中去，将企业的发展与自身的发展紧密联系起来。

领导者实事求是的态度有助于团队尽早认识自身的不足，迎头赶上，努力成为行业标杆企业。因此，领导者用务实的态度审视自己以及整个企业，是领导者具备足够勇气自我反省和自我控制的表现，是领导者为集体争取更广阔的发展空间的表现，其将能够促进整个团队和企业不断进步。

三、明确目标，优先顺序

领导者要有善于把握执行工作重点的能力，即善于把握主次矛盾的能力。另外，还需要具有全局观念，如此才能分清轻重缓急，抓住重点，透过复杂的市场情况，明确执行目标和先后顺序，让员工在执行中掌握方向，使资源运用获得最佳成效，进而有条不紊地指挥整个团队完成任务。否则，员工之间可能会因为争夺资源而使任务无法顺利执行。故在执行的过程中，领导者应该从合适的角度理清优先顺序，列出优先执行的重点，并根据任务的推进情况制定后续方案，确保每个人都能切实执行任务。

四、提升自我，传授经验

“其身正，不令而行；其身不正，虽令不从。”作为领导者一定不能放弃对自身能力的要求和学习。

当领导者能够有的放矢地找出问题关键，制订周密务实的执行计划，并且在工作中展现积极进取、锲而不舍、恪守制度等优秀品质时，员工自然会认可其能力和人品并产生钦佩之情，从而自觉地以领导为榜样。

如果领导者能根据员工的工作方式和需求传授经验，那么就能加强员工和组织的合作，提高员工的执行能力，进而创建学习型企业，营造良好的工作氛围，打造团队凝聚力，最终有效提升整个团队的执行力。

总之，领导者在团队执行过程中所担当的职责不仅仅是点兵点将、随心指挥那么简单，其需要以身作则的工作态度和高瞻远瞩的理性谋略，更需要心胸宽广的人品气度等。

永远记住：领导决定着团队执行力，执行力决定着企业的成败兴衰。

三个核心流程轻松搞定执行力

流程能够让团队在执行任务时有章可循、有法可依，能够让每个成员按部就班、各司其职。规范的流程是让执行有序进行、事半功倍的有力保障。在执行的流程中，策略流程界定了企业期望行进的方向，人员流程界定了参与执行的名额与要求，运营流程则将策略转化为具体行动，三大核心流程环环相扣，产出的结果便是执行力。

一、策略流程

策略对企业而言有两大功用：一是提供指引以界定企业的方向及定位，二是提供方法让领导者带领团队达到目标。一般情况下，企业的策略流程分为以下三大步骤。

1. 理清前提，找出可行的策略方向

这里的前提包括：策略的层次、策略的基本要素和策略的制定者。策略层次的不同决定了策略重心的界限，事业部门层次的重心在于如何达到预定目标，公司层次的策略则界定所参与事业的界限。策略的基本要素主要用于帮助领导人分析和选择，比如是降低成本还是强化产品设计，抑或是建立新架构等。另外，基本要素不宜太多，否则会导致策略过于复杂而难以执行。策略的制定者最好直接由执行负责人来担任，这是由于执行负责人最了解外在的环境、问题和内在需求、能力等。

2. 分析现状，拟定可行的策略规划

这一步的重点在找准企业的市场区隔和定位，必须具体表明公司或企业的目标、执行的方法、所需的成本、涉及的风险和应对之策等。在这个过程中，公司或企业需要对外在的环境进行评估，了解现有的客户和市场，找准竞争对手，分析自身是否具备执行的能力等。最重要的是，要在执行规划中平衡短期和长期的发展，让企业在持续性增长的基础上获利。

3. 检查跟进，确保执行的落实并进行效果评估

拟定策略计划后，必须先进行策略的评估，这是执行计划推行前最后的修正机会，检查、跟进执行策略时，必须注意考虑：各单位团队对于“目前的状况”和“未来的可能”是否充分掌握了解？团队能力和资源成本能否应对未来的变化并维持到目标实现？是否贪多求全而导致经营失焦？最重要的是，公司或企业的策略流程能否清楚地衔接到人员流程和运营流程？

二、人员流程

执行最重要的是将正确的人安排在合适的位置上以保证策略和运营，离开人员谈策略与运营是没有意义的。人是策略与运营的执行者，他们需要判断市场、制定决策、落实执行，若没有将选人、用人和育人的人员流程做好，企业的执行力必将瘫痪。

因此，人员流程是执行力的核心流程中最重要的一项！企业在构建健全的人员流程时，必须围绕三大目标进行。

(1) 精准而深入地评估员工，量才用人，让每个员工都能找到合适的职位。

(2) 建立鉴别与培养人才的体系，依照潜力培养人才，以适应公司未来执行策略发展的需要。

(3) 建立充实的领导人才储备库，有了完整的接班人计划与架构，公司就能够依照需要考核录取人才，为公司的长远发展打好接班计划的基础。

总之，提高执行力必须从重视人才开始，将人才的发展作为公司发展的重要指标，而不仅仅只有利润指标。

三、运营流程

运营流程为执行人员指明了路径，并将长期计划切割成一个个短期目标，让团队成员清楚究竟要做什么，以及如何去做。

有执行力的运营流程不是单纯由领导机械化地空喊口号，而是将现实与目标紧扣，使人员和责任相连接。它的流程是自下而上的：由各部门员工共同参与讨论出现实的假设→制定各部门运营计划→根据运营计划来编制预算→追求目标。这样的运营流程具有权责分明的特点：员工在参与设定符合现实的目标时，会将这些目标与可获得的报酬相结合，这样他们就会主动将目标的达成视为自身责任。

制定运营流程必须在现实基础上确定清晰的目标执行步骤，即设置详尽的短期计划。运营流程的本质是具体分解战略目标，战略目标包括了企业的关键指标，如营业收入、营业利润、现金流、市场占有率等，只有详尽的计划加上积极的行动才能保证战略的落地。

从某种意义上讲，策略就是计划正确的事，运营就是把事做正确，人员则是用对的人。人员的挑选与提拔要参考公司战略与运营计划，运营流程则须考虑人员与策略问题，而策略的制定又须建立在合适的人员与良好的运营上。这三项流程彼此联结、相互依赖，共同构成了执行力的三大核心，但绝不可各自为政、独立存在。

坚守执行力的六个法则

在管理层面，所有的执行都可以归结为责任、权利、利益三方面的平衡。如果领导者不懂得如何衡量这三者的关系，在管理中容易导致三方面不对等，那么企业的执行能力必然受到影响。对此，根据这三者，总结出以下六个坚守执行力的法则。

一、锁定责任

企业在执行工作中都存在互相推卸责任的现象，这也是让管理者最为头疼的问题。人在遭遇失误时，常常会因害怕受到指责而本能地选择逃避来推卸责任，但是逃避并不能解决问题，只会让问题更严重。承担责任除了靠个人的主动意识，还需要靠外界的规定和约束。在执行力中，我们需要坚持锁定责任法则，让每个人都承担起相应的责任，做到“人人有事管，事事有人管”。在锁定责任的时候，需要注意三个要点：明确责任，确定每个下属所承担的工作责任；让承担责任的人清楚责任内容和失责的结果；防止责任被变相转移。

二、有效沟通

一个员工能够主动承担责任，一方面是责任感强的表现，另一方面则是基于其对自己职责的理解。领导者的精干之处，在于能够把公司层面的价值层层传达给下属，增强员工的责任感。管理者一定要学会和员工有效沟通职责背后的意义，下属也要学会向上级沟通并明确自己的职责。员工只有在对自己职责的内容和要求有了非常明确和深刻的理解后，才能够有效发挥自己的能力，也只有在深刻了解本职工作背后所蕴含的意义及对自身和社会的价值后，才能更好地发挥主观积极性和潜能来认真对待工作，并勇于承担责任。因此，上下级在执行过程中讨论职责的意义和价值非常重要。

三、合理授权

在一些企业中经常存在着个别不合理的现象：领导者虽忙，却对企业的长远发展很迷茫；员工闲散，对自己的工作规划和职业目标很困惑。当主管一定要记住一个基本定律，即时间守恒定律。如果领导手伸得太长，过多地干预部下的工作，没有将部分权力下放，那么他自己便没有足够的时间和精力去做本职工作。

领导者要做到合理授权，找到合适的人，为其配备合适的资源，从而让自己有时间和精力去考虑更多更重要的事情。在合理授权的过程中，领导者要让下属养成依工作流程主动独立做事的习惯，而非如保姆般地事必躬亲。同时在授权时要注意相应的监督，做到监督和授权的范围相匹配，而绝不能出现个人权力超出监督机制的情况。

四、检查监督

一般情况下领导的目光凝聚在哪里，下属的执行重点也会相应地偏移。史玉柱在做脑白金时会将 90%的精力放在检查策划的环节，而在做网络游戏产品的时候却将 90%的精力放在了检查产品的研发上，因为他知道，他所关注的环节决定着最终的市场结果，作为领导身先士卒投入其中，必然会引起团队的足够重视。同样，检查和监督也是为了弥补管理中的漏洞和隐患，将下属工作的事前风险降到最低，同时也让下属知道如何正确地工作和执行。

五、加强培训

对于现代企业来说，加强学习培训有多重要？调查表明，企业在培训员工中每投入 1 小时，就会减少 100 小时重复犯错造成的损失。每个成功的企业家都认识到加强培训和学习的重要性：IBM 送给员工的见面礼就是培训；振东集团专门成立振东商学院，并实行导师制，将培训贯彻到各级主管、各个部门中；通用则喊出“最好的员工，最好的培训，最好的待遇”的口号……在培训中，员工提高了工作的技能、增加了经验，加深了对企业文化的认同和理解，也带动着企业不断创新进步，保证企业能在瞬息万变的市场中把准主流趋势和找到新的前进方向。

六、恩威并施

所谓赏善罚恶、恩威并施，才能使执行力发挥得当。领导对员工的恩与赏不仅仅是物质上的奖赏，更是来自精神层面上的认可与肯定。领导恰当的赞扬和激励可以满足下属的荣誉感和成就感，带动员工工作的积极性，而且这些积极心理能够排解员工在执行工作任务时的压力，促进员工更加高效地完成任务。另外，领导也要充分了解员工真正的追求与人生战略，将激励措施与此相结合，从根本上鼓励员工，使每一名员工的执行力充分发挥出来。

对于不能够承担责任、不称职甚至阻碍企业发展的下属，领导首先需要做的是警醒敲打他，如果屡教不改，不断犯原则性错误，那么必要时则需要直接淘汰。恩威并施一方面有利于维持整个团队的秩序和健康运行，使企业保持积极进取的状态；一方面避免了企业陷入“得过且过”“自我欣赏”的懒散懈怠状态。

如何强化组织执行力

与个人执行力相比，组织执行力是一个系统，它是对个人执行力要素与系统执行力要素的有机整合。整合好团队的资源和力量才能够将个人执行力价值最大化。提高组织执行力不是简单地提高员工执行力以叠加，而是需要从全局出发，将合适的人安排到合适的位置，将合适的资源配置到合适的目标上，做到物尽其用、人尽其才。领导者在这个过程中，需要关注以下三点管理任务。

一、目标绩效管理

管理者在组织执行中都应该履行五项基本工作职能：做出决策、制定目标、组织执行、检查监控与培育下属。无论是这五项工作职能还是其他工作，都指向同一个最终目标，即一切行为都以结果为导向。企业管理者首先要团结在一起，共同制定总体目标，调动领导、员工共同致力于整个团队的发展。

首先，在管理者的配合中，在没有出现原则性问题的情况下尽量在下一级领导面前维护好上一级领导的权威，这样有利于保证团队的执行命令层层下达；其次，在管理中一定要注意权限，千万不要越级管理，将中间一层的管理者架空，从而引起员工和被越级管理者的不满，造成管理上的矛盾，致使执行力下降。

执行目标绩效管理，管理者能够将精力集中在目标绩效上，从而尽量避免陷入各种琐事当中，而且员工也会以目标为导向，合理掌握时间，提高工作效率。

二、组织能力管理

作为一个管理者，有效管理好员工的能力才是任务顺利进行的保障。人是知识、智慧、能力、经验、思想等的载体，通过对人的有效管理让人的能力得到最大的应用、潜能得到充分开发，从而更好地实现组织执行目标。要使人的能力得到最大限度的开发运用、个人价值得到最充分的实现，我们应建立科学合理的用人机制，这需要注意五条原则。

1. 匹配原则

人员的能力应和其职位相契合、相匹配。量体裁衣，适才适用，用人所长，避其所短（确定工作性质），通过职能分解或阶段性专项用人计划确保宁缺毋滥。

2. 互补原则

要坚持角色与功能互补、能力与专业互补、管理与技术互补、岗位与个性互补、个体与群体互补、年龄与性别互补等。

3. 系统思考，有机整合

优化组合，个人与工作群体、服务的客户、组织文化、组织环境匹配，对人员流程进行优化组合，使工作群体成为有机协调的统一体，进而增强整个组织的执行力。

4. 动态平衡

人与岗位动态适应，人才有成长，岗位要调整；在职要受控制，升迁靠竞争，届满要轮岗，末位须淘汰；用人计划与职业生涯规划相结合，横向流动与纵向流动相结合，保持组织内外人员适度流动。也可以采用“量化计分，顺序选岗”的方式，提升员工工作积极性。

5. 信任与激励原则

竞争、考核、分配、激励等机制均以绩效为主要导向，以此激励员工，帮助员工进行一定的职业规划，极大地增加员工对公司的忠诚度，并更加有效地提高员工的工作热情。企业注重个体的差异性，将激励的方法与激励目的相结合，建立公平的多跑道、多层次的激励机制。

三、组织气氛管理

企业是由不同的部门和员工构成的，不同的个体在思考、行动时难免会产生差异。如何尽可能地使不同的分力结合最终成为推动企业的合力，只有依靠企业文化。我们应建立一种能够和谐沟通、配合、协作的工作氛围，统一协调执行人员的行为，统一朝目标迈进。同时应建立一种健康的、积极的、向上的、舒适的工作、学习、生活、社交的氛围，让员工能够集中精力，不用为身外琐事分心；能够正常发挥，不用瞻前顾后；能够全力以赴，无后顾之忧。这样就能提升员工对企业的认同感、信任感、忠诚度，提升员工的士气与干劲、创造力与求知欲，从而更好地服务于组织目标。

当我们要解决一个问题或执行一项工作时，不妨多思考一下：可以从哪些角度入手？应对哪些对象实施管理？要采取哪些管理手段？且更要考虑清楚：我们的工作导向是什么？应达成的目标又是什么？

康隆强力枇杷露的执行力

为了进一步激发连锁药店终端的积极性，将康隆强力枇杷露的产品特性、品牌 IP 形象深度传播，形成终端的营销氛围，使之从众多同品类之中脱颖而出，康隆药业 2022 年推出“健康中国 · 隆腾四海”康隆创意陈列全国 PK 赛，在全国多家百强连锁药店强力启动。这次大赛有利于加强店员认知，诠释无糖健康生活与治疗理念，从而建立品牌与消费者的强需求关联。

仅仅半个月时间，全国共有千余家门店积极参加，累计投票数近 10 万。经过半个月的激烈角逐，参选优秀作品数不胜数，经过产品陈列、终端创意、销售 PK、竞逐投票等多维度竞争，60 家门店脱颖而出，分别荣获：独占“隆”魁创意陈列一等奖、卧虎藏“隆”

创意陈列二等奖、画“隆”点睛创意陈列三等奖。这充分反映了全国连锁药店店员们高超的陈列技巧和饱满的服务热情，以及康隆及代理商团队强大的执行力。

终端陈列在于“形”“神”并重，这次大赛通过千姿百态的陈列造型、手绘精致美观的POP海报，极大地吸引了消费者的眼球，帮助消费者快速了解产品优势、功效以及活动信息。以陈列大赛为契机，继续联动合作药店做好终端建设，将有助于康隆强力枇杷露的终端形象展示与动销增长。

个人执行力应该这样提高

常常有人感叹：都是食五谷杂粮，为什么人与人之间的差距那么大呢？其中影响最大的一个因素必然是个人执行力。想要变得更加优秀，当务之急是提高执行力，培养优秀的执行力是一个人改变现状、走向成功最直接、最有效的方法。

提高个人执行力，主要取决于两个因素：个人管理工作的能力和个人工作的态度。能力是基础，态度是关键。因此，要提高个人执行力，一方面需要通过加强学习和工作实践来锻炼自己的职业素质和工作技能；另一方面也需要端正工作态度，培养工作兴趣和积极性。如何在工作实践中提高个人执行力？

一、严格要求

不难发现，成功人士的经历和选择各不相同，但是他们之间存在着一些共同之处，其中一项就是对自己严格要求。例如，振东集团的李安平董事长，按公司制度时时、事事严以律己，从细微之处以身作则，不仅上班佩戴胸卡，还经常提前半个小时去上班。他说，当你要求别人时，首先要起表率作用，严格要求自己。有一点可以肯定，一个不用心、不自律的人注定在各个方面不可能取得成就，甚至连生活也会一团糟。懒散懈怠的性格会导致做事拖延搞砸工作，还会让自己一次次和机遇擦肩而过。严格要求是面对工作的基本态度，也是个人执行中责任心的体现。

责任心的强弱，决定着执行力度的大小和执行效果的好坏。树立起强烈的责任意识是提高执行力的首要标准。在工作过程中，个人需要坚决克服不思进取、不求有功但求无过的得过且过心态，调整好自己的工作标准和精神状态，认真敬业，不折不扣地尽职尽责，绝不可消极应付、敷衍塞责、推卸责任。

二、脚踏实地

世界正处于高速度发展的进程中，人们的观念也在不断更新，不少投机行为带来的丰厚回报让人们的心态日趋浮躁，由此不可避免地将此风气带到日常生活和工作中来了。有些企业高管作风浮夸，好高骛远，转行做起了寻找捷径的投机生意，然后在一次次的自我陶醉中血本无归；也有不少员工，在各自的岗位上心不在焉，对客户也无心沟通，转而对各种不切实际的兼职创业、股票投资或毫无意义的娱乐八卦、办公室政治等颇为"热忱"，结果就是不但没做好本职工作，其他方面也是毫无建树。要知道，天下大事必作于细，古今事业必成于实。

人的岗位虽然平凡，但只要脚踏实地、兢兢业业地从小事做起，一件一件抓落实，一项一项抓成效，则必定日积跬步以至千里，逐步扩大自己的经验财富。

三、管理进度

现今在部分80后、90后员工中长期存在着一种流行病——"拖延综合征"，明明案头的工作堆积如山，要学的知识消化不完，却宁可咬着指甲发呆或者对着手机、电脑放空，也不愿立即行动起来，更谈不上完成迫在眉睫的工作。对此，必须强化时间观念和效率意识，做任何事都要进行有效的时间管理，把握工作进度，养成雷厉风行的工作作风、干净利落的工作形象。

我们可以罗列需要完成的任务，然后进行分解，从容易的部分或者最重要的部分开始着手，为启动任务做好计划，并设好启动提示，如采用手机闹钟提醒，或请同事提醒等，以提高工作效率。

四、开拓创新

只有改革，才有活力；只有创新，才有发展。面对竞争日益激烈、变化日趋迅猛的当今局势，创新和变革能力已成为推进发展的核心要素。因此，要提高执行力，就必须具备较强的改革精神和创新能力，坚决克服无所用心、生搬硬套的方式，充分发挥主观能动性，创造性地开展工作、执行指令，改进工作方法。

在日常工作中，我们要敢于突破思维定式和传统经验的束缚，不断寻求新的思路和方法，使执行的力度更大、速度更快、效果更好。养成勤于学习、善于思考的良好习惯，这样才能适应社会的变化，跟上社会变化的进程。

五、自我控制

自我控制包括控制自我情绪和自我行为两个方面。如果一个人能够抑制言行冲动，拥有预留时间以便判定情势的能力，便可以避免由于没有足够了解信息作出错误言行而使自己陷入窘境；如果一个人具有很强的情绪控制能力，就能在面临压力时保持冷静、毫不气馁，也能在遭受挫折时保持高度的弹性，不会因事情没有达到预期就心烦意乱，或面对同事的批评而无法冷静、理性地看待。

六、随机应变

世上的事永远不会一成不变，千万不要在墨守成规中让自己丧失灵活思考的能力。我们要学会随机应变以适应不断变化的外部情况。比如当你出差遇到航班晚点或取消的情况时，你要能够快速地制定替代方案；当你解决某个问题的第一种方案行不通时，你要能够想出第二种方案。如果你的应变能力较弱，就会对计划改变或新接收的信息感到不适，在变化的环境中既难以完成自己既定的工作计划，又难以调整自己的工作任务。

因此，我们要学会从多个角度看待问题，以便从困境中发现积极的因素，尝试从别人的角度考虑问题，以便于掌握变数，从容应对意料之外的挑战。

七、善于解压

解压能力能够帮助人们以积极健康的心态应对工作，善于缓解压力能够让你在面临挑战时，比别人更具信心、更加从容，能够在危机面前保持情绪稳定，更有利于降低化解危机的难度直至危机彻底解除。

在执行工作中，我们需要确定自己的压力源，采取多种解决办法，如设定任务优先级以减低工作量带来的压力，多参加培训以减低因对流程不熟悉而产生的压力，以及多和同事沟通交流以减低陌生环境带来的压力等。

个人执行力的提高既有利于员工个人把握工作和生活，更有利于团队组织的整体执行力的提升。领导者在团队管理的过程中，需要及时关心员工，为员工找出提升自我执行力的有效方案，促进集体和个人的共同进步。

三招教你玩转执行策略

“纸上得来终觉浅，绝知此事要躬行。”论执行，其实大家都明白，两个字就是——行动，一个字就是——做。但是如无头苍蝇般地蛮干是无益于企业发展的，执行也要有相应的执行战略，且要落到实处才会有效，否则就是“虚假执行力”。

一、重视结果

过程和结果在执行中密不可分，心理学告诉我们：当人们认为自己的行为与结果相关时，就会产生责任感，相关度越大，责任感就越强。对结果负责就是对客户价值负责，对过程负责就是对工作程序负责。其实，强调结果的重要性，可以避免员工在工作过程中产生推卸责任的懒散心理，能够一定程度上保证执行的质量。要想打造一个具有强大执行力的团队，必须谨记执行永远只有一个主题：执行的终极目标是获得理想结果，而不是仅仅完成过程中的某个任务。因此，整个团队要将目光锁定于结果，而不是某一任务，需要锁定的结果有以下的标准。

1. 客户承认有价值

结果不是由执行领导主观定义的，而是由客户定义的。这也说明，无论是领导还是员工，衡量执行的工作标准都要看是否符合客户认可的价值。客户认可的价值才是首要且具有决定性的衡量标准。

2. 客户可直观感受

对服务行业的执行者而言，一个产品或者服务是否有价值在于能否满足客户的认知喜好。如果无法让客户直观感知到产品或服务的价值，那么无论花费多少精力和金钱，都是在做无用功。

3. 客户愿意购买

商业的价值最重要的是能够实现利益的交换，能够让客户承认价值、直观感知。喜欢并不是最终结果，将客户的喜欢转变为购买行为才是执行的真正结果。执行的最高境界是叫好又叫座，比如小米从产品设计到定价到上市，在与客户的互动中，每一步执行都是在为自己打开市场，为消费者的购买意愿铺路。

二、找对人才

战略论对错，执行论得失；战略论方向，执行论结果；战略论未来，执行论当下。长远看未来，短期看当下。真正的执行人才，80%着眼于当下，20%聚焦于未来。一个优秀的企业，应当是高层看战略，中层重战略和执行，基层专注执行。执行型人才有以下四个标准。

1. 尊重客户价值

执行的每一个行动都是围绕客户价值来进行的。客户价值是执行的底线，没有客户价值的行动，都不能称之为执行。企业要站在客户的角度，为客户带来满意和超值的结果。例如，沃尔玛曾提出："客户永远第一。"

2. 坚持结果导向

在《西游记》的唐僧师徒四人中，唐僧在前往西天取经过程中智力不是最卓越的，体力也不是最好的，但他在整个取经队伍中却是最不可缺少的角色，这就在于他引导着全队的方向，一切行动都坚定不移地围绕着取经的目标。

3. 信守承诺

信守承诺和勇往直前是执行人才的内在人格标准，它意味着执行人首先缔造了自我的人格品牌。在人与人互相信任的基础上合作，打造企业的品牌自然水到渠成。承诺，是代表要实现的目标，代表需要承担责任和后果。实现承诺，是他人信任你的依据。一个企业只有信守承诺才能获得各界的认可和尊重。

4. 执着

真正的执行就是将看似简单无意义的事情做到不平凡，伟大的目标经过层层分解，必然会成为一个个看似重复且无聊的小事件，能够坚定执着地将每一步走好，结果必然不会让你失望。而中途放弃则肯定失败。

三、做好衔接

执行的意义来源于战略，战略的价值在于执行落实。因此，一方面要求管理者制定战略时要考虑这是不是一个能够彻底得到执行的战略；另一方面要求管理者要用战略的眼光诠释执行，优秀的战略应与执行相匹配和衔接。具体而言，有效执行战略需要以下七个步骤。

1. 量化愿景

过于宏大的愿景往往会脱离现实，其所带来的压力经常会压得人喘不过气来，譬如“一年内成为产业领导者”。有效的愿景是要符合实际情况和发展规律，并能够切实转化成现实。

建立愿景的第一步，就是说明企业从 A 地走到 B 地的明确步骤。譬如，广药集团提出五年内凉茶实现 300 亿元的年销售额。那么，营收多少是企业必须突破的里程碑？为了达到目标任务即营业收入，企业要推出多少新产品？雇用多少员工？这些步骤可以驱使管理团队思考企业处境，找到实现目标的突破口。

2. 用口号传达策略

策略本身是复杂的，但是企业要用简单、直接的口号，传达策略的精髓，将策略融入员工的生活。譬如，福特汽车在产品品质遭受质疑时，打出的口号是“品质是优先要务”，策略目标清晰明了。

3. 规划结果

企业喜欢利用管理工具来衡量重要指标，作为警示之用。这个方法的缺点是，指标若显示未达标准，大家便开始慌张，但并未与解决的执行办法联结。解决此问题的方式是，把策略衡量方法改为商业承诺，清楚描述在时间限制下，可衡量的特定行动与结果。举例来说，“拓展新市场”可以改为“拓展某地市场，第几季能产出多少的额外收入”，最后再指派一位负责人，全权负责这个策略目标。

4. 规划你不做的事

阻碍策略成功的重要因素是，员工认为新策略是额外的工作。对原本工作就已繁重不堪的员工来说，只能草草了事，因此，企业策略不应该增加，而是取代，把无须完成的策略取代掉，如此一来，员工做事时也不会失去重点。

5. 开放策略

过去，策略都只掌握在高阶主管的手里，开放策略让员工能够比较了解什么工作才符合策略需要。同时，高阶主管也要将绩效评估的标准与策略有效结合，否则策略执行最后很容易失败。如此操作，销售人员才会知道，太小的交易不接，以免浪费时间；太大的案子也不能接，因为企业无法胜任。

6. 状况与进度自动化管理

高阶主管平均花在掌控工作进度上的时间约是65%，实际上这些宝贵的时间，应该花在重要决策上。企业应该利用网络工具控制工作进度和最新收入状况，以及了解进行的活动是否偏离策略目标等。另外，网络工具能预先控制风险，譬如，提醒主管限制网络事业的开支，或针对高利润顾客的需要，推动营销活动。企业主管若能掌控这些资讯，便可以节约许多时间。

7. 建立执行与策略之间的良性循环

策略管理就是管理策略执行的程序，包含内部与外部资讯的结合。内部资讯是了解哪些活动在轨道上运行，当天有哪些工作是重要的；外部资讯包括产业趋势、对手的动作、经济的走向等。主管必须掌握哪些趋势转变了，这些趋势与企业的策略是否有悖，以及该采取什么因应措施。只有在内部资讯与外部资讯相结合的情况下，策略与执行之间才能良性互动。

避开执行力的九个雷区

提升组织执行力已经成为各企业经营者的共识，然而在提升执行力的过程中仍然可能存在问题，如表面上积极推动执行，执行力实则在下降，遇此状况，企业则必须及早认识到这些问题的危害性，避免误入雷区。

一、完美强迫症

追求完美本无可厚非，但是过度追求完美就会演变成吹毛求疵，变成完美强迫症者。在执行理论上，凡事过度追求完美并不见得是一件好事，因为完美意味着在一些细枝末节上会花费更多的时间和精力。对于那些零容忍细微过失，认为不完美就没有价值的领导者而言，这种完美强迫症已成为一种性格障碍，严重阻碍了执行的进程，同时也使焦虑的情绪蔓延到团队中。许多执行力比较差的企业，正是由于领导过分挑剔，下属经常无所适从，导致公司许多事情无人敢做决定，每个人都在为尽量满足领导的完美要求而行动，有些事情或干脆放弃不做，给企业造成很大影响。

执行的真谛是：发展的问题，要在发展中解决，容忍错误是为了进一步突破创新。没有百分之百的完美，我们需要端正追求完美的心态。

二、无条件服从

许多领导者，尤其是具有军队作风的领导者往往强调员工的无条件服从。而实际上，这种观念源自 OEM（代工生产）制造业时代，是“产品制造”时代，将人当成工具以实现原始机械化大生产的规模效率。改革开放初期，多数企业都在模仿国外的产品和技术，强调员工服从可以提高生产力、降低成本。

在“品牌智造”的今天，市场供过于求，我们更强调的是能够准确理解用户的内在需求，进而创造性地满足客户，实现差异化营销和品牌打造。这就需要激发和运用员工的智慧，充分调动员工的创造创新活力，而不是要求员工机械化地顺从服从。

三、不许有借口

在营销界曾经流行着西点军校的名言：“我们唯一的借口是没有借口!”仿佛领导的形象永远是权威的，并且就算领导的命令是错误的，团队也要一往无前、毫不犹豫地执行。这种观念在营销管理中经常出现，大家也习以为常了。要知道，“问题即是机会”，员工没有讲出来的“借口”或许正是企业需要改进的地方，就事论事地对策略进行调整并不会影响到领导的威信，相反可能创造出意想不到的价值。

领导者必须清楚：执行不力的责任不仅仅在于员工，往往是在于领导。作为领导，执行不是简单地领着“敢死队”冲锋陷阵，而是需要了解员工所想，因势利导，疏通员工的心理，将公司的执行战略转变成每个员工的工作行为。

四、心态决定论

曾经有句话：“心态决定命运，心态决定成败。”这几乎成为不少企业激励员工的名言警句，认为只要充分发挥员工的主观能动性和挖掘员工的潜能，就能够解决执行路上一切困难。

事实上，企业需要的是团队组织化执行力而绝非仅仅是个人化执行力，团队组织化执行力更需要合理的规章制度和运营流程。这也反映了企业的一个致命点：缺乏正规流程制度和面对现实障碍的勇气。没有强大的内在结构作支撑才会一味地强求人的主观能动性来满足自我，弥补制度缺陷。

五、集体最重要

在团队执行时，很多领导者容易过度宣扬“团队利益高于个人利益”的观念，将团队的位置抬得至高无上，事实上这与人性的利己是相抵触的。领导者尤其要明白：团队执行力是基于个人利益的团队实现，团队成员的利益才是团队执行力的根基。在管理团队时需要“以人为本”，提供双赢的制度环境，将战略部署、团队的价值观、重大事项等发展成每一个成员实现个人利益的一部分。需要注意的是，个人利益并不仅指物质利益，还包含了地位、声望、归属感、价值成就等精神利益。

六、文化无用论

与恩威并施的执行制度以及按部就班的执行流程不同，执行文化属于形而上的精神层面，正是由于它看不见摸不着的特性，使得领导者容易对其忽视或者管理不到位。大多数情况是，尽管领导者能够感觉到团队执行的不力，却找不到实质上的症结，这时就要思考是否是执行文化出了问题。执行文化虽然看不见，却无时无刻不在影响着团队的执行力，打造良好的执行文化就是增强执行软实力。有些企业的文化仅仅通过好高骛远的抽象口号体现，然而团队成员对于这些并没有强烈的认同感。

打造执行文化，领导者需要解决员工的思想问题，因此要切实了解员工的需求，将团队的执行文化和员工的美好愿景相结合，引导其热爱工作，甚至在日常生活中的细节处理上尽量发挥团队文化作用，激励员工的工作意愿，增强团队凝聚力。

七、流程很复杂

很多想打造组织执行力的领导存在一个致命的错误观念：复杂等于科

学。尤其是小心谨慎、事必躬亲的领导，往往一个执行方案要经过多次讨论，一次预算报表也需要多方审核。

殊不知，烦琐冗杂的流程不仅会让员工疲于应付、阳奉阴违，而且在应对一些现实变化时，员工也会囿于条款、不知变通，进而拖累了整个团队的执行速度。科学的执行流程不是做加法，而是做减法，省去不必要的步骤，既能有效省时省力，又能提高团队执行的效率。

八、迷信创新论

毋庸置疑，创新是发展的源泉，唯有创新，才能进步。但有些企业经营者将创新当作捷径，这样容易迷失，陷入泥潭。在执行理论中，执行尤其需要强大的决心和将简单事情做到极致的恒心。在一些企业经营者眼中，创新等同于快速成功的捷径，依赖创新的确可以在短时间内吸引客户眼球，但是创新不等于妄想，而要脚踏实地才能长久，否则必然会轻易被他者替代，进而渐渐被动出局。

基业长青的企业，其创新多发生在重大变革时期和掌握绝好时机之时，组织执行的过程中必定要专注于已有的明确方向，矢志不渝地走下去，走出自己的文化和特色，方能在客户心中留下深刻印记。

九、没核心竞争力

人的本性是贪婪的，在一些颇有野心的领导者眼中，每一个人都是他的重要客户，每一个同行都是他的竞争对手，甚至想要让企业的产品和团队服务于全部市场。客观上讲，面面俱到反而有可能“面面不到”，没有独特的客户价值，就会失去核心竞争力。没有核心竞争力的企业就难以得到社会和客户的高度认同。执行力的本质是做投资回报率最高的事，最高的投资回报率关键源于你的客户。

因此，唯有明确目标客户，才能形成企业的核心价值，才能让团队资源在执行中有的放矢，才能轻松地将团队能量发挥到极致。

第五章 传播力

隔山打牛，精准发力

何谓传播力

- 没有传播，何来品牌
- 传播赢在创新，贵在坚持
- 不可小觑的网络传播力
- 微营销传播，营造好口碑
- 隐形创品牌的新闻软传播
- 不断创新中的故事传播
- 传播是一把双刃剑
- 制定传播策略的十个法则
- 高效传播品牌的“九阴真经”
- 传播力如何信息化升级

何谓传播力

传播力是六力营销的推动力。传播力的衡量，应当通过对传播主体以及传播手段作用于传播客体所产生的影响进行综合的分析获得。简而言之，所谓传播力就是传播主体充分利用各种手段，实现真正有效传播的能力和效力，关键在于覆盖面广和有效传播，取决于传播策略的规划和创新。而所谓“有效传播”则指针对目标受众精确、快速地实现主题的意图。

传播力强，意味着不仅能将信息传得出，而且传得广。传播力既体现在传播范围的广度上，也体现在传播内容的精度和深度上。传播力是媒体平台履行传播职责的基础，是一种硬实力，也是当前媒体融合所要解决的主要问题；传播力不仅仅是一种能力，更是媒体融合转型的效果体现。

传播力的构成要素，从传播者角度看，包括传播者的人才队伍、技术水平、渠道实力、装备水平、管理能力等；从信息角度看，包括信息的数量、传播速度、抵达率等；从用户角度看，包括用户规模、结构、覆盖率等，体现的就是媒介指数、内容指数、用户指数。

传播不到位，就如养在深闺无人知。如今是酒香还怕巷子深的时代，没有传播，就没有亮剑的机会。如果传播不力，即便策略再精准，广告内容再有新意，也毫无杀伤力。

再准的策略，再好的创意，都需要传播。传播是一切营销的推动力。没有传播，就没品牌。

没有传播，何来品牌

对于医药、能源、软件等技术型行业来说，广告的意义和价值似乎并不如快消、日化等行业高。而实际上，只要是营销驱动型的企业，其品牌的生命力都源于广告传播。

纵观市场，有近乎九成以上的消费品都是面向用户的营销驱动型产品，毋庸置疑，在当今这个信息泛滥、传播过度、节奏飞快、“酒香也怕巷子深”的时代，我们可以负责任地对大部分企业说：“企业命脉在营销，营销命脉在品牌，品牌命脉在传播!”

其实传播力和销售力从来都是难分彼此的孪生兄弟，宣传本身就是在促进产品或服务的销售，销售产品或服务的过程中也存在品牌的宣传。这就好比一个本来普普通通、无人关注的人，突然站在了演讲台上或幽默风趣或严谨负责地展现出自己的文化内涵、人格思想等优势，我们相信如果其演讲足够丰富多彩、富有感染力，观众必然会被其魅力吸引，渐渐地忽略掉他的不足之处，和他展开深入交流，最终促成其知名度的打响和其销售自我目标的达成。因此，传播力和销售力，两者互为表里、相互促进，我们切不可将它们切割开来，使得两者“各自为政”。

企业品牌传播手段和方法单一，缺乏整合性思维和整体品牌的传播策略，没能在品牌和消费者之间架起沟通的桥梁，在激烈的竞争中逐步退出市场也是迟早的事。媒体信息传播多元化与碎片化，使得目标消费者信息分流，将目标消费者分成多个群体进行精准营销，这样带来的传播成本会大幅增加，而且不同的媒体表现形式也不同，很容易混淆品牌形象与定位。药品的品牌活动在不同的媒体或渠道开展时，其形象和诉求也可能存在差异，媒体受众群体不可避免地会产生叠加，这就导致消费者很可能会接触到相同药品却是不同品牌的诉求和形象。

因此，品牌传播首先要有整体思维，而方法的选择也十分重要。品牌传播不仅仅是广告宣传，也不仅仅是单纯的企业手册、形象广告、公司网站，更需要不断突破创新，适应媒体发展的新形势、市场的新需求，简单粗暴的传播方式最多只能在招商阶段起到一点作用，对终端销售中最重要的“打动消费者”环节没有任何作用。

企业需要树立整合性传播思维。在新媒体和营销竞争环境下，仅企业自身的“策划”是远远不够的，企业要善于“借外脑”，学会协同新闻传播、公关传播、口碑传播、网络传播、多种媒体组合传播等新的传播手段和方法，以传播的“组合拳策略”来快速提升品牌，这里最核心的是要建立“整合传播”的系统概念。

在管理中，善于抓住核心问题，解决主要矛盾，其他的问题自然不攻自破，正所谓纲举目张，传播力就是企业塑造品牌力的纲。品牌，因为传播，才有生命，才有力量，才能征服消费者。不经过传播的品牌，即使拥有最宏伟的发展规划，也只是空中楼阁。

传播赢在创新，贵在坚持

传播是品牌营销中非常关键的环节。随着医药行业政策和媒体市场环境的变化，医药品牌建设也面临着新监管、新零售、新传播的机遇、挑战和转折。加上年轻消费势力进场，督促着品牌将“年轻化”提到重要的战略位置。通过年轻人感兴趣的方式去读懂他们，利用最新的技术去吸引他们，是很多品牌正在做的事情。那么，如何做好品牌创意与传播，让更多的年轻受众喜欢呢？结合未来的传播形势和多年的策划经验，笔者认为：传播赢在创新，贵在坚持。

一、传播赢在创新

创意是传播思想与故事的灵魂，没有创意，一切传播都会显得苍白。在移动互联的信息碎片化时代，热点事件层出不穷，一个接一个地引爆舆情关注，不少企业为了追热点，其创意行为变得更加急迫与短视，很难再创作出那种可以经久不衰的作品。很多企业的品牌传播一味地“蹭热点”、赶潮流，也不考虑与品牌是否吻合，结果导致这种“快餐创意”的内涵很弱很“山寨”，同质化严重，消费者也不感兴趣，很多时候更像是企业的自娱自乐，这种跟风创意就没有什么价值可言。

品牌传播还是要有定力，“不管风吹浪打，胜似闲庭信步”，通过创意表现品牌的内涵与理念，可巧妙嫁接热点，真正与客户产生互动与共鸣，不为刷存在感，而为打下深深的烙印。因此，企业迫切需要做的是：打破原有的思维惯性，寻找与目标受众沟通的有效方式。以品牌传播的创新，更好地传递品牌信息、提高传播效率，这也是降低传播成本的根本有效途径。

1. 创新传播内容

内容创意是最根本的创新，没有内容一切毫无价值。在一个高度同质化的环境里，从产品上寻找亮点已经将很多企业整得筋疲力尽，而无边无际的商品海洋和传播信息也让消费者应接不暇、疲于应付。什么才能让消费者眼前一亮？很多企业寄希望于制造噱头，从而吸引消费者的眼球，让广告出位，这显然不可能成功。

我们要认识到，消费者体验才是品牌价值传播的核心。因此，传播内容必须能够给消费者带去深刻、震撼的体验，使消费者容易辨认、乐于认知、乐于参与。品牌传播理论认为，只有与消费者心理层面的共鸣才是品牌传播的核心。要学会运用新媒体与消费者深度互动，共造品牌价值。

2. 创新传播模式

传播的形式是吸引关注、增加用户黏性的策略，形式越巧妙，越能得到粉丝的点赞。移动互联网的普及，微博、微信、抖音、小红书等社会化媒体的火热，使消费者接收信息呈现出三个特征：迅速、碎片化、互动性。在这样的环境中，为寻求品牌传播的强互动，可以借助“网红”营销，也可以把你的品牌做成“网红”，让品牌拟人化，赋予品牌个性，让品牌与消费者产生共鸣与交流，这样才能更好地“粘住”消费者，创造业绩，形成口碑。

例如，维康银黄滴丸具有清热、解毒、消炎的功能，适用于急慢性咽炎、扁桃体炎、上呼吸道感染，患者主要病位在咽喉。“咽喉”很容易让人联想到“声音”。维康银黄滴丸借助“声音”这一元素建立品牌与消费者的强关联，塑造消费者心中的强认知，策划维康药业银黄滴丸年度创意主题活动——“维康好声音·银黄滴丸杯歌唱大赛”。以“爱国爱家”为演唱主题，以“维康好声音”为口号，采用线上海选赛、线下表演赛、长沙总决赛等赛制形式，打造了一场微信小程序、抖音短视频平台与合作连锁线下平台共同联动的全民歌唱赛事。

线下反哺，线上引爆，面向C端，“维康好声音”线上抖音端活动如火如荼。不仅有以连锁药店董事长或总裁等为代表的医药行业大咖权威助阵，还邀请到了以“大衣哥”等为代表的流量达人及网红歌手倾情参与。

众所周知，抖音是短视频时代典型的巨大流量入口平台，“维康好声音”选择抖音作为活动宣传、放大声量的主要传播平台，外加行业大咖引导与流量红人感召，成功实现了活动持续引爆，品牌持续受到关注的目的。截至2021年年底，“维康好声音”参赛作品上传数量超4万人次，播放超8亿次，这不仅增强了维康银黄滴丸品牌和C端用户之间的亲密度，还为零售终端产品上量提供了品牌曝光度，更引发行业共振并传为佳话。

3. 创新传播工具

不同品牌传播所借助的媒体平台不同，适用于承载的品牌信息也会不同，传播方式也会与其他工具有所差异，从而对品牌传播的影响和价值也会不同。因此，应针对品牌本身的特性选择调性和方式相应的传播工具。当然，紧跟传播工具发展更新的潮流，把准受众心理接受的脉搏，积极创新整合传播工具也是有效的方法。如2008年的王老吉，将传统凉茶定位于年轻消费人群，于是选择其接受度最高的论坛、贴吧、博客等网络传播的工具，实现了其品牌传播的轰动效果，从区域走向了全国市场。而在自媒体崛起、短视频泛滥、品牌信息充斥网络的今天，王老吉如果还是局限于过去的传播形式，恐怕也难实现当年的轰动效果。

二、传播贵在坚持

中小企业在品牌传播的过程中将会不断地调整策略，但找准最基本的正确定位和合适策略方向是必需的。然而，实际上，大部分朝令夕改的广告往往源于人性的贪婪、浮躁与胆怯。因为贪婪，眉毛胡子一把抓，所以将自认为的全部优点一股脑地灌输给消费者，并期待将消费人群全覆盖；因为浮躁，急功近利要回报，所以不断地变更传播的品牌概念；因为胆怯，害怕企业的付出没有回报，所以在纷繁的选择中变得无所适从。

1. 传播定位有舍才有得

人脑是一个有限的容器，能记住的品牌和概念十分有限。不同人群由于自身需求不同，对传播的记忆点也会有不同选择，企业品牌传播想要在有限的广告长度内让所有人记住全部优点，无异于痴人说梦。因此，传播定位切忌大而全，而应少而精，紧紧抓住目标受众和品牌的最佳契合点，进而言简意赅地表达能够满足其迫切需求的品牌诉求就足够了。

2. 传播积累长期才有效

品牌传播是一项持续性的投资，它是将企业有形资产转化为精神文化等无形资产的过程，这个过程抢占的资源就是消费者的心智，在消费者心目中将品牌和品类划上等号，让消费者在购买同类产品时第一时间选择该品牌。但是，如果企业不断地变更品牌传播的概念和传播的形式，则会让消费者的品牌记忆陷入混乱，历尽千辛万苦建立起来的品牌认知也会随之崩塌。纵观各品牌，我们可以发现但凡是能传承下来的知名品牌，都不约而同地有一个共同点：他们传播的品牌核心价值和调性几乎恒久不变。

3. 传播气场强大才有力

品牌传播的过程实质上也是推销的过程，在这个过程中，传播者首先要做到的是说服自己、感动自己，进而以这样的情绪气场感染到目标受众。因此，品牌传播的气场十分重要，如果企业高管对自身传播内容都没有底气，又凭什么希望别人选择你？农夫山泉真的如它说的“有点甜”？康帅傅泡面真的那般美味劲道？这其中，品牌传播的心理暗示起到了关键作用。好产品一定要大力传播，让更多的用户知道，借助公益主题形式，吸引更多的用户参与，形成强大的气场，引起共鸣。

处方药如何进行品牌营销？白云山和黄中药的复方丹参片遵循“产品品质是核心，爱心公益是主线，打造方式立体化”的原则，通过一系列公益营销，将复方丹参片打造成为同类产品连续 4 年销售排名第一的黄金单品。

白云山复方丹参片是心脑血管经典用药，但经过多年临床试验发现其在防治阿尔茨海默病（老年痴呆症）方面也有独特效果，并因此获得了“防治阿尔茨海默病”专利。桑迪经过市调分析，阿尔茨海默病市场空间巨大，但社会对阿尔茨海默病关注度仍比较低，消费者在防治阿尔茨海默病方面意识薄弱，大多遵从医嘱，很少会自主用药。因此，“提高市场对阿尔茨海默病的关注度”是白云山品牌沟通的主要目的。

早在1994年英国爱丁堡会议上，就确定9月21日为“世界阿尔茨海默病日”。与国际市场同步接轨，白云山复方丹参片将每年的9月确定为“防治阿尔茨海默病”主题活动月，并开展系列公益活动，重点针对潜在患者进行防治知识的普及和教育，以提升其对阿尔茨海默病的认知，倡导其通过运动、用药干预等及早预防阿尔茨海默病。

通过对“防治阿尔茨海默病主题活动月”的公益推广，白云山带动了线上线下合作伙伴和患者的参与积极性，有效提升了用户黏性。从2013年开始，白云山复方丹参片推出了“关爱父母，让爱回家”公益主题活动，通过创作微电影《让爱回家》，触动消费者的内心，引起广泛的社会共鸣，创造话题，带动自主传播。白云山和黄中药还联合全国20家百强医药连锁成立“防治阿尔茨海默病健康之家”，招募5万名药店店长店员志愿者，在全国开展了1 000余场健康讲座以及3 000场爱心公益活动，将白云山复方丹参片的公益形象植入消费者，提升品牌美誉度，一传播就是10年。

公益传播是处方药进行合规推广的有效方式，白云山复方丹参片依托“让爱回家”系列主题公益活动，借助互联网平台传播放大，引起品牌共鸣，成为处方药成功品牌营销、统领心脑零售大市场的典型案例。

不可小觑的网络传播力

这个世界唯一不变的就是一切都在变化，时代在变，商业模式在变，消费者心理在变，消费需求在变，智能手机的普及更是让消费者的阅读偏好发生了翻天覆地的巨变。

消费者的时间和注意力在新媒体冲击下逐渐碎片化，这也促使广大企业在进行传播时，必须采取更加具有针对性、更加契合碎片化时代的传播工具。再加之线上商城、微博、抖音、快手、小红书等 APP 的兴起，弱化了传统的传播媒介、销售渠道的功能，也颠覆了众多传统行业的营销模式。在数字化时代，传播与销售的区别日趋淡化、不断融合。精准传播与一对一传播成为可能，传播的成本变得更低，传播的速度也变得更快。互联网的这些绝对优势，让广大企业不得不向飞速更新的新媒体传播平台投来橄榄枝。

美国媒体传播产业投资公司 Veronis Suhler Stevenson 曾发表报告和预测，称在未来新媒体的生态图景必将清晰展现，而推动媒体新生有以下四大动力。

一、技术不断革新

互联网技术的不断革新才能带来进一步的使用普及，无线宽带技术的不断发展才能带给消费者自由自在、随时随地的收发信息体验，进一步扩大信息即时互动的可行性。

二、抢夺受众注意力

在媒体碎片化时代，由于受众接收的信息繁杂且接触信息的时间短，很可能上一秒记住你的信息，下一秒你就被其他更有记忆点的信息替代，他们只会奔向吸引他们的内容。因此，媒体竞相争夺受众的注意力，培养受众的忠诚度。

三、不断增加的个性化要求

无论是在新媒体还是旧媒体时期，个性化需求永远存在，而新媒体的兴起逐渐将一对一的个性化服务变成现实，因此，能够满足不同受众的不同需求是传播最理想的目标。

四、更严谨的投资回报要求

药企对传播服务需求的选择越来越直接转向媒体，对于传播效率也越来越需要直观的数据，而网络媒体的大数据库管理无疑契合了这种需求，同时其传播成本的可控也是一大可开发优势。

这四大推动力在国内市场上已紧锣密鼓地“展开行动”，新媒体的舞台上必将上演一场精彩的竞技。除了企业品牌和传媒平台正面临着自身竞争战略的调整，广大网民在这一浪潮中的角色定位也发生了翻天覆地的变化。在新型冠状病毒疫情和自然灾害的双重背景下，鸿星尔克、白象方便面能够起死回生，并越来越受到网民的追捧，这些都体现了数字媒体的强大传播力量。无论是新疆棉事件还是孟晚舟事件，以及抵制 H&M、阿迪达斯、耐克等，从经济到爱国情绪，从国内到国际，中国网民的影响力都空前强大，尤其是在微博、微信、抖音成为潮流后，传播信息的速度与广度已经远非传统媒体可比肩。广大网民拥有着前所未有的表达权，这种表达权和新媒体技术的出现开始改变着传播舆论的版图，改变着原有社会结构中企业和消费者之间的关系，网民的智慧和力量也在舆论造势、探索真理的道路上得到了充分发挥。

从目前的统计数据来看，中国的网民已经超过了10.11亿人，这实在是一个不容忽视的庞大数字，这个数字足以改变社会舆论的导向，让企业的些许失误无限放大，甚至导致市值崩盘、企业破产。

对于当代企业来说，网络传播力着实不可小觑。互联网的诞生和广泛应用让活在当下的医药企业很幸运，但也有担忧，有这么一个随时随地可以运用的高效传播武器为其“摇旗呐喊”，想不“出名”都很难。

神奇珊瑚癣净作为一款上市30多年的产品，面临着潜在消费者的断层，即90后及00后对品牌和产品认知的不足。因此，把握年轻人群、实现品牌年轻化，是神奇制药珊瑚癣净当前的品牌传播策略。但如何实现品牌年轻化、四两拨千斤？如果按照一般的思维，就是选择热播剧做贴片广告或者在视频中植入软广告，虽然很省事，但是不经济。关注年轻人的喜好，紧贴热点事件，创新热点话题，借势，借力，依托品牌个性，使消费者容易辨认、乐于认知、乐于参与，让文化成为品牌传播之魂。

2014年巴西世界杯是一个世界瞩目的商机，神奇珊瑚癣净借世界杯之东风，颠覆了世界杯传统营销模式，将品牌、产品与世界杯紧密结合，打造世界杯狂欢盛宴，引爆网络，传递品牌核心价值，提高消费者对品牌的认知度与美誉度。

我们知道，新媒体的本质不仅是传播，更是沟通互动，在微博微信运营中，消费者会热爱那些有血有肉、有性格有思想的品牌，只有深入情感层面的沟通，才能感动消费者。神奇品牌，贵在“神奇”二字。

可见，在网络传播时代，企业要么巧借东风扬美名，要么眼看对手攻城略地、蚕食市场，在此呼吁广大企业决策者们，积极拥抱互联网，融入这股大潮，整合传播资源，借助移动互联网的高传播性“以小搏大”，在数字时代书写浓墨重彩的一笔！

微营销传播，营造好口碑

如前所说，当今社会海量信息让人们不得不将注意力分散到极限，而这样的分散，使得传播工作变得异常零散。碎片化时代赋予了企业营销更多的选项，也给企业营销带来了更多的渠道和方法。以微博、微信、短视频以及其他社交平台为代表的“微传播”的兴起，正代表着新媒体的巨变。

微传播最大的好处就是可以直接面对消费者，向特定的用户进行一对一信息传播，是受众明确、需求清晰、有较强针对性互动性的精确传播方式。与大众传播相比较，其传播内容更精确，传播对象更精准，传播渠道更精细，其本质则是以数字技术为基础的口碑传播。由于百科、问答、博客等属于较早期的基础性网络微营销传播，本书将不再赘述，主要分析企业如何利用当前比较流行且具有一定发展空间的微博、微信、短视频的微营销传播方式，帮助品牌营造良好口碑。

一、微博营销：让娱乐缩短距离

移动互联网和智能手机的普及使得微博迅速扩张，成为微传播的主力军。从微博兴起的那一刻起，网络上总会隔三岔五地涌现出一批诸如“耗子尾汁”“鸡娃”“U1S1”“小丑竟然是我自己”之类的流行语，也会时不时地将一些不经意间的语气、句式发展为“甄嬛体”“凡尔赛文学”“土味情话”等流行体，这些流行语、流行体无一例外都源自微博或是从微博上传播开始红起来的。如来源于科幻小说《雪崩》里的“Metaverse（元宇宙）”，在2021年可以说火遍了整个网络。而虚拟美妆博主柳夜熙的爆火，让元宇宙备受品牌关注，并成功融入品牌的经营与营销布局中，成为品牌眼中的香饽饽。

在元宇宙爆火之后，微博话题“元宇宙”产生了5.8亿阅读量，32.3万讨论量。

总体来说，微博传播，拥有以下五个优势。

1. 立体化

微博可以借助多种多媒体技术手段，从文字、图片、视频等展现形式对产品进行描述，从而使潜在消费者接收到更为立体形象的信息。

2. 高速度

微博最显著特征就是传播迅速。一条热度高的微博，通过在各种互联网平台上发出后短时间内转发，就可以抵达微博世界的每一个角落。

3. 便捷性

微博营销优于传统推广，无须严格审批，从而节约了大量的时间和成本。

4. 广泛性

通过粉丝关注的形式进行病毒式传播，同时名人效应能使事件传播呈几何级放大。

5. 效率高

针对企业产品的FAQ提高效率，并且能很快速地帮助客户建立互相了解的一个通道。

二、微信营销：让沟通变得有深度

作为一款以文字、图片、视频及语音短信等为传播语言的手机通信软件，微信凭借如此强大而丰富多样的功能改变了人们的社交模式，同时也使社交网络高度繁荣，其内蕴含着巨大的商业价值。越来越多的企业开始选用微信作为营销传播的平台，使其与顾客的联系更加密切。微信公众号、商家小程序、微信视频号的普及造就了一波又一波的财富浪潮，总的来说，微信传播拥有以下四个特点。

1. 传播符号多样化，多元化传播信息

微信的信息传播符号具有多样化的特点：语音、文字、图片、视频、表情等一应俱全。这其中，语音通信功能使人与人之间的交流得以回归，让企业在与用户交流中可以更好地传递情绪、把握受众的心理，进而提升传播质量。

2. 多维化社交方式，线上线下相呼应

对企业来说，面对数以亿计的庞大用户群，可以通过微信的“位置签名”“二维码”等多样化的传播方式，向目标用户推送信息。以二维码扫描为例，在微信中，企业可以设定自己品牌的二维码，用折扣和优惠来吸引用户关注，用户通过手机摄像头扫描识别二维码，就能轻松获得相应的信息。在线上与商家建立联系，在线下进行消费，这充分体现了移动端在线上线下发展的优势。

3. 精确定位目标人群，实现精准营销

在微信公众账号后台，企业可以看到用户的地域、性别等信息，企业可以利用微信公众账号平台的认证账号，通过后台的用户分组和地域控制，有针对性、有区别地向某一分类用户发送特定的信息，实现精准的信息推送。这样做既可以让目标用户看到合适的信息，同时又可以避免目标用户遭受无关信息的干扰。

4. 点对点深度沟通，利于客户关系管理

作为一个以用户关系为核心建立起来的社交平台，微信点对点的深度沟通机制符合企业和客户关系管理的原则。企业可以利用微信做客服，通过聊天、解答疑惑等互动形式加深与消费者之间的联系，将普通关系发展成强关系，从而产生更大的价值。

青岛双鲸药业非常注重专业学术传播，与39健康网深度合作，双鲸自建“两微信一微博”，成立双鲸药业医学专家委员会，出版《药店常见疾病用药手册》，奠定品类标杆基础，这种软、硬传播结合的方式效果显著。另外，还有三大健康日主题活动传播，每周推进的战略合作信息传播，产品获得声誉的喜讯传播，极大地强化了品牌的影响力。

三、微电影、短视频：让广告不再庸俗

隐性广告、植入广告、跨界广告、广告运动、整合广告……微传播时代，广告终于开始向它的本质——商业电影靠近。一部《老男孩》，点燃了两个老男孩的激情与梦想，也让人们在感动的过程中接受了懂自己的雪佛兰。与其说《老男孩》是电影，不若说是雪佛兰的超长版商业广告。随后，微电影风起云涌，“人人爱看广告”的美好愿景得以实现。

随着抖音、快手等短视频 APP 的普及，越来越多的新题材内容得以展示，变装视频、美妆主播、家庭小剧场、自编脱口秀、知识分享等，更是超越了微电影的传播效率，让广告感染受众，让受众乐于看广告。短视频成为融入我们生活的新传播方式，达到了广告业的至高境界。

总体来说，微电影、短视频具有以下四个优势。

1. 宣传软性化

相比于传统广告的生硬，微电影、情景剧短视频采用了更加柔和的宣传，通过故事情节来打动观众，让观众在非常愉悦的心境下接受企业或产品的相关信息。根据 QuestMobile 10 月底发布的一组数据显示：2019 年 9 月，短视频以 64.1％的同比增量占比领跑全网时长增长。不管是从用户数量来看，还是从用户的使用时长来看，短视频在很多人的日常生活中都已经演变成一个不可或缺的角色，而且会成为主角。

2. 成本低廉化

传统广告用于电视或电影上的投放费用在所有媒介中是最高的，而微电影或者短视频的“微”和“短”同时也体现在“微投资”和“短时效”上，一支短视频的投资从几千元到几万元不等，高的也就十几万元。微电影和短视频在投放上花费就更少，有的甚至不需要花费企业一分钱的传播费，只需要简单地上传到视频网站、自己的官网或者短视频网站即可，这大大缩减了品牌的营销费用，节约了成本。

3. 传播便捷化

微电影和短视频对于受众来说，最重要的是娱乐功能，有趣的创意会

被人们不断地转发和分享，近似于网络病毒式营销。微电影和情景剧短视频的魅力在于短小而有悬念，容易吸引受众主动且多次观看，而受众自发撰写的微电影影评和短视频留言热评，进一步达到持续传播和强化品牌冲击的效果。微电影和短视频的评论和转发也更加方便、互动性更强，更易受到观众欢迎。

4. 硬广多样化

一些传统广告生硬到令受众反感，以致完播率并不高，营销效果可想而知。与微电影更擅长软传播的特点相比，短视频还具有硬广多样化的特点。无论是知识分享还是美妆美食等消费引流推荐，品牌或者个人 IP 的打造使得卖货这一核心诉求点日益光明磊落。受众热衷于跟随网红推荐去消费，也乐于根据品牌活动选择买单。降低试错成本、享受“锦鲤”和品牌福利的乐趣，让本令人头疼的“硬广”变得生动无比，令全民集中参与到这场营销盛宴中来。

隐形创品牌的新闻软传播

网络的交互性和互动性让广大网民与社会化传播得以紧密联系，也让原本的新闻不仅仅是供人们阅读的文本，而是可以使广大网民更多地参与到事件的讨论中去，甚至影响事件发展。在这样的情况下，品牌传播的“新闻着陆”必将是一个趋势。相关心理学研究表明，大众往往会根据自己的需要、兴趣、知识、价值观、经验、习惯等对信息进行选择性注意、选择性理解和选择性记忆。而新闻囊括了猎奇、教育、娱乐等各个方面的功能和资讯，无疑能够满足大部分人的需求，因此，新闻已经成为一种当之无愧的优势传播资源。

在商业环境日益复杂的今天，人们的日常消费习惯和消费心态受新环境的影响也发生着变化，理性消费必然成为趋势。如果各种媒体长时间、大剂量地灌输与说服，就容易造成受众的逆反心理，这种逆反心理将直接影响品牌形象的传播效果。因此，在把握消费者这一心态变化的情况下，不少企业在传播过程中果断舍弃以往硬性强制的推销式传播，而设计出各种植入式广告、新闻报道等软传播方式，以思想化资讯来吸引广大受众，通过新闻软传播的方式，于无形中缔造品牌。

在网络的信息海洋里，新闻资讯是最有价值的信息，如果企业的营销传播能够借力于新闻事件，其传播的效果必将事半功倍。东北制药集团复美欣的网络传播正是通过新闻软传播的方式取得了意想不到的效果。2010年耐药性极强的新型超级细菌 NDM-1 的新闻引起了社会广泛关注，在卫生部发布的《产 NDM-1 泛耐药肠杆菌科细菌感染诊疗指南》中，只有氨基糖苷类、氟喹诺酮类、磷霉素具有市场推广价值。其中磷霉素作为特殊抗生素，安全性高，没有交叉耐药性，在基层推广度极高，东北制药集团的“复美欣”磷霉素恰与超级细菌这一热点有着天然联系，极具可推广性。于是，企业借助超级细菌这一社会关注新闻热点，进行了新闻软传播，通过有关超级细菌的新闻将复美欣磷霉素和东北制药集团联系起来，于无形中见成效，为企业树立了一个“超级细菌中国式应对”的良好企业形象，强化了东北制药集团复美欣在行业内、医生及患者心目中的品牌影响力。

俗语有云，柔能克刚，软传播的意义就在于，运用柔性的力量，将消费者的内心变成一座不设防的城池。从消费者和受众的立场出发，以渗透式、互动式和分享式的视角入手，力求传播者和受众之间达成“平视”角度，产生思想共鸣，让传播的品牌能在消费者心中实现“软着陆”，使品牌在消费者心中扎根生长，进而开花结果，使消费者成为品牌忠实的拥护者和传播者。

不断创新中的故事传播

大凡成功的奢侈品牌，都有一个脍炙人口的品牌故事，因为故事，人们与品牌结缘，容易产生好感与信赖感；每一个中华老字号品牌的背后，都有其独特的工匠故事，演绎着品牌的传奇。

为什么要讲好品牌故事？原因在于故事营销在品牌传播中举足轻重，具体来讲，品牌故事是一种特色资源，具有一定专属性，讲故事就是传递一种竞争优势，通过情感沟通将品牌与人们联系起来并使其产生品牌忠诚度。

故事营销，是对品牌定位的戏剧化表达，在“互联网＋”的大数据时代越来越受到人们的追捧，人们习惯了通过品牌故事来了解品牌的价值，表达自己的个性品位。著名营销大师菲利普·科特勒认为，故事营销是通过讲述一个与品牌理念相契合的故事，来吸引目标消费者。在消费者感受故事情节的过程中，潜移默化地完成品牌信息在消费者心智中的植入。简单来说就是用故事博得消费者好感，从而让消费者记住和认同品牌，成为品牌的忠实顾客。

品牌故事的素材来源于多方面，如品牌历史、企业文化、创始人故事、产品特点、服务特色等，但怎么讲、如何讲出新意却是个难题，不妨从以下五家品牌企业的创新案例中去思考“新讲法”。

一、东阿阿胶的文化创新

东阿县因阿胶而闻名的历史长达 2 000 年，有关东阿阿胶的记载最早见于西汉时《神农本草经》，东阿阿胶是东阿先民勤劳与智慧的产物。近年来，国潮崛起带动了中药产业的发展，传统中医药文化在新一代消费群体中感受着文艺复兴。中医药老字号的“金字招牌”被重新擦亮，药食同源蕴藏着澎湃的商业潜力，掘金的工具是历史悠久的品牌故事。

中华老字号品牌东阿阿胶顺势推出方便冲泡的“花简龄”复合阿胶粉、轻养生零食“桃花姬”等，搭上了国潮的快车。桃花姬阿胶糕是针对都市白领推出的保健零食，2007 年推出市场后，成为阿胶糕品类的领导品牌，“熬好的阿胶”作为桃花姬阿胶糕的产品定位更被人所熟识。

东阿阿胶力图打造文旅融合新格局，通过丰富的文化体验，将顾客变游客、游客变顾客。“阿胶世界”现为国家 AAAA 级景区，将现代设计理念与阿胶传统文化相融合，建设包括东阿阿胶体验工厂、中国阿胶博物馆、东阿阿胶城、东阿药王山、国际良种繁育中心、毛驴博物馆和阿胶主题酒店等。聚焦阿胶养生文化，不断丰富景区文化内涵，将品牌故事不断创新、与时俱进，捍卫阿胶品类的标杆地位。

二、津药达仁堂乌鸡白凤片的形象创新

乌鸡白凤丸源自明代龚廷贤《寿世保元》，自古便是女子调经养颜、补气养血的妇科传世之药，同时又是治疗气血两虚症的滋补圣药。乌鸡白凤片上演了一场“乌鸡变凤凰”的国潮传奇，以“金凤凰”为品牌核心元素进行包装创意、品牌形象创意，通过回归经典、持续创新，运用中成药现代技术，用科技演绎经典，带来一场品牌的革故鼎新。

津药达仁堂的乌鸡白凤片，由中国制剂大师第一人章臣桂研发，独创工艺，发掘古方价值，提高药效，总有效率达到 95%。在品牌定位上率先提出“经后调养”概念，占据消费者心智，贴合现代女性的审美，抢占经后调养品类机会，同时避免与补血养血产品正面竞争。乌鸡白凤片焕新品牌故事，精准找到目标人群，与之互动体验，通过新媒体多渠道触达消费者心智，打造全新的乌鸡白凤片。

三、人民药业“老君炉”的公益创新

创始于1795年的北京长春堂，因推出众多宫廷御医秘方名药而成为名副其实的“皇宫御药房”。1934年，北京长春堂迁至长春，成立新京长春堂，继续为清皇宫秘制御药。中华人民共和国成立后，经整理、挖掘，新京长春堂的炮制工艺、宫廷秘方、祖传验方等真正为人民所有、所用，由人民药业独家传承。吉林老字号老君炉牌则是人民药业的拳头品牌。

人民药业始终坚守“好中药人民造”的初心，倾力打造中国医药民族品牌，积极投身社会公益，以创新公益活动焕新品牌故事新魅力。“人民健康万里行”是人民药业集团基于全品种打造的平台型系列公益活动，活动自2016年启动，辐射湖南省、陕西省、云南省等全国26个省区市，直接惠及人数达4万余人，参与人数高达200万人，包括名医走访、健康宣讲、广场舞大赛、健康大使选拔赛等多样化形式。

经由这一系列活动，人民药业塑造了全新形态的企业公益，打破了人们对公益的刻板印象，更新了人们对公益的既定观念，掀起全民关注、参与的热潮，让每个消费者切实地参与和体验属于“老君炉”的品牌故事。

四、佛慈制药的传播活动创新

佛慈制药的品牌故事始于1929年，当年，太虚法师、郑平叔、王慧观、于右任等53名爱国志士发起创办了“上海佛慈大药厂股份有限公司”。1956年，佛慈从上海整体搬迁到兰州，更名为“兰州佛慈制药厂”。翻开佛慈制药的每一次变迁，每一个篇章都承载着厚重的历史，也见证着中药生产从手工操作向工业化、现代化发展的历程。

作为甘肃中医药第一个“中华老字号”企业，佛慈从1929年至今，历经了近一个世纪的风雨沧桑，始终在传承中创新，在创新中发展，在发展中焕发新活力，让“慈心好药”深入人心。佛慈品牌文化传播以品牌冠名+公关活动的双重形式提升品牌知名度，通过品牌故事传播方式创新，焕发佛手黑珍珠的品牌力量。

佛慈制药也在不断精选传播载体，与时俱进，与民同乐，让品牌更具年轻活力，佛慈通过广场舞锦标赛的创新传播方式，全方位地促进佛慈品牌和消费者的亲密接触，在为消费者带去实惠的同时，增加佛慈、药店与消费者之间的联动，促进药店提升顾客黏性和宣传佛慈品牌。

五、北京同仁堂的国际化创新

北京同仁堂是中医药行业的标杆品牌，至今已有 340 余年的历史，电视剧《大宅门》的热播，掀起了同仁堂品牌故事的热潮，其金字招牌始终屹立不倒。

在全球化时代，北京同仁堂积极寻求品牌国际化，让中医药走向世界。1993 年至今，同仁堂陆续在海外开设了 150 家分店。据不完全统计，同仁堂的海外患者超过 3 000 万，上亿海外人士认识了同仁堂，认识了中国的中医药。

1. 冲出去：用国际化促进现代化

“红柱子、灰瓦房”，20 世纪 70 年代末，北京同仁堂还只是位于大栅栏区域的一家药铺。1993 年，北京同仁堂集团成立的第二年，开始开拓国际化市场，出口业务也从借船出海的模式变成企业自身的垂直板块，首站选择落户香港，因地制宜采用品牌入股模式开办了第一家药铺，打开了通往世界的门户。

2. 融进去：有华人的地方，就有同仁堂

坐堂医生是中国传统药店的特色，同仁堂在国际化的过程中，也将这一特色带到了海外。每一家同仁堂海外门店都是一座中医药文化博物馆：医师们用疗效征服当地患者，药店经理、医师积极利用当地媒体宣传中医药知识，向当地居民传授太极拳、八段锦、五禽戏等健身方法，并且开办中医药文化讲座。这种以医带药、文化先行的策略对同仁堂的落地生根起到了重要作用。

3. 走上去：打造全产业链生态，担当全球共享新使命

按照同仁堂的规划，国际化分为三步走。从“有华人的地方就有同仁堂”到“有健康需求的地方就有同仁堂”，北京同仁堂不仅让自己的产品和服务遍及全球五大洲，帮助更多人拥有优质健康的生活，还因地制宜，不断探索北京同仁堂海外全产业链布局，肩负“创造健康，全球共享”的使命，不忘初心，砥砺前行。

老字号是品质的承诺、诚信的象征、历史的见证者。以上五个老字号品牌把握时代机遇、创新传播品牌故事的案例，让我们更加自信中医药文化的博大精深。品牌营销，绕不过品牌故事，品牌故事的重要性不言而喻——对内引领战略，对外传播定位。故事思维，就是一种场景化、具象化思考的能力，是人脑红利时代职场达人最需要的一种能力。面对市场竞争愈发激烈的今天，消费者对品牌的遗忘性、选择性更大，讲好品牌故事，赋予其文化营销的品位与灵魂，才能永葆百年品牌发展生机！

传播是一把双刃剑

企业品牌和媒体传播的关系向来都很紧密。一方面，企业打造品牌，必定需要媒体平台，借助媒体传播的力量发声；另一方面，媒体与企业离得越近，也越可能给品牌造成有意无意的致命伤害。媒体传播下，蜜雪冰城的网红洗脑神曲一炮走红，知名度大升，而随后的卫生检测不达标却使其遭受质疑；国货之光李宁凭借国潮风，迅速崛起成为国内运动领军品牌，早已深入年轻人的心，而近期一次新品“走秀”意外翻车，模特身穿的新衣服因“倭气十足”，引起了全网大讨论，令其国货品牌形象有跌落神坛的风险；此前，优卡丹借《家有儿女》的热播享誉全国，而一条不足140字的质疑微博却令其蒸发了10亿元市值……

中国市场的崛起和繁荣，让其成为内外资大企业眼中的必争之地，从营销战到公关战，处处有惊险。新媒体透明化时代，让企业的客观现状在大众眼中一览无余，品牌危机的爆发概率必然会大大增加。公域流量成本高企，私域流量野蛮生长，在近百年的先进营销理论加持下，外资巨头凭借着丰富的营销经验和先进的公关管理体系，他们意识超前、媒体关系一流、预算充足，而且手段多样化。而我们本土企业，公关管理意识还处于初期，对品牌公关传播认识不足，如何与外资品牌“非市场层面”对抗竞争？中国品牌免不了要在传播的战场上与其展开一场厮杀，当然，这也意味着一场优胜劣汰的行业洗牌和品牌焕新。以下几点建议或许能对企业展开公关传播管理提供一些帮助。

一、品牌传播不是自夸自擂

品牌传播当然是为了宣传企业自家的产品和服务，但直白粗暴地吹捧就非常不可取。现在的人们变得高度互联，信息和资讯空前发达，消息变得异常灵通，精明的消费者对企业营销很敏感，企业在品牌宣传中采用夸张的词语或画面，弄不好会激起受众的逆反心理，不但会浪费传播费用，更对品牌美誉度有损无益。

二、不要粗暴地对待受众的听觉

现在有个词叫作“听觉强奸”，是指企业在宣传中违反听众意愿的强行听觉传播的行为。脑白金的广告因为播放频次高、广告词俗被观众评为“十差广告”，可见，消费者对广告内心都是抵制的，是被迫的。随着市场上产品的丰富和消费理念的成熟，那些年因供需单一、消费者单纯被动接受广告的时代已一去不返，妄想强行灌输广告信息已经不再适用于市场了，因此，传播的内容和形式必须要创新。

三、传播被有效接受才是王道

虽然传播工具日益多样化，这并不意味着企业可以在品牌传播上沉湎于“子弹论”，将受众只看作被动地接收信息灌输的“靶子”，认为只要和受众有接触就一定会产生效果。企业当然会关心传播的效果，然而传播效果比较难以衡量，因此不得不以传播量来衡量传播效果，看重阅读次数、完播率或传播篇数等。事实上，如果不是良好的组合式传播，未能引起传播共振效应，未能引起二次传播，那么传播效果是极其微弱的。因为受众是健忘的，尽管互联网有记忆痕迹，但要是未能引起其内心共鸣，即使偶尔看到了企业传播的零散信息，也会因迅速被更新的热点替代而遗忘。

四、品牌传播的定位很重要

每一个成熟的行业，一定都有一个标杆品牌，这个标杆品牌的背后都有一个足以抢占目标消费者心智资源的定位，即在传播之前，企业首先要确定向哪些目标受众传播什么样的核心理念。在确定好目标受众和品牌新理念后，企业在传播中可以不断地以定位为基点去讲述品牌故事或发掘品牌文化，完成品牌在消费者心智中的注册。只有当品牌定位明确之后，文化宣传和广告创意才能在遵循战略原则的基础上有的放矢。成功的定位可以使消费者一提到某个品类就会想到这个差异化的品牌特征，从而将品牌产品放入购物清单的第一位置。

正所谓："至近至远东西，至深至浅清溪。"网络媒体与企业品牌的关系似乎也是这般"近不得、远不得、深不得、浅不得"，传播就像一把双刃剑，带给企业的也是这般双层感受。你可能一夜之间因为网络声名鹊起，赚得盆满钵满；也可能一夜之间因为网络四面楚歌、一蹶不振。因此，面对网络传播这把双刃剑，企业需要摒弃以往的认识偏见，在重新审视中把握好正确的传播方向和力度，借势发力，顺势而为，绝不可逆势而行。

制定传播策略的十个法则

在业界有句名言："我知道我的广告有一半的投入是浪费了，但我不知道是哪一半。"随着网络媒体、楼宇电视、终端媒体、APP 等新媒体的出现，传统电视、电台、纸媒、户外媒体等广告受众逐步被分流，常规的营销传播经常面临着低注意力、低忠诚度、低理解力与高警觉性问题，那么，在严峻的环境中，如何制定有效的传播策略？关于有效传播有以下十个法则。

一、找准传播定位

定位不对，一切白费。传播再怎么变化也只是形式在变，不变的是传播的定位主旨。当你费尽心思做了许多传播工作后却发现你的受众无动于衷，那么就应该反省是否找错了目标定位。请记住：找准定位，是有效传播的基石！

朗迪钙通过对标"正宗美国钙"——钙尔奇和"美国补钙专家"——迪巧，研究目标人群，提炼产品钙 D 配比 500∶200 的优势，另辟蹊径，确定朗迪新定位主打民族牌，即"为中国人设计的国民钙"，有创意地提出了服务于定位的"适合中国人体质的钙"广告诉求，并在营销活动中，推广八段锦、书画艺术、"有家有爱有朗迪"等具有中国特色标签的文化活动，生动地演绎了品牌的定位。充满中国风的八段锦与书画文化营销，具有生机与活力的活动设计，无不与其品牌定位相呼应。

二、与受众心态共振

目标受众的心态，是指受众在接触、接收和阅读广告作品时所具有的特殊心态。受众心态是决定受众对广告文案所传达的信息产生关注、发生兴趣、欣然接受、产生购买行为的一个重要因素。因此，说什么、怎么说，品牌应该顺应受众的心理需求，采用与受众的价值观、消费观、生活方式相统一的理念，在品牌利益点诉求上与消费者达成合拍。

神威藿香正气软胶囊作为新一代藿香剂型，具有不含酒精、不苦口、易携带、药效浓缩等特点，特别适合中青年人群使用，尤其是用于出差、旅行、夏季防暑解暑时，更具有优势。神威创造了拟人化的品牌 IP 形象——“神豆”，极具亲切感与趣味性，更重要的是弹跳性好，把软胶囊这一剂型特点表达得淋漓尽致。IP 形象让品牌“鲜活”起来，不再是一个沉闷刻板的药品印象，而是特征鲜明的、充满逗趣的生动化品牌，在传播过程中能够吸引消费者注意力，降低传播成本，提升传播效率，形成品牌联想。

三、目标导向传播

确立目标后，传播必将围绕这一目标开展。不同阶段，传播的目标不尽相同，传播的内容和载体自然也会随之变化。当都市女性追求生态、自然、草本成为一种时尚时，新品上市就要把握住机会。可采眼贴膜最初上市时主打的是“中药草本”概念，让用户回归更加健康的草本生活，其目标就是让用户体验浓浓的中药草本味，聚焦眼贴膜核心单品，迅速从化妆品市场突围。随着市场被撬开，可采随后推出了面膜、颈贴膜、手膜，深化草本概念，圈了众多热爱草本的粉丝，2002 年就成为中药护肤养颜界的一匹黑马。

四、科学选择媒体

传播媒体是发射内容的武器，选择合适的媒体传播可达到事半功倍的效果，以小博大，引起轰动效应。反之，选择错误的传播媒体则会造成资源浪费，令广告打水漂。

五、内容便于记忆

在广告圈有一个奇怪的现象，凡是被评为最佳广告的，几乎不到两年该产品在媒体上就消失了，这些广告画面追求唯美，也很上档次，但广告诉求不清晰，广告语也没有明显特点。反而是那些被评为恶俗的广告，可能会更长时间地在媒体上折磨着人们的耳目。其实，究其根源，不过是这些恶俗的广告普遍易于记忆罢了，人们记住了代言人，记住了广告，记住了品牌。而这对于广告主来说是非常重要的。

六、集中优势兵力

《孙子兵法》讲“十则围之，五则攻之”，毛主席十大军事原则也讲“集中优势兵力，各个歼灭敌人”，品牌传播也是如此。在传播广告时，要将所有媒体的火力集中到所要宣传的产品或卖点上，卖点一定要越聚焦越好，将精力、人力、财力聚焦到核心产品和关键卖点上，就无形中强化了传播的力度，自然也会令受众的记忆度倍增。如青岛双鲸药业维生素D整合专业媒体资源，汇聚专家资源，积极开展相关疾病防治与药学知识的补D科普教育，依托双鲸药业医学专家委员会开展临床学术价值教育推广，让青岛双鲸的国民维D品牌更显专业化。此外，青岛双鲸药业的公益善举也得到了各界媒体的广泛认可，人民网、新浪网、“21世纪药店报”等主流媒体纷纷予以报道，精准传播青岛双鲸维生素D的品牌理念与文化价值。

七、做好“脉冲”传播

产品一般都有销售的淡旺季，但也有产品不分淡旺季可常年销售，那些有淡旺季的产品传播该如何布局？如果广覆盖、高频率规划，无疑浪费了传播资源，如果点状式、低频次地播放，则达不到理想效果。做好“脉冲”传播很重要，“脉冲”有多种形式，在市场导入期，可以前三个月进行密集性传播，渐渐地采用隔月播或隔周播的方式，形成脉冲效应。如在产品的淡季，可以减少播放频次；在旺季来临之际，集中火力造势宣传，这样就大大地降低了成本，增强了效果。

八、营造传播氛围

品牌传播所选择的场合、氛围对于传播效果有着极其重要的作用，有时甚至是决定性作用。高效传播之所以实现，一定是有这些因素的助力，我们把传播所关联的时间、地点、场合、氛围等称为传播环境。传播环境包括物质环境和社会环境，还有特定的心理环境，苹果手机的饥饿营销就是在于其营造了苹果难以购买的氛围。

国药太极集团桐君阁出品的沉香化气片在品牌传播上独树一帜，堪称“低成本、高效益”的典范。它在 2019 年“中华人民共和国成立 70 周年”的大背景下，以一场“和气中国·太极沉香”为主题的文化营销盛大启动，围绕品牌传播进行一系列文化营销活动，弘扬“和”文化，提倡“家和、人和、气和”的核心价值与健康理念，将太极沉香化气片打造成国药太极集团旗下又一个极具潜力的 10 亿元级别单品，成为胃肠道用药品类中标杆品牌。

九、及时反馈修改

营销传播的试点很重要，它可以让企业及时地把握调整机会。不要认为试点耽误了时间，可做可不做。要认识到，试点可以帮企业避免很多错误或风险，有些错误甚至是致命的。跟踪传播效果一般要 3—6 个月，再评估反馈的意见和风险，结合销售一线和消费者反馈的信息去调整，相信在二次传播时就能取得更好的效果。

十、持续投资传播

需要提醒的是，品牌传播是一个持续性投资，当然回报也是持久的。脑白金确定一句广告语，坚持传播十几年都不变。为什么？因为传播的力量可以积累，当企业不断地向目标受众传播品牌理念和广告诉求时，受众就会形成认知，他们就可能在选购同品类产品时本能地想起该品牌。而如果企业没有定力，坚持不了，传播策略朝令夕改，那么非常遗憾，品牌不但在消费者心中留不下痕迹，也会白白浪费了先前的投资。

高效传播品牌的“九阴真经”

传播的目标就是使品牌与用户建立关系，传播策略就是要达成传播目标最快速有效的方法，它指导企业通过营销行为改变消费者对品牌的认知。在制定传播策略时，我们需要明白三个要点，即目前的传播现状，想要达到的传播目标，如何分阶段达到传播目标。

我们要紧紧围绕传播目标，分析目标受众人群的构成及其生活习惯，发掘他们接触信息的主要渠道。进行媒体研究与选择，无论是新闻报道还是广告宣传，媒体的选择和组合十分重要。除此之外，还需要发挥公关沟通、媒体影响力的价值，划分重点和次重点来进行媒体组合，以夯实有效媒体传播的基础。针对传播策略的制定，特别总结了一套独特思考方式，以便共同探讨。

一、传播扮演的角色——想干什么

传播需要目的明确，这样传播的内容才有中心思想，选择传播媒介才有针对性，让广告变得鲜明生动。例如，同样是冰激凌，梦龙更着重于口感的宣传，哈根达斯则讲求氛围情调，而新推出的茅台冰激凌则传递“有生以来的第一口茅台酒，不是喝的酒，而是吃的酒味冰激凌”，以此满足年轻群体的“尝鲜”心理。这些差异取决于品牌想要达成怎样的传播目的，想要在用户心目中树立怎样的品牌认知。总体来说，广告的效果就是品牌传播时想达到的目的，是诉求产品功效还是建立企业形象，是打造品牌概念还是宣传生活方式，这是制定合理传播策略时需要思考的第一步。

二、品牌定义——我是谁

企业做品牌传播，都少不了要向目标受众自我介绍，告诉消费者，我是谁。古代的广告很单纯，如酒坊挂个酒旗，茶馆挂个茶旗，这看似简单的形式其实和早期的电视广告很相似，只不过电视是以音像效果形象地传播品牌罢了。

随着市场竞争加剧，品牌传播更需要用形象化的方式来描绘其独特的个性。例如，飘柔主打顺滑，其广告演员无一例外都是长发飘飘的淑女形象；而沙宣偏向于时尚个性，其广告画面则都是更前卫的模特造型。同样是饮料，百事可乐以新一代的另类方式表达激情爽口，王老吉则以吃火锅等聚会场景瞄准上火的痛点。品牌定义，就是要告诉目标受众我是谁，也可吸引有同样个性需求的潜在消费者。

三、竞争范畴——我和谁竞争

成熟的竞争市场，同一个品类至少有两个势均力敌的品牌参与竞争，在竞争中发展，在竞争中把品类做大。如 999 感冒灵颗粒和连花清瘟胶囊，可口可乐和百事可乐，宝洁和联合利华，肯德基和麦当劳等。有竞争才能满足消费者的多样化需求，有竞争才能督促竞争双方不断进步，消费者才可能分类分层。如果是新品上市，那么要找到一个可对标的竞品，树立一个假想敌人，通过对比找到自己与竞品的差异点，分析竞品未曾满足消费者潜在需求的机会点，以差异化传播迅速吸引受众的注意力，抢占市场空白点。

四、目标市场——谁喜欢我

目标市场就是企业期望开拓和占领、能为企业带来最佳营销机会与最大经济效益的细分市场，他们是一个需求大体相近，品牌方愿意满足其个性化需求、为其服务的消费者群体。例如，宝洁旗下的洗发水品牌有飘柔、海飞丝和潘婷，针对不同目标市场的需求制定其消费人群的传播策略，强势占据了洗发水市场的半壁江山。而清扬、滋源等品牌，虽然属于后来者，却仍以满足细分市场的目标人群需求来与宝洁展开竞争。

五、我们现在何处——别人会怎么看我

《老子》云："知人者智，自知者明。"这个道理清晰地说出了知晓竞争对手优劣势和目标受众的需求点是营销的智慧，而能够客观审视自身所处的环境和优劣势资源也是一种难得的明智之举。

一些小有建树的企业，往往听不进批评的声音，其在选择合作伙伴时也惯于听一些正面的、积极的、表扬的言语，这是很危险的。正所谓"有所好乐，则不得其正"，企业不能够客观审视自身，仅仅做到了"知人者智"却缺乏自知之明，很容易会陷入眼高手低、志大才疏的困境。

六、我们将往何处去——希望别人怎样想我

一说到新能源汽车消费者就想到比亚迪时，比亚迪市场扩张了；一说到给身体加油抗衰消费者就想到以岭八子补肾胶囊时，八子补肾胶囊畅销了……品牌联想是企业传播者想达到的一大境界，如何通过传播让消费者感知产品或品牌实在是一门艺术。例如，云南白药被消费者认可为伤科圣药，能助力云南白药牙膏在止血健康口腔领域成就辉煌，开创功能性牙膏品类，与外资抗衡竞争。

七、按钮——什么才是引爆点

如果广告传播已经开启，但反响平平，那么企业需要思考是否找准了启动传播的按钮，即品牌传播的引爆点。这个按钮能联结产品利益点与受众的情感需求，能产生感召力令受众引发共鸣共情，能在某种关键时刻令

目标受众难以忘怀……这就是为什么星巴克虽然卖咖啡却对门店环境很考究？因为小资情调才是其传播的情感按钮。为什么片仔癀在解酒护肝方面成为茅台酒的标配？因为宫廷养生与身份象征是其传播的情感按钮。为什么鸿星尔克在疫情中的善举引发爆仓？因为民族情感和共抗时艰正是其传播的事件引爆点。

八、支持点——凭什么你敢这么说

需要说明的是，传播不是信口开河，广告也不是夸夸其谈，信息越泛滥，消费者行为就越客观理性，他们一旦对某品牌产生信任，其品牌忠诚度也必将大大提高。想要转变消费者的品牌认知，必须找到充足的支持理由，即产品或品牌的独特优势，这是让消费者转换品牌的资本，也是敢于对抗竞品的底气。

当新康泰克宣传“早一粒、晚一粒，24 小时持续有效”时，泰诺则强调“30 分钟起效”，讲究速效，而白加黑则针对白领、学生等年轻人需求提出了“白天吃白片，不瞌睡；晚上吃黑片，睡得香”的品牌诉求，让目标消费者轻松转换品牌。

九、调性——对你的受众投其所好

永远不要指望儿童会对黑白灰的包装和叫嚣式的电视购物广告感兴趣，同样也不要指望中老年人会认可喜洋洋灰太狼的说唱童音传播方式，这其中的缘由就在于广告的调性。针对目标受众的个性倾向制定与品牌相符的传播调性是传播策略的基础，如果品牌传播无法做到让受众喜闻乐见，那么至少不要引起争议和厌恶。比如，针对年轻群体的雪碧每年都会邀请当红新生代人气明星代言，传播代表年轻活力的广告，正是针对其清爽、活力满满的品牌调性。

传播力如何信息化升级

在互联网无孔不入的大背景下，医药大健康企业纷纷转向互联网营销是必然趋势，但因此就判定传统媒体必将没落，甚至消亡也未免有失偏颇。在传统媒体向新媒体更新的阶段，企业掌握的媒体资源之多前所未有，当前正处于信息泛滥化向信息制度完善化的过渡阶段，企业面临的能力挑战之强后无来者。信息化时代，企业如何把握时机，实现传播力的系统升级？

一、多管齐下，一个声音

企业上了一定的规模，每年都可能有适当的广告预算，这些广告费用是否都用在合理合适的媒体上，达到怎样的传播效果却不得而知。有人说新媒体的兴起必将意味着传统媒体的终结，而事实上传统媒体依然广泛存在，这表明传统传播方式还是具有一定受众基础的，其代表的权威性和影响力犹在。因此，企业进行传播时，切忌单纯地采用一面，最好能够“海陆空”全面整合，矩阵式传播。

因为不同的产品和服务所面对的消费人群层次不同，所以传播工具没有雅俗高下之分，也没有威力大小之别，正所谓“不管白猫黑猫，抓到老鼠就是好猫”。品牌传播的最终目的是实现销售，能够与目标消费者形成共鸣共情，能打动目标消费者内心的广告就是好广告。

传统媒体的品牌传播是在整合了产品、通路、价格、促销等四要素后进行的整合营销传播，而信息化时代的品牌传播，必将是“海陆空”式的，要将所有针对目标消费者的广告、公关在统一强势的主题下，通过终端、网络等传播载体进行集中的传播、发声。这个过程所涉及的多种传播工具并非相互脱离，而是要紧密配合互动，企业通常可以根据自身的实际需要，整合运用多种载体工具，形成优化的品牌传播组合，这样不但能够保证传播的一致性，更能够壮大品牌传播声势，最大限度地提升品牌传播效率。

短视频时代，带货直播越来越火，但消费者在选择上也给不同的传播平台贴上了标签。选择 A 平台的消费者更多倾向于购买便宜大碗的日常用品及农副产品，而选择 B 平台的消费者更多倾向于购买高端进口品牌产品，两者之间消费需求的衔接点注定会错开，传播的卖点及品牌调性也不同。

尽管 A 平台在后续传播中以更多的扶持政策吸引高端品牌商家入驻，但营销数据并不理想，究其根本，是最初的平台定位决定了其消费人群的差异。而大部分高端品牌考虑自身形象与定位，也会谨慎选择渠道进行品牌传播推广。

二、创新传播“实效化”

传统的品牌传播，一般是先树立知名度，然后再塑造品牌美誉度，最后是通过持续的品牌传播、公关活动、产品体验，打造品牌忠诚度。在数字化时代，虽然还具有一定的可取之处，然而考虑到海量信息更新的速度、竞争形势的逼人和消费者的情绪因素，品牌传播将更为讲究快速且具“实效性”。

这是一个体验经济的时代，也是一个微利的时代，更是新媒体、传统媒体互相博弈、优势互补的时代。因此，品牌传播有着很多的创新机会，媒体整合与创新传播使得品牌的知名度、美誉度、忠诚度大大提速，也使得传播成本“节约化”，广告效果“最大化”。

无论采用哪种传播创新方式，都需要牢记一个法则，即将目标受众引入互动平台，通过活动、沟通取得其欢心，进而牢牢把握住市场机会。

三、时间长不如话题好

投放传统电视广告，往往根据“观众流”理论，分析产品的目标受众是谁，这些目标受众的消费特征如何，他们在生活中会产生哪些接触点，在这些接触点上有哪些有效的沟通形式和内容。于是广告追求频次高低、时间长短，从 15 秒、30 秒，到 5 分钟的专题片，甚至到栏目赞助，企业花费高额广告费归根结底就是购买电视台的收视率。但消费者能否看到、关注程度、有效记忆等影响广告效果的几个关键指标均不能直观体现。

后来，网剧的流行让受众追剧的主战场从电视频道转移到了各大视频网站，贴片广告应运而生，人们对电视节目的注意力也逐渐减少。发展成会员避开贴片广告，受众与商家之间就广告玩起了“躲猫猫”，这迫使品牌企业要转变常规思维，解决如何让受众能接触到品牌信息、关注产品，最后接受品牌的问题。

2010 年雪佛兰自拍《老男孩》微电影，随着主题曲唱遍华夏大地，雪佛兰也引发了市场的热烈反响，由此发挥了自制剧的强大魅力。2012 年《甄嬛传》大火，东阿阿胶作为贡品多次出现在台词剧本中，一时间东阿阿胶巧妙的植入式广告成为热点话题，如“病毒”般快速传播开来，大多数受众也深深记住东阿阿胶的品牌和卖点，植入式广告的力量可见一斑。

随着短视频时代迅猛而来，越来越多的自编小短剧被消费者认可并刷屏，个体网红在故事情节中巧妙地植入品牌或产品信息，也让受众越来越乐意接受，实现了广告完播率和转化率的巧妙结合。无论是微电影、短视频，还是栏目冠名，用户至上的潮流时代告诉我们，让受众深度参与到话题讨论中已经成为品牌传播的一个大趋势。

第六章 品牌力

直指人心，纵横驰骋

何谓品牌力

- ⊙ 品牌魔力为什么这么大
- ⊙ 品牌价值由认知来决定
- ⊙ 品牌定位的三种策略
- ⊙ 打造品牌差异化的六部曲
- ⊙ 品牌识别是差异化形象之魂
- ⊙ IP 形象塑造品牌全新内涵
- ⊙ 品牌核心价值的十大法则
- ⊙ 数字化时代品牌营销的六个关键词
- ⊙ 品牌建设的四大误区
- ⊙ 品牌危机管理的三个关键要素
- ⊙ 企业家不可复制，品牌可以传承
- ⊙ 品牌，让药企走得更远

何谓品牌力

品牌力是六力营销的核心目标。品牌力是知名度、美誉度和诚信度的有机统一，是指用户对某品牌形成的品牌认知对其购买决策的影响程度。品牌力是由产品、文化、传播和延伸这四要素在消费者心智中协同作用而成的，一个品牌要在竞争中脱颖而出，在消费者的心智中占有一席之地，就要使产品力超强，树立有助于强化品牌个性的品牌文化，实施有效的品牌传播，进行正确的品牌延伸。

品牌的成长之路，起源于具体产品的成功。适应消费者需求的产品赢得市场，消费者将对产品品质功效和文化价值等特点的认同，简洁地集中到品牌上，形成品牌认知。

当差异化产品带出强势品牌之后，品牌的力量就显示出来了。企业将强势品牌恰当地延伸到其他类别的产品上，品牌影响力将对新延伸的产品销售产生巨大的推动作用。由单品品牌打响企业品牌，再由企业品牌带动相关品种，这是目前医药大健康营销成功的重要法则。

有强势品牌，新品推广就可以借势；没有强势品牌为后盾，新品推广的难度会大。打造品牌，正是为了长久的销售，品牌是企业不断发展的源泉。品牌与销售天生紧密相连，没有销售力的品牌，不过是美丽的花瓶；没有品牌力的销售，可能会是昙花一现。

品牌按照发展阶段，可分为普通品牌、强势品牌和标杆品牌。标杆品牌代表了一个品类，是品类的代名词，六力营销的终极目标就是要打造品类标杆，成就标杆品牌。

品牌魔力为什么这么大

为抢购手机大排长队，为买名牌节衣缩食……品牌的魔力着实让人疯狂！虽然你知道使用感相差无几，但买电脑时首先在惠普、戴尔等一线品牌中挑选。比起考虑性价比的理性，随波逐流的感性终究还是占据了上风。这就是品牌的魔力，让你心甘情愿地为它掏腰包，让你心甘情愿地为它疯狂！

品牌为什么如此有魔力？如果你将它仅仅归结于广告宣传，那就大失偏颇了，因为练就品牌的魔力实在是一个系统的繁杂工程，如蜘蛛织网般有条不紊，如蜜蜂筑巢般精巧复杂，它似空气般无处不在，不经意间影响并控制着你的思维方式，主宰着你的生活选择。

一、建立信任联系

品牌之所以能够在消费者心目中树立形象，良好的信任关系是基础。这种信任首先源自对产品品质的认可，有品质才能有品牌，失去品质的品牌只能是无根之木、无源之水。

没有品质的产品依靠铺天盖地的广告宣传和夸夸其谈的功效承诺，可能会在短时间内产生“眼球效益”，然而一旦消费者发现上当受骗，其花费巨大成本树立起来的品牌也会轰然倒塌，美名四扬也会瞬间变为臭名昭著！比如因三聚氰胺倒闭的三鹿奶粉，因二恶烷而受创的霸王洗发水等。有人说霸王的品牌受创并不是仅因为其产品品质，这其实就涉及建立信任联系的第二点，即巧妙应用公关传播。2021 年，全国面临疫情和水灾双重打击，鸿星尔克、汇源、白象等一批国产品牌在濒临破产边缘依然为国为民捐款出力，感动消费者的同时也令自己的品牌起死回生。究其原因，很大程度上是这些企业能够巧用新媒体等公关传播，与消费者建立起信任的连接，让消费者相信，一个用行动展现自身社会责任感以及富有爱心文化的企业是值得信赖的，继而也会对其品牌产生信任联系，给予良好定位。

因此，企业无论是从产品还是从服务出发，都应该向消费者传递自己可信赖的一面，切忌自说自话、高高在上的态度。

二、满足差异要求

在生产力日益发展、经济日趋繁荣的当今社会，差异化营销无疑是从同质化竞争中破壁突围的唯一出路！因为产品的包装、款式、功能、理念千篇一律，长此以往人们便越来越渴望改变，渴望新奇。而人性中最大的利益点莫过于自我满足感，这种满足感来源于自身的与众不同，更来源于商家的私人定制！

首先，在竞品林立的市场中，企业想要迅速打造品牌，扩大市场份额，差异化定位必不可少。作为生产者，你要做的不是满足所有人的需要，而是缩减、再缩减自己的欲望，让产品更有针对性，根据目标消费者精心设计产品，进而塑造品牌形象，传播自身的品牌认知！

其次，作为企业领导者，寻求自身产品在行业中的创新和突破是独树一帜的策略，也是推动整个行业前进的责任。

因此，永远不要随遇而安，而应该精益求精，思考自己的产品和服务如何更贴合消费者的潜在需求，如何能提高产品的性能功效等。要说明的是，创新不是哗众取宠的包装变革，更不是毫无内涵的叫嚣洗脑，随着市场竞争的激烈和消费者认知水平的提高，创新是一项务实的工作，需要以实事求是、细腻敏锐的心思去研究分析，去实践应用！

三、创建情感认同

哈根达斯卖的不是冰激凌，而是恋人的浓情爱意；百事可乐卖的不是碳酸饮料，而是年轻人的时尚活力；茅台卖的不是酱香白酒，而是高品质的身份象征……它们个个传递的不再是自己的产品，而是企业的信念与价值观，是一遍遍获得大众认同并追捧的情感理念，产品不过是这种情感理念的载体，由此却占据着得天独厚的优势、达到了行业其他竞品数倍的销售业绩。这就是打造品牌的最高境界——创建情感认同。纵观成功的品牌，特别是标杆品牌，无一不是包含着独特的品牌价值理念。

当一个品牌提升它的境界，登陆不同领域的时候，很难有一个具象的表述描绘它的品牌印象，唯有在更高的精神层面去寻找这个定位。这时候，只有品牌本身的理念或价值观可以囊括它的形象，如华为、云南白药、同仁堂等品牌能够在异国他乡生根发芽、茁壮成长的经典案例，它们或改变着人们的思想，或引领着人们的生活方式。总之，它们从最根本处感动了消费者，为用户描绘了一幅美好生活的蓝图，吸引消费者在其营造的精神世界里流连忘返，激发他们从内心里发出共鸣并追随品牌。

四、形成膝跳反应

通过不断的心理暗示，产生一种理念和消费行为必然会成为人们的本能反应。正如当年的某保健品广告，尽管恶俗到传遍大街小巷，连黄口小儿都倒背如流那句广告语，却在年节期间左右了大部分消费者的消费行为，消费者不约而同，本能地买上几盒某保健品，送爸妈、送亲友、送长辈……尽管处于理智中的人们知道，送礼不一定要选它，然而品牌的魔力就在于此，让你于不知不觉中被熏染。

初中生物课中都会有一个很有趣的人体小实验，坐在凳子上跷起二郎腿，握起拳头轻敲膝盖，尽管你放松地想着别的事情，小腿还是会不由自主地踢起来，这就是条件反射中的膝跳反应。品牌的魔力也同于此，它了解你的本能，所以不断地锤动你的膝盖，直到你的小腿弹跳开来。比如提起凉茶你会想起王老吉，提起家居你会想起宜家，提起巧克力你会想到德芙等。尽管理智的你知道这样的标杆品牌并不等于行业品类，却除了它不会去考虑别的选择，因为这样的品牌通过或硬或软的传播方式，占据着你生活的方方面面，默默地左右着你的神经，让你的记忆形成了强烈的条件反射！

品牌价值由认知来决定

一、品牌的价值

品牌，就是同样卖品质相差无几的 T 恤，你可以比别人卖得贵，卖得久！品牌，就是同样都是老字号三七粉，原料都来自文山道地产区，你比别人的价格高还卖得好，因为消费者信赖！同样产自东阿的阿胶，因为有品牌，你的价格可以是最高，你还可以提价，而且消费者还能接受。这就是品牌的价值！

在产品高度同质化时代，企业到底靠什么竞争？不再是商业渠道，不再是依照传统打广告，而是消费者认知的品牌。

品牌，其实是产品或服务在消费者心智中打上的烙印，这个烙印即决定或影响着消费者的品牌认知。

二、什么是品牌认知

品牌认知是消费者对品牌认识的过程，人脑接受品牌输入的信息，经过头脑的加工处理，转换成内在的心理活动，进而支配人的行为。消费者对品牌信息接收和加工的过程，即是品牌认知，品牌认知一切以消费者为中心。

简单来说，品牌认知等于消费者知道与消费者认可，即包括知名度与认可度。如果消费者不知道，就无所谓品牌认知，越多消费者知道，品牌知名度就越高。如果消费者对品牌不认可，品牌认知就会有问题。消费者对品牌认可度越高，品牌价值就越大，购买的概率就大增；反之，品牌价值越少。

品牌认知源于消费者，而不是产品或企业，做品牌需要从以产品或企业为中心，转为以消费者为中心。品牌认知要让消费者听得懂、感知到。否则，会不知所云、不知所为。

品牌认知还要让消费者没有歧义或疑虑。有歧义或疑虑，消费者对品牌就不容易认可。比如，恩威洁尔阴经过多年的品牌建设，早已成为女性私处护理的领导品牌，恩威后来延伸出“恩威口宝”漱口水，消费者就会感觉这个漱口水滋味不好接受。这种品牌延伸易让消费者产生歧义，会影响品牌价值。歧义或疑虑越大，延伸的品牌认可度就越低。

三、品牌认知决定品牌价值

消费者只有知道品牌、认可品牌，才可能购买品牌。品牌，只有消费者购买，才有价值。品牌认知越高，消费者购买品牌产品就越多，品牌价值越大；反之，品牌价值越小。

品牌认知，决定品牌价值。下面从“三瓶水”研究消费者的品牌认知。

法国依云，多年来一直坚持来自法国阿尔卑斯山的天然矿泉水，有一系列关于依云水的传奇品牌故事，把这个纯进口的矿泉水做到水中的顶级品，即天然矿泉水中的奢侈品，消费者认知度高。

农夫山泉因为源于千岛湖的地下水，最早提出其不同于一般的纯净水、蒸馏水，而是突出天然性，提出“农夫山泉有点甜”的品牌诉求，多年坚持，且得到广泛认同。即便后有取材于长白山的水，也是强调原汁原味的天然纯净，“我们不生产水，我们是大自然的搬运工”。

反观恒大冰泉，财大气粗，同时启用强大的明星阵容，想快速占领中高端水市场，急功近利，导致品牌个性不鲜明，品牌诉求也多而杂：一开始宣传“长白山深层火山岩冷泉、世界三大黄金水源之一”，接来下是“美丽其实很简单”“天天饮用，健康长寿”“喝茶醇甘，做饭更香”“爸爸妈妈，我只喝恒大冰泉”“真矿泉，真好喝，美丽健康强壮”，最后又提出“一处水源供全球，一瓶一码保品质”……短短两年多的时间，如此眼花缭乱的广告诉求，给消费者带来极大的认知难度，最终市场业绩可想而知，那是赔了夫人又折兵。

四、高认知品牌如何打造

品牌，必然具有某种价值或主张，是以消费者为中心，提出消费者能感知的价值或主张，使品牌主张与消费者感知达到统一，从而创造或提升品牌价值。桑迪认为，品牌建设本质是对品牌的管理，品牌管理核心是对品牌认知的管理，品牌认知是品牌主张与消费者感知的统一。

1. 品牌认知建设第一步：品牌定位

成功产品都有一个核心的定位，不同的定位，则有不同的品牌表现，以何种策略定位，则决定着不同的营销思路。

研究品牌定位，就是以消费者需求为核心和基础，研究消费者需求是否重大：需求越重大，消费者行动越快；需求越不重大，消费者越不会行动。同时还要了解消费者需求满足程度如何：满足程度越高，品牌机会越少；满足程度越小，品牌机会越大。最后还要研究消费者需求是否容易被感知：越容易被感知，越容易被认可；越不易被感知，越不容易被认可。

2. 品牌认知建设第二步：构建独特的、个性化的品牌形象

品牌定位、产品概念是品牌的内核，是看不见摸不着的，需要通过品牌形象加以展现。构建品牌形象，需要保持其独特性和统一性。

独特性，是根据品牌定位、调性等构建独有的形象；统一性，是跟品牌有关的产品、宣传物料等，需要形象统一，规范使用。比如万宝路的品牌形象是西部牛仔风格，真男人，洒脱，有英雄气概，其设计一贯保持这种品牌调性。再如云南白药的豹七牌三七，定位“豹七”就是高端三七，是高品质三七标准的制定者，其设计就保持了高端三七的形象，以“豹子”为形象概念寓意，将高端三七全产业链进行形象阐述。

品牌形象包括产品形象和传播形象，产品形象如产品内外包装，追求

独特性、记忆点、品质感和醒目感；传播形象包括主画面、物料、陈列等，也追求独特性、记忆点、实用性与统一性。

3. 品牌认知建设第三步：系统化的品牌整合传播

整合传播主要分四个方面，即传播目标、传播对象、传播内容与传播方式。

制定传播目标，是要提高品牌知名度、美誉度，还是通过品牌拉动销售？对这个需求要有一个阶段性的清晰目标。

传播对象要精准，如对消费者的年龄、性别、收入、工作等进行研究洞察，分析个人偏好、媒体接触习惯与需求，做到有的放矢。比如老年人的产品就不能以互联网广告为重点；同样，针对年轻人产品的广告，就可以放弃电视广告传播。

传播内容要有亮点，如品牌定位要明确，产品概念有记忆点，消费者好理解，产品机理表述易懂不生涩，广告语力求简单易记，一句话一读就能背。

传播方式可以多样化，如根据不同目标人群，可以考虑电视广告、网络短视频、新媒体传播，甚至公关活动，确保传播载体与消费者有亲密接触点，有的放矢。

传播是塑造品牌的主要途径。有品牌故事传播，如康美药业的“康美之恋”；有情感传播，如白云山复方丹参片的“让爱回家”；有公益传播，如孩儿乐的“中国儿童家庭健康行动”；还有活动传播，如维康药业银黄滴丸的“爱心飞翔”。品牌传播的形式很多，其目的就是要发挥创意的力量，利用各种有效发声点在市场上形成品牌声浪，有声浪就有话语权。

五、有品牌，才有未来

这是一个“终端为王，品牌为大”的时代，当前竞争格局中，药店终端毋庸置疑是医药营销兵家必争之地，也是众多药企解决生存问题的关键战场，竞争十分激烈，我们需要抢占终端，争取更多的支持与销售机会。同时，我们必须明白，未来医药健康品的竞争一定是品牌的竞争，中国已经进入消费升级的品牌时代，企业要想做大做强，离不开对品牌的建设。药企要做大做强，一定是要品牌的强大，有谋略的药企不会忽视品牌建设。

品牌建设对企业来说是最有价值的战略投资，也是企业打造核心竞争力的关键。品牌认知决定品牌价值，品牌认知是以消费者为中心，研究消费需求、行为，进行品牌定位，开发产品概念，打造个性化的、独特品牌形象，并进行整合品牌传播，最后一定能打造高的品牌认知，提升品牌价值，成就伟大品牌。

有认知，才有品牌价值，有品牌价值才有未来！

品牌定位的三种策略

品牌品牌，先品后牌，无品则无牌。把重点品种做深做透，企业靠核心品种赢利，集中核心资源，以黄金单品突围，打造品牌，再带动旗下系列产品或产品群，做强做大。对此，如何依托品牌策略进行定位路径的选择呢？我们将定位思维分为三种。

一、抢位策略，占位置

只要发现消费者心智中有一个富有价值的位置无人占据，就要第一个全力占据它。如云南白药豹七成为三七品类中的高端品牌，“好三七，叫豹七”；六味地黄丸虽有众多品牌，也能“各尽其美，美美与共”，如仲景六味地黄丸的“药材好，药才好”，九芝堂六味地黄丸的“治肾亏，不含糖”，佛慈六味地黄丸提出“首创浓缩丸”的“认准佛慈浓缩丸”等。

二、跟随策略，靠位置

发现某个领域的首要位置，已被大牌或强势产品品牌占据，就让品牌与领域中的该大牌品牌/强势产品相关联，使消费者在首选强势品牌/产品的同时，紧接着联想到自己，作为补充选择。如当红罐王老吉成为“祛火凉茶”的代名词后，王老吉的绿色利乐装就顺势而为，推出“王老吉还有盒装”的跟随诉求，让消费者认同，从而迅速做大。当片仔癀家喻户晓时，八宝丹推出产品渊源、出处、配方与其类似的品牌故事，使得自身产品知名度迅速提高，业绩也快速提升。

三、进攻策略，挤位置

如果消费者心智中的品类代表品牌有潜在弱点，新品牌可以由此突破，借机放大该代表品牌不足的地方，以自己提出的优点比较对方提出的弱点，最终取而代之。如针对新康泰克的“早一粒、晚一粒，24 小时持续有效”，泰诺的“30 分钟起效”，白加黑提出的“白天吃白片，不瞌睡；晚上吃黑片，睡得香”。再如 999 感冒灵入市期，针对人们对中药西药的认知不同，提出“中西结合”，迅速挤位，最终成为感冒药市场中的品类标杆。

打造品牌差异化的六部曲

《老子》曰："我有三宝，持而保之，一曰慈，二曰俭，三曰不敢为天下先。"为何不敢为天下先？因为有不可预期的风险。而差异化营销是企业敢为人先，在市场脱颖而出的重要战略。不敢为先的思想只会让企业错失第一时间建立区隔、占领消费者心智的良机，在亦步亦趋中丧失品牌个性，无法冲破品牌识别的桎梏，沦为了别人争夺市场份额的炮灰。从某种意义上来讲，"敢为天下先"是一种勇于创新的开拓精神，它要求企业采用与众不同、独树一帜的差异化营销战略，而打造品牌的差异化正是差异化营销的核心目标。

一、产品差异化

一般情况下，我们考虑品牌差异化战略首先是产品差异化，它主要分为垂直差异和水平差异，垂直差异是指比竞争对手更好的产品，水平差异是与竞争对手不同的产品。现实生活中，通过垂直差异化和水平差异化两种策略交替使用而成功地推出品牌的例子不胜枚举，比如宝洁公司，巧妙运用产品差异化，设计了六个子品牌各自的个性化定位，从而实现了现有六个洗发水品牌的骄人战绩。诚然，在效仿一些知名企业实施产品差异化时，我们必须小心两个误区。

首先，尽量避免在概念上创造产品差异化。最典型的案例就是保健品领域，通过各种概念战，过度承诺产品功效，结果适得其反，逐渐降低了消费者的信任度，也让企业在一味创造概念中培养了惰性，逐渐丧失了开发研制新品的创新力。

其次，规避不计成本地力求产品差异。对于一些中小规模的企业而言，如果不断研发和树立多个品牌，战线拉得过长过宽，最终将会导致陷入产品线多元化陷阱。雄厚经济实力和高级研发能力是相匹配的，由于研发创新产品而提高成本和价格，反而会失去原有消费者。

二、服务差异化

目前中国大健康市场正处于同质化竞争激烈的时期，如果产品的品质、工艺、成本都相差无几，能够尽快找到的差异化方向便是服务了。尤其在消费者信任感尚未完全建立起来的时候，认真负责的优质服务态度和模式无疑能够快速吸引消费者并形成品牌黏性。通过服务差异化这个策略而赢得品牌竞争力的企业中最有说服力的莫过于海尔集团了，从当年张瑞敏公开砸毁不合格产品到现在海尔提出自己的“星级服务的标准”，即一个结果——交付完美的服务；两个理念——带走顾客的烦恼，留下海尔的真诚；三个指标——服务投诉率、服务遗漏率、服务不满意率小于十万分之一；四个要求——顾客提到的所有问题都必须在数据库里记录下来，顾客提出的所有问题都必须处理，所有处理的结果都必须复查，所有处理的结果都必须通知到公司的所有相关部门。海尔在严格贯彻这些标准中树立了可信赖的品牌形象，至今论家电行业的服务口碑海尔依然是行业翘楚。可以说在家电市场海尔开创了自己的营销模式，在服务差异化的基础上找到了自己的独特优势。

三、人群细分差异化

细分消费人群几乎是多数品牌甚至是大品牌所使用的最常规的差异化方法，也就是将消费者基本特征以及行为特征进行横向、纵向的细分市场定位。我们可以根据消费者的年龄、性别、收入，以及区域行为、个性消费行为等来进行划分分组，进而找出有潜在需求的目标人群，有针对性地制定营销方案。如片仔癀锁定高端人群，成为茅台的标配；脑白金针对大众礼尚往来以及孝敬长辈的需求，主打面向送礼人群；罗浮山百草油针对被蚊虫叮咬、担心毒素进入体内的白领家庭；朗迪钙则针对国人体质设计出“适合中国人体质的钙”。细分人群看似缩小市场，实则把市场需求无限放大。

四、传播方式差异化

随着科技的发展，传播的平台也在不断地更新变化。尤其在信息技术高度发展的今天，传统媒体和新媒体共同发展、相映生辉，企业要想打造品牌差异化，就需紧跟时代潮流，玩转消费者经常使用的大众媒体与数字化媒体，通过积极开拓独特性强、互动性强的营销方式，编织出一张与消费者密不可分的网络。如在短视频爆发的时代，通过直播、短视频营销等方式，在传播中精准筛选目标消费者，助力企业品牌传播和销量提升。双鲸维生素 D，依托各大医药连锁平台，在行业展会及论坛上高频度宣传，主战 B 端传播，迅速成就零售市场维生素 D 品类的标杆品牌。

五、渠道选择差异化

不可否认，当前市场上同质化产品竞争现象已经趋于白热化，在产品间的差距不是很明显的时候，又如何树立品牌的差异化形象？其实，在渠道上嫁接不同的行业和市场未必不是一种出路。我们不妨看一下劲酒在渠道上的选择和布局，当年在保健酒领域，椰岛鹿龟酒等各类品牌抢先占据了市场份额且竞争十分激烈，对劲酒而言，几乎没有切入的可能，然而劲酒从市场供需错位另辟蹊径，选择了另一个特色渠道——餐饮渠道，从消费者心理需求入手，凭借“劲酒虽好，可不能贪杯哟”在市场上燃起了燎原星火，继而再反哺促进传统商超市场的大幅增量，成为品类标杆。再如薇诺娜这款本土药妆品牌，如果进入商场化妆品柜台，很显然会被埋没于国内外大品牌的商海中，而其利用医药专业资源，从皮肤科、医美及电商等特色渠道入手，既增强了其药妆的专业性，又大大降低了入市的成本，短短几年内获得骄人业绩，一度成为市值上千亿元的民族美妆品牌。

六、品牌形象差异化

相比其他差异化策略，品牌形象差异化比较核心。品牌形象差异化是以感知为基础建立的，这就决定了它可以比依赖科技的产品差异化更具有创意个性。由于现实中消费市场存在着信息不对称现象，品牌形象差异化可以最大限度地降低“信息不对称”程度，赢得消费者的信赖，最终增强品牌的竞争力。很多大品牌正是充分地利用了品牌形象差异化而坚定了消费者的品牌认知，比如一提到振东达菲欣，人们就想到止脱又生发，男女要分治；提到补肾抗衰，就想到以岭药业的八子补肾胶囊；提到强力止咳，就会想到康隆药业的“专注呼吸领域的中药世家”，不含糖、国家非遗；提到养肾圣品，就会想到中亚至宝药业源自八百多年前南宋宫廷御方的“至宝三鞭丸”等，品牌形象差异化，就是帮助品牌建立感性认知。

打造品牌形象差异化时还需要注意传播与公关，品牌的命名、定位、包装设计等方面的重要性。由于品牌形象差异化具有一定的“形而上”性质，所以它可以避免科技带来的同质化，而转向创意能力的竞争。创意能力是至为关键的变量，这与产品、价格、通路的函数方程不同。创意能力低的企业更多的是模仿，也难以提升品牌形象，唯有高创意能力的企业可能在差异化、形象化方面作出实质性突破。而品牌形象差异化一旦形成，就会确立一种消费观念、消费行为模式。

品牌识别是差异化形象之魂

品牌识别系统是打造品牌差异化形象工程的灵魂，指导人们清楚认识产品，激发消费冲动，最终影响消费者选择。它要求清晰、独特和丰富的识别要素，如同仁堂就是百年品牌诚信的标志。凝聚产品个性的品牌识别系统也是企业宝贵的知识产权，因此品牌识别系统建立之后，需要在日常运营中加以注意和保护，并在法律上进行确认，从而保证品牌的排他性，当品牌受到侵害时能得到相应的法律保护。

品牌识别系统包含了品牌识别的很多层面，成功的品牌识别可以是一个标准字型（如同仁堂的标准字），一种颜色组合（如中国医药集团的蓝色和绿色），一个独特标志（如振东集团的日出东方标志），一种特有声音（如QQ的滴滴声），一句广告语（如脑白金的“今年过节不收礼，收礼还收脑白金”）等，更可以是其中多项因子的组合。因此，构建清晰的、个性鲜明的品牌识别系统需要长期的沉淀和累积，企业一般应采取以下四个步骤。

一、品牌理念识别系统

品牌理念识别就是指品牌的核心价值，由品牌知名度、品牌美誉度、品牌忠诚度等品牌无形资产不断沉淀累积而成。品牌理念作为品牌无形资产，是品牌价值的重要组成部分，从某种程度上来讲，品牌无形资产所体现出的价值甚至大于企业的有形资产。

二、品牌行为识别系统

品牌行为识别是对品牌价值的“制造”过程，它提供所承诺的品牌价值。它包括产品行为识别和企业行为识别，前者是指品牌以产品为载体来体现品牌理念，消费者首先接触的是产品，购买的基础也同样是产品；后者是指企业是品牌的主宰者，企业行为的好与坏，以及消费者和大众对其态度，直接影响到对品牌的认知。例如，广药集团白云山和黄中药的板蓝根颗粒，无论具体品牌是什么，只要出现“白云山”三个字，其竞争对手必然会重视，消费者必然会信任，这就是企业对于品牌的支撑。即使竞争对手的产品或品牌超过了本企业，企业识别系统仍然在起作用。

三、品牌元素识别系统

品牌通过特定的元素，不断制造出较为超前的消费意识形态，冲击人们原有的消费认知，并说服人们赞同它的文化行为，进而产生消费行为。这些品牌元素成了消费最先发生联系、影响消费者作出评判的第一依据。品牌元素识别是品牌内涵的载体，是品牌内涵通过具体形象进行阐述的物化形式，是品牌被直接认知的物质化的表现。

四、品牌个性识别系统

品牌个性的建立，不是简单地设计个标志、做个包装或者找位名人代言就可以成就独特的品牌性格。个性鲜明的品牌识别系统必须具备如下特征：第一是简单独特性，即品牌的这一种识别方法或者识别标志是此品牌独一无二的鲜明特征，且具备简洁、凝练、准确的特点，最终再现于消费者视觉或听觉生动的概念区别，使其在众多的同类品牌之中一眼即被看出；第二是持续恒定性，品牌形象的建立不是一朝一夕之功，而是品牌效应长久累积的结果，是一种持之以恒的渗透力、一种影响力；第三是联想感知性，独特的品牌形象能够在消费者心智中留有一块属于品牌的空间，使消费者在接触到该品牌之后，能够联想起由此种品牌带来的心理归属感和满足感。

总之，个性鲜明的品牌识别系统是企业创造市场区隔的利器，希望借此保持领先的品牌形象，并激发人们对于品牌忠诚度及美誉度的联想，创造品牌价值。清晰的品牌识别系统可以令消费者在作出购买行为之时，首先在心理上就能够得到品质和信任的保证，从而加强了对品牌的忠诚度。

IP形象塑造品牌全新内涵

若论家喻户晓的“顶级流量”，无疑是冬奥会吉祥物冰墩墩。冰墩墩是一只集可爱与时尚于一身的科技感大熊猫，它呆萌可爱又时尚的形象引爆了国民热情，亦获得了全世界的关注和喜爱，抢购其周边衍生产品一时成为风潮，出现线上线下“一墩难求”的景象。冰墩墩的爆火，折射出全民奥运热情高涨，商业价值显现之外，更让我们看到了国家文化IP的强劲力量，助力中华文化对外传播。

打造IP形象已经成为当下促进文化传播的重要方式。越来越多的企业开始通过打造品牌IP来传播品牌文化，赋予品牌全新的时代内涵，通过品牌IP与消费者建立密切的联系，进一步实现营销转化。

一直以来多数企业文化、价值观、标语等文字信息过于扁平、抽象，大多数不能给消费者留下深刻的品牌记忆点；商标虽是可代表企业的视觉形象，但多数只是作为标记图像使用，传达的信息非常有限。

在此前提下，越来越多的药企急需一种延展性强、可生动传达品牌文化、迅速让消费者留下品牌印象的接触载体。自然而然，IP形象的创意开发受到了极大的重视，尤其是对处方药需转战零售大市场的医药企业！

一、IP经典组合，演绎振东先生品牌

2022年6月26日，以“高质量发展向未来”为主题的西湖论坛在乌镇举行，这场盛宴汇聚了医药大咖、行业精英数千人。作为中国医药工业百强的振东健康集团受邀参会，其独家品种“先生口服液”，及独创的三大IP

形象惊艳亮相，成为西湖论坛最亮眼的品牌新星和最受人瞩目的形象。

在振东健康集团赞助的晚宴上，伴随着《千里江山图》创意的徐徐展开，振东健康集团新品“先生口服液”重磅发布。“先生”一词由来已久，古代称教书者为“先生”，如“教书先生”；随着历史的发展，“先生”概念也发生了词义上的变化，如今的先生包括丈夫、老师、德高望重者，以及对陌生人的尊称。

随着现代社会节奏加快，代表着男性的“先生”们承担着高强度的工作压力，疲于应酬、睡眠质量不高、免疫力低下、精力不济等健康问题接踵而来，基于“先生”们对健康调养的特别需求现状，以人参、鹿茸为君，经西洋参、刺五加等7味名贵道地纯中药科学配伍的振东先生口服液横空出世，其通过临床试验及权威机构检测证明，具有“抗疲劳、改善睡眠、增强免疫力”三大优势功能，未来将扛起“振东制药，创新中药，让世界爱上中医药”的伟大使命。

为了成功推广振东健康集团旗下的中药、化药、健康品，以及营养补充剂，振东健康集团特别创作三大全新的IP形象，是全新的品牌形象代言人，并适应了数字化时代的品牌传播需要。以“和”为本——和大夫，为中药品类代言；以“安”为达——安博士，为化药服务；以“五”为善——五妈妈，为家庭健康管理顾问，这些更具人格化的形象，进一步诠释了“阳光为天、诚信为地、亲和为人、简单为路、责任为站”的振东特色文化，为品牌赋能。

二、软胶囊实力抢镜，“神豆”铸造传播力

在多样天气变化下，暑气和湿气就是夏天最大的邪气。夏天阳气、气血外散，五脏六腑的阳气都往外走，人体内则虚寒，容易中阳不足。而中阳不足时，更容易被湿邪侵犯，所以夏天是最需要扶阳祛湿的季节。神威药业作为软胶囊剂型的引领者，以品牌文化打造IP形象——“神豆”。

神威藿香正气软胶囊作为新一代藿香剂型，具有不含酒精、不苦口、易携带、药效浓缩等特点，特别适合中青年人群使用，尤其是用于出差、

旅行、夏季防暑解暑时，更具有优势，其创作的品牌IP形象拟人化之后的“神豆”，更具有亲切感与趣味性，更重要的是弹跳性好，把软胶囊这一剂型特点表达得淋漓尽致。IP形象让品牌“生龙活虎”起来，不再是一个沉闷刻板的药品印象，而是特征鲜明的、充满逗趣的生动化品牌，在传播过程中能够吸引消费者注意力，降低传播成本，提升传播效率，形成品牌联想。

三、借鉴“沉香”故事，深化百年品牌文化

以中国传承千年的古代神话传说人物《宝莲灯》“沉香”为创意原型，通过中华孝文化主题，展现产品品牌内涵，以形象认知度高、品牌联想度高的核心符号，以优质的产品品质，与消费者产生共鸣，打造了“沉香”IP品牌新形象。

《宝莲灯》沉香的名字源自其父亲刘向要进京赶考，与其母三圣母临别时，赠送她一块“沉香”信物，并叮嘱他日若生子就名“沉香”。创意人员借用“沉香劈山救母”这一民间传说，为太极沉香化气片打造小英雄“沉香”这一IP形象。该IP有可爱的形象、意蕴丰厚的内涵，同时也非常明确地体现了产品的君药成份“沉香”这一差异，使品牌用户获取更深度的情感连接。

太极桐君阁作为百年老字号品牌，具有鲜明的中华民族传统文化背景和深厚的文化底蕴，通过中华孝文化主题，展现产品品牌内涵；以形象认知度高、品牌联想度高的核心元素，以优质的产品品质，与消费者产生共鸣；通过“香飘万家”全国书写春联送福活动，以及邀请书法家、书法爱好者共绘《百和图》，描绘“和为贵”的幸福甜美生活，形成全国范围内特有的文化传播力。

四、“Dr.迈”很有温度，架起品牌与受众的互动桥梁

品牌IP具有“记忆性强、渗透性和延展性好、时效性久、体验性好、

溢价空间大”五大特点。星银医药在行业各种营销会议及线上线下活动中，对现有客户进行精准分析，强化 B 端品牌建设，依托《中国药店》、中康资讯等平台资源，扩大其核心品种——源自德国的植物药迈之灵片的影响力。

因迈之灵片为处方药，在医院市场和零售药店具有很好的市场基础，回头客相当多。为了使迈之灵更加亲民、更加有温度，且强化其专业学术属性，我们特别打造的德国迈博士“Dr.迈”这一人格化品牌 IP，一方面强化了迈之灵作为处方药的专业、严谨、科学的形象，塑造可信赖的品牌感知；另一方面改变了处方药品牌形象不足、缺少温度的一般感知，拉近了迈之灵品牌与店员、消费者的距离，并通过不断发起的关爱公益活动，促进了品牌与消费者的互动沟通。

五、“六宝”形象，凸显中华国宝价值

六力文化是桑迪品牌咨询的关联公司，专注于中医药文化的复兴与中国传统优秀文化的价值传播，近五年来，六力文化在全国进行了百余场中医药文化传播的专题演讲及创意大赛，并策划组织多场中华武当太极养生活动，以及三场大型中医药书画展，可以说，六力文化的定位就是追求中华文化的弘扬与传播。

六力文化塑造的“六宝”，以熊猫为原型，体现了中国特色，身体结合太极阴阳图形来体现中国文化内涵。六宝手握毛笔，体现的是六力文化积极传承和发扬中华传统书画艺术，六宝稍尖的头部与圆形的身体相结合，形似葫芦，体现的是六力文化传承中医药文化，推崇悬壶济世的精神，更是中华医药中的“国宝”。

六、“小益”重建生态，升级肠养护观念

核力欣健益君康是目前市场上唯一无须冷藏的四联活菌制剂，连续 8 年成为临床市场中的品类标杆。在深耕医院处方领域后，益君康大力拓展

零售药店大市场，率先提出“以菌治菌，构建肠生态”品牌价值主张，树立有温度的品牌形象。

益君康的IP“小益”，以2014年在北美上映（中国院线2015年上映）的动画电影《超能陆战队》、2017年由迪士尼制作的动画《大白归来》及迪士尼电视动画《超能陆战队》中的主要角色大白为创意原型，融合近两年来新冠疫情白衣天使的防护特有形象，以及中国航天员卡通科技造型，全新创作的一种品牌IP，既有萌神、暖男的可爱，也有白衣天使的责任与使命，更有航天高科技的象征。

益君康通过IP形象的塑造，体现全新的品牌价值，结合数字化营销时代，为品牌传播提供专属代言人，促进店员的理解，推动门店销售，为大众百姓胃肠道健康提供更优质、更方便携带的益生菌品牌产品。

七、小精灵“杏杏”，传颂医德与精良医术

上海中医药大学是新中国诞生后国家首批建立的五所中医药高等院校之一，是教育部与地方政府“部市共建”的中医药院校，是中医药大学的知名院校之一。上海中医药大学团委吉祥物“杏杏”借鉴了“杏子”的形象，其创意灵感源自杏林，杏林是中医学界的代称。古人用“杏林”称颂医生，医家每每以“杏林中人”自居。后世遂以“杏林春暖”“誉满杏林”等来称颂医家的高尚品质和精良医术。

“杏杏”头上的凹凸以杏子的形状设计为吉祥物的头部，突出杏子的特色；采用1∶1的头身比例，让吉祥物更稚气软萌；脸框选用肉粉色，肤色为主，杏子和肤色的结合，让卡通形象更加生动活泼；颜色选用黄绿是欢快活泼的和谐色彩，为中性色，它使人联想到刚开花后结出的果实，虽不成熟但有丰富的想象力和充沛的精力，有无限的未来。

上海中医药大学的“杏杏”这一形象，不仅彰显了中医药大学的学科特色，而且表达了学校致力于培养兼具高尚医德与精良医术的医学人才，积极弘扬优秀的中医药文化。

品牌 IP 化是打造品牌的一种新方法，品牌 IP 化的过程中需要做到洞悉时代潮流趋势，并准确恰当地读懂品牌文化要素。一个匠心独运的 IP 形象，在为商家带来效益的同时，还能给予消费者最鲜活的记忆，成为一代人的记忆。

当品牌为自身塑造了鲜明的人格，通过内容与用户持续进行有价值的互动，并赢得越来越多用户的喜爱和追捧，这时品牌就变成了 IP。IP 形象同时也拥有强大的传播能力，它有自己的品牌个性与传达文化的价值。制定贴切品牌文化的 IP 形象能够使品牌以其差异化和深刻记忆点迅速占领消费者心智，扩大品牌影响力和传播力，进一步塑造出广为人知的品牌。

品牌核心价值的十大法则

品牌核心价值是品牌最重要的资产，它是消费者对品牌属性和利益的最重要的联想，概括了品牌3—5个最典型的特征，它是消费者一提到某品牌首先想到的该品牌专属的品牌特性，如提到宝马，人们首先想到的是“驾驶的乐趣”；提到沃尔沃，人们首先想到的则是“安全”；提到王老吉，人们想到的是“祛火凉茶”。核心价值是驱动消费者喜爱一个品牌的最主要力量，因此，企业所有品牌营销活动均要围绕核心价值展开。那么品牌核心价值如何提炼？这里总结了十大法则。

一、从产品生产的技术工艺入手

从产品技术入手，往往是竞争对手最难以模仿及跟进的，它可以有效地建立品牌区隔，快速达到统一消费者认知的效果。以饮用水市场的农夫山泉为例，早期的农夫山泉主打“山泉水”概念，让人产生遐想，传播语是“农夫山泉有点甜”；近年来，农夫山泉更是提出保留“源头活水”的销售主张，推出了“大自然的搬运工”系列广告，更加强调品牌的天然属性。可以说农夫山泉的成功相当程度上得益于其“取自自然、回归自然”的生态技术。

二、从产品功效、体验感入手

这是最能直接打动消费者的诉求方法，尤其是医药大健康产品，其主要的诉求就是产品的功效与体验感。这也是目前国内企业用得最多的方式之一。如云南白药创口贴挑战邦迪创可贴，提出“云南白药创口贴，有药好的更快些”。云南白药是伤科圣药，止血名药，以此为品牌背书，有助于云南白药创可贴成就其标杆品牌地位。

三、从产品“概念创新”入手

此法则是指当本产品在自己应属的某一类别中难以打开市场时，利用广告宣传使产品概念“跳出”这一类别，借以在市场竞争中占有新的位置。此方式最为经典的案例无疑是“七喜”的“非可乐”定位，一举打破碳酸类饮料可口可乐与百事可乐两极对抗格局，成功跃升为碳酸类饮料第三品牌。又如五年前，维生素 D 市场还相对冷门，很少有企业投入品牌运作。而双鲸维生素 D 单品突围，善于“傍大款”，借力 300 亿成熟的补钙市场创新概念，提出“补钙先补 D”，促进钙吸收，硬生生打造了一个维生素 D 大品类，也带动了激烈的补 D 市场竞争。

四、从产品销售渠道创新入手

根据麦肯锡的分析，在 11 家公司中，如果有 1 家成功地进行了通路创新，那么就会有 10 家公司或是行动迟缓，或是无法取得突破性进展。新兴的销售渠道往往会带来全新的顾客期望值，并且会影响到成本，甚至可节省成本 10%—15%，从而创造成本优势。如重庆植恩药业的雅塑奥利司他胶囊，2011 年在传统药店渠道销售进展缓慢时，及时调整策略，大力开拓互联网销售渠道，短短几年成为行业标杆，引领了 OTC 减肥行业大发展，也带动了系列减肥药品，成就了一个大品类。

五、从价格、服务策略入手

在产品同质化日益严重的今天，售后服务作为销售的一部分已经成为众厂家和商家争夺消费者的重要领地，良好的售后服务是下一次销售前最好的促销，是提升消费者满意度和忠诚度的主要方式，是树立企业口碑和传播企业形象的重要途径。通过产品售前售后服务提升品牌美誉度，提升品牌核心价值的案例举不胜举。如为人熟知的海尔集团，十年来，已经展开了十次服务升级，每次升级和创新都走在了同行业的前列。售后问题抓得快，抓得狠，问题一旦出现，就在最短时间内解决，不惜代价。这种做法虽然成本较高，但对问题的实质把握得准，不会对后续销售产生负面影响。

六、从目标市场特点入手

针对目标市场的消费者内心需求，提炼出与之契合的品牌核心价值观，这种方法可以大幅度增加品牌黏性。如娃哈哈针对 18—35 岁的年轻时尚一族的“激活”，从他们勇于激发潜能、展示独特一面的个性出发，从精准的目标群体定位中提炼出“激扬青春，活力再现”的品牌核心价值，稳坐功能性饮料第二把交椅。

七、从特定消费场景、现场感受角度入手

此法则切入点多为抽象感觉元素，运用难度相对偏大，然而一旦成功，却非常有价值，且难以复制。如农夫果园，不是借助代言人，而是以一个创意动作——“摇一摇”作为其独特的品牌识别，以消费者能够现场感受的动作“摇”加强产品与人的互动性，也使得宣传诉求与同类果汁产品迥然不同，以其独有的趣味性、娱乐性增强消费者有意与无意的记忆。在理性认同上，“摇”这一动作也暗示了果汁中有“货”，这是基于农夫果园的产品特性：第一，浓度高；第二，含有丰富的果肉纤维；第三，也是最重要的，让人们不必刻意关注沉淀物。这样立足于理性又饱含创意的品牌核心价值，不得不让人拍案叫绝！

八、从“预警”角度入手

所谓“恐吓”就是以产品疗效（功能、用途）为基础，详尽分析并列举与之相联系（这种联系包括直接的和间接的）的各种症状，深入分析、阐述各种症状的严重后果，强调当前不立即采取措施，症状将日益严重，直到引发不可估计之后果，给自己或家人带来无尽的烦恼。在生活水平日益提高的背景下，健康无疑是当代消费者最为关心的话题之一。而以“预警”手法成功的案例也数不胜数。如宝洁“舒肤佳”推出的“香皂杀菌、流感季节防交叉感染”的概念，三精葡萄糖酸锌口服液早期提出的“孩子不吃，可能是缺锌”等，都是类似“预警”手法，引起家长高度关注。

九、从借助时事、顺应潮流的角度入手

此法则主要适用于社会重大事件，包括政治的、体育的、文卫的、社会的、自然的等，都是企业可以借力的机会，结合时事，顺应潮流，找出其和品牌核心价值的关联点，从而借势而上，打造品牌力。如当年的王老吉，借助汶川地震的时事热点，提炼出其品牌的民族责任感、大爱慈善的核心价值，从而一举成名，成为全国凉茶品牌。

十、从产品造型、颜色等特色入手

产品的造型、颜色等外观可以很好地提高品牌识别度，从而体现品牌的独特内涵。如张裕集团旗下的中华老字号品牌中药至宝药业的至宝三鞭丸，自 1959 年开始出口海外，成为中国早期出口的四大名药之一，因为产品疗效好，小红盒包装有特色，被海外消费者誉为“神奇的中国小红盒”。再如“白加黑”，从药品颜色入手，用黑白两色设计包装外盒，产品也分白片、黑片，满足“白天吃白片，不瞌睡；晚上吃黑片，睡得香”的品牌诉求。此种设计产品及包装给人很强的视觉冲击，一目了然，同时也

与其他竞品很好地区隔开来。

以上列举的法则还可以进行组合运用，如产品原料既可以从原材料角度进行解读，也可以从产地角度进行解读，一个企业品牌力的提升必然是综合了多项因素之后的结果，单纯地依靠一点而期望对品牌力产生较大的提升也是不切实际的。

数字化时代品牌营销的六个关键词

2020年12月28日，丽水市人民政府联合中国医药物资协会主办的“健康中国与生物医药”2020首届世界健康产业院士论坛在浙江省丽水市盛大开幕，作者应邀出席，在会议上发表了《数字化时代如何成就标杆品牌》主题演讲。

新冠疫情加快了人们对数字化营销的认知，数字化经济深入到产业各个领域。后疫情时代，导入好标杆战略，是决定未来几年发展的关键。作者总结二十多年品牌策划实战经验，提出在数字营销时代药企品牌营销不可忽视的六个关键词。

一、聚焦黄金单品

品牌品牌，先品后牌，无品则无牌。医药行业企业要做强做大，必须聚焦黄金单品，聚焦核心市场，聚焦资源打造单品品牌，由此打响企业品牌，再进行品牌延伸，带动企业旗下多个产品销售，这是大多数医药品牌企业成功的不二法则。

二、不能“神话”定位

产品的成功是营销的成功，没有一个产品的成功是单靠定位成功的！营销是一个系统工程：决策力把握方向，产品力是根本，策划力四两拨千斤，执行力是保障，传播力是加速器，品牌力是王道。定位是策划力的重要组成部分，产品营销必须要定位好，但不要“神话”定位。

三、谨防多品牌陷阱

谨慎实施母子品牌的多品牌战略，如没有核心单品成功，没有成为品类标杆，则难以形成品牌力。多品牌策略往往是个陷阱，既分散资源，又无重点核心，很难形成合力，会影响企业品牌建设，企业难以做强做大。

四、三分策略，七分执行

没有执行力，一切都是空谈，做完决策后，只要不是方向性错误，就要坚定地执行。三分策略，七分执行，执行力是成功营销的保障。执行力分执行意愿、执行方案和执行能力，三者缺一不可。

五、整合传播资源

针对目标人群，研究媒体接触习惯，谨慎选择传播平台，实现高效传播，是传播力能够落到实地的核心。做品牌建设，需要统筹行业媒体、大众媒体、新媒体，有策略地选择，顺应时代趋势，将终端动销与新媒体有机结合。

六、重塑价值链

制定合理的价格策略，满足用户的价值需求，满足零售端战略合作空间，满足C端品牌运营投入，满足动销团队营销费用，四者利益需求平衡且分配合理，才是一个切实可行的利益链体系设计，不要偏重其一而忽略其他。

历时三年的新型冠状病毒疫情依然是一波未平一波又起，这对大多数产业，乃至全球经济的恢复都是严重的打击。疫情加深加快了大众对数字化的认知，数字化也逐渐渗透到产业互联网领域。虽然市场需求在萎缩、就业市场不景气，对品牌营销造成的最大影响就是投入与产出的缩减，但是营销创新是企业建立核心竞争优势的永恒话题，更多企业主渴望通过数字化创新和新的营销手段来获得市场先机，把握营销的核心要素，成就行业标杆品牌。

品牌建设的四大误区

医药市场的品牌建设，总是伴随着明星代言或电视广告。明星与广告有利于成就产品知名度，知名度高就会转化成大众所理解的品牌认知，这是医药行业的基本共识，因此，不少药企不遗余力地打广告。但随着明星代言被限、电视广告影响力降低、新媒体崛起等，加上成本上扬、人群分流，媒体效果逐步减弱，导致广告在推动品牌建设方面的作用越来越小。

在经历过重广告、强渠道的时代后，企业开始重视连锁终端的开发与维护，医药市场各种展会如火如荼，并倾向于将更多的资源投向B端，而不是过去的C端。人们虽然排斥广告，但是依然有严重的广告依赖症，消费者尤其是老年消费者，对广告的信任度极高，只要是上了电视的，都认为是可信赖的品牌，这也导致了“神药”的层出不穷。

不可否认，品牌是消费者自主选择的明灯，是公司基业长青的根本，是新时代的国家战略。2017 年，国家将品牌建设提升到了一个新的高度，将每年的 5 月 10 日定为中国品牌日，这本身就是支持品牌建设的一种强烈信号。但目前品牌建设还存在一些误区。

一、过度迷信“定位”

当一个产品火了，人们在总结其成功因素时，很容易以偏概全，认为要么是定位准，要么是广告好。而且在这些要素中，定位很容易被误解为是成功的关键要素。殊不知，多少貌似定位好的产品，由于没有过硬的产品力、没有精准的广告传播、没有强有力的执行团队，甚至没有正确的决策方向而滞销，最终导致产品或企业都默默无闻，甚至销声匿迹。

因此，定位不是品牌成功的决定性因素，而是营销成功的关键要素之一。与定位策划力并列的决策力、产品力、执行力、传播力、品牌力，同样对品牌成功起着不可低估的作用，就如木桶理论，短板决定木桶的盛水量，每一个“力”都不应该成为短板。

二、决策层“重销售轻品牌”

品牌与销量的辩证法：品牌与销量本是辩证一体的，但在实际运营中却产生了冲突。企业家关注品牌，团队则更关注的是销量，二者既统一又矛盾。企业家关注品牌，是因为品牌能给企业带来广泛而长久的收益，如能提高黄金单品的价值、带动系列产品的销售、带来社会效益、放大资本市场的估值等。但销售团队却更关注销量，因为他们要扛业绩指标，若完不成任务则一切归零。

只关注销量是很明显的短视行为，公司不是拿品牌建设来考核衡量团队的成绩，而是用产品业绩增量来评价，这样的结果势必会导致团队重战术而轻战略，忽略了品牌的顶层设计，短期貌似可观，实际对企业的中长期发展极为不利。

三、过度利用信息不对称

品牌是品质的承诺，是诚信的保证，如果一个产品离开这两点，就不能称之为品牌。药品不是一般商品，它需要一定的专业知识。然而由于消费者获取的信息不对称，更多的产品信息来源于广告，尤其是三四线城市甚至农村市场的中老年人，对广告深信不疑，因而误把广告当成品牌的大有人在。

谈起控销，每家企业都想建立自己的控销团队，不投广告，靠团队和终端把产品卖起来。殊不知，控销也是基于产品品牌或者企业知名度而发展起来的。没有品牌，谈何控销？但过度的品牌延伸，也是一种对品牌信誉的透支，当然，很多黄金单品增长乏力，拓展新品能带来更多实实在在的利益。于是不管品牌个性弱化，一门心思抓业绩，成为部分企业的竞争常态，终究会稀释品牌的核心价值。

四、热衷创新品类概念

品类战略指出，顾客的行为特征是“以品类来思考，以品牌来表达”。营销的竞争与其说是品牌之争，不如说是品类之争。如顾客感觉腰酸、神疲、乏力的时候，首先是在补肾阴、补肾阳、补肾精或阴阳双补等不同品类中选择，在选定补肾阴的六味地黄丸之后，再选择具体品牌，该品类的代表品牌有同仁堂、佛慈、仲景、九芝堂等。在这些代表性品牌中，每个品牌各有不同的定位，又将引导消费者选择自己适合或信赖的产品。

品类概念虽然可以为产品建立差异化联想，但是传播起来成本高，改变消费者认知需要一个长期的过程，企业需要花重金指导教育市场，如果没有一定的实力与定力，是难以成功的。因此，品牌营销，坚持比创新更重要。

品牌危机管理的三个关键要素

品牌危机对品牌企业来说无疑是一场灾难，不仅会使企业培育和维系品牌所投入的大量人力、物力、财力等资源丧失殆尽，使企业遭受重大损失，更严重的是会危及整个品牌乃至整个企业的生死存亡。企业品牌要长久的生存和发展，必须进行科学的品牌危机管理，使企业品牌能够在危机中化险为夷，转“危”为“机”。对于当代企业来说，成功的危机管理包括三个关键因素。

一、领导者的重视和直接参与

由于中国企业更多趋向于人治，企业高层的不重视往往直接导致整个企业对危机麻木不仁、反应迟缓。于是在品牌危机爆发时，一没有正确的态度和专业系统的危机处理流程来采取积极的措施；二不能与企业内外部进行有效的沟通并正确地处理与媒体的关系；三在危机过后的品牌重建上，企业更不可能懂得采用品牌危机恢复机制，及时消除危机影响并使品牌得到新的发展。需要指出的是，随着市场竞争的加剧和网络等新媒体的兴起，品牌危机随时随地都在暗流涌动，拥有强大的公关能力和作战经验丰富的危机管理系统应是每个企业必须做的顶层设计，唯有此才能在同业中脱颖而出，若危机意识淡薄则会处于比较脆弱的劣势地位，一旦遭遇风吹雨打便很可能险境重重甚至夭折。因此，要想打造自己的品牌优势，树立品牌危机意识是第一步，也是最为关键的一步。

无论是危机预防还是危机处理，企业高层的直接参与和领导是有效解决危机的关键。担任危机领导小组组长（或称为“首席危机官”）的一般应该是企业一把手，或者是具备足够决策权的高层领导。因为危机处理工作通常是跨部门、跨地域的，不仅会对许多正常的业务流程和企业政策进行改动，还要及时进行信息与资源的调拨分配。这种跨部门的工作是任何一个部门性管理人员都无法胜任的，而必须由能够支配协调各个部门的领导出面“摆平”。危机处理工作对内涉及后勤、生产、营销、财务、法律、人事等各个部门，对外不仅需要与政府和媒体打交道，还要与消费者、客户、供应商、渠道商、股东、债权银行、工会等各方进行沟通。如果没有企业高层领导的统一指挥协调，很难想象这么多部门如何能做到口径一致、步调一致、协作支持并快速行动。

二、制度化、系统化的危机管理流程和组织

企业业务规模越大，危机造成的损失就越大，危机处理工作的难度也越大。因此大公司特别需要制定一整套全面、系统、可操作的危机管理制度和处理机制，一旦出现危机，快速启动响应机制，各部门、机构、员工知道做什么、说什么，全面而井然有序地开展工作，而不必依靠某一个关键人物的急中生智来力挽狂澜。总结许多成功经验，如下几点特别值得借鉴。

1. 成文的危机管理制度

危机属于非常事件，企业无法按照现有制度来应对，必须事先拟订成文的有关危机事件的处理程序与应对计划，从而保证在危机发生时全体员工遵守共同的处理原则和方法，避免发生管理混乱。

2. 有效的组织管理机制

危机管理需要有效的组织保障，即确保企业内部信息通畅、信息对称、信息能得到及时反馈、各部门及人员责权清晰、有专门的危机反映机构和专门授权。从而在出现任何危机先兆之时，均能有备无患，得到及时的关注和妥善的处理；在危机处理时这种组织保障的有效性将更加明显。

3. 良好的人力资源储备

企业在资源方面应进行相应储备以满足危机处理的需求，特别是人力

资源方面。参与危机处理人员的素质要求很高，企业不仅需要内部的人力资源保证，还需要借助外脑进行危机处理，包括公关顾问、法务顾问、管理顾问、财务顾问、政府官员等。如果不提前对此进行准备，那么在危机发生时很难找到合适人员，甚至可能严重影响危机处理效果。

4. 具有危机意识的企业文化

正所谓，居安思危，才能保持清醒的头脑；未雨绸缪，方能防患于未然。无论是有效的管理机制还是良好的人力资源储备，这些制度化、系统化的先进经验都需要整个企业团队具有强烈的“危机意识”以保持时刻警醒，进而保证在预防危机这一环节的执行力度，能够及时处理危机，将大事化小、小事化了。

在当今这个充满变化和不确定性的世界，危机随时可能发生，并可能对一个公司产生致命影响。因此企业可以通过系统化的培训、研讨会和危机处理演习等方式逐步在其企业文化中注入危机意识，提升员工合理化解危机的能力并使其拥有较充足的心理准备。

三、良好的信息管理系统

互联网的高覆盖、即时性也让品牌危机的爆发越来越频繁，因此，良好的信息管理系统对企业危机管理的作用也日益显著。信息管理系统贯穿于危机处理的始末，在危机爆发前，信息管理系统作为预警机制的重要工具；在危机出现早期，及时识别并快速果断地进行处理，从而将损失降至最低。

在危机处理时，信息管理系统有助于有效诊断危机原因、及时汇总和传达相关信息，并有助于企业各部门统一口径、协调作业。在危机结束后，信息管理系统有助于收集处理危机的反馈信息，及时地恢复品牌形象和业务运营。良好的信息管理系统功能包括：对互联网上关于品牌信息的搜集和风险分析，优质的后勤和售后服务保障，危机爆发时与媒体、政府、员工等的公关沟通以及危机后的善后处理等。

需要指出的是，信息管理系统不是单纯地收集信息，更重要的是拥有分辨有效信息和“噪声”的能力。在危机中受“噪声流”的干扰，往往会导致信息失真、信息传播受阻或延迟的现象，这就需要我们积极拓展信息的渠道，分析哪些是真实信息，哪些是谣言讹传。一般情况下，经过政府和主流媒体传播的信息是经过核实的、可靠的权威性信息；而在社会公众、网络、自媒体等非主流媒体间的信息传播，因缺乏必要的社会监督机制，很容易成为谣言传播和扩散的渠道。由于这些非正式的传播媒介的传播速度快、影响广，企业在信息管理的过程中尤其需要针对这些小道消息，进行分析辨认，及时为企业正名。

企业家不可复制，品牌可以传承

改革开放让一大批民企如雨后春笋般遍地生长，如今这些民营企业不约而同地走到了企业接力的关键期。企业的传承问题，已经成为未来中国民营经济能否健康发展的重大命题。面对民企生命的成长与延续，他们如何完成中国式传承？

一、企业家不可复制

受传统本位思想和家族伦理道德的影响，子承父业成为目前我国民营企业选择接班人的首选做法，然而这一做法却有着太多的缺失。

首先，继承人不具备相应的职业能力、难以掌控元老级员工、与手足间因所有权和经营权分配问题引发的矛盾纠纷等，这些问题都破坏着企业的向心力和凝聚力，影响着企业的健康运转。

其次，两代人因为代沟而存在经营理念、处事方式、心理认知、价值追求等诸多方面的较大差异，接班人在推行新战略的过程中往往面临着更大的压力，也受制于没有威望而束手束脚，虽然企业家多年经营积累下诸多人脉，但接班人和企业外部利益相关者之间的信任还是需要经过长时间的通力合作才能重新赢得。

国外的职业经理人制度尽管成为一种新方式被国内企业尝试，但因受我国私有产权的法律保护制度尚不健全影响，任用职业经理人则普遍存在着能力难以预见、商业机密泄露、财务资本流失等诸多风险。

综上所述，无怪乎连曹操这样的枭雄都感叹："生子当如孙仲谋。"然而，如孙仲谋的二代何其少！在深受西方自我实现思想的价值观灌输下，愿意接受祖辈创下江山的二代更是少之又少。一切的一切不过是源于创业企业家的才能具有不可复制性和不可替代性的客观事实。

的确，成功企业家是不可复制的，他们拥有着驾驭企业员工的管理能力、对风险投资的敏感度和判断力、关键时刻的抗压能力、敏锐的战略眼光和领导力等。这种才能的获得与企业家所处的时代背景、本身具有的胆识和魄力以及其艰苦的创业经历密切相关，并且它的直接载体就是企业家的生命体，这种企业家精神很难通过后天的学习或是培训来完全获得，后天的学习和历练只能有助于挖掘人的部分潜力，企业家却很难完全有效地将这部分才能传递给继任者。

二、品牌可以传承

古语“富不过三代”仿佛咒语一般萦绕在中国企业家的心中，无奈却不得不抗争。我们不禁迷惑：纵观世界500强，家族企业占据了37%的份额，沃尔玛、福特、洛克菲勒、宝马、丰田、三星、现代等，每一个名字都举足轻重，为什么我们就不行？问得好！国外的家族企业能够传承，继承人的能力是一方面，更重要的是他们创建打造形成了品牌，已经举足轻重。企业家固然不可复制，然而品牌却可以传承！这也是“同仁堂”“雷允上”“张裕”“李时珍”等老字号历经战火动乱，仍旧代代传承的根源。

因为品牌不仅仅是一个名号，更是企业符号、品质、历史、文化、声誉、属性、使用者的消费体验以及传播方式留下的心理认知等精神层面的综合体，这种口碑效应可以代代相传，因此，民营企业家若想让自己的企业能够基业长青，那么打造品牌就应该是其一代人甚至是几代人为之奋斗的终极目标。

企业家生涯、企业技术、管理制度、产品科技走到一定程度都会达到顶峰，遇到瓶颈，而品牌的尽头则是没有极限的，它可以不断与时俱进，走品牌年轻化发展之路。因此，百事可乐历经一百多年，依然是新一代的选择；奔驰虽来自德国，却依然不影响中国消费者的选购热情；云南白药是行业翘楚，而百年老字号品牌助益国人在药品、日化、大健康等领域持续延展；再有我们知道，尽管宝马、大众的生产企业建造在中国，但依然不影响国人对它们的喜爱，相反还总是作为购买的首选……这一切都印证了品牌不受时间、空间的限制，它传递的是值得信赖、值得追捧的价值理念。

我国中医药历史上有一位伟大的先贤者，他就是被后世称为“医药双圣”的伟人李时珍。李时珍是中国医药界，乃至世界医药界最值得推崇的医药学家之一。而他自 1565 年起，历经 27 个寒暑，三易其稿，终完成了 192 万字的巨著《本草纲目》，为中华民族留下宝贵历史财富，这种求真求实的精神是值得所有人去学习和发扬光大的。

组建于 2002 年的李时珍医药集团，位于医圣李时珍故里——湖北蕲春，现已发展成为一家集道地药材种植，中成药、中药饮片、中药配方颗粒、保健酒、蕲艾系列大健康产品生产、研发，医药批发与零售，医药文旅，艾灸、推拿等中医适宜技术培训于一体的全产业链式集团公司。集团自 2010 年跻身中国制药工业百强，现荣登中国中药企业百强榜第 26 位。

传时珍医药伟业，谱本草科学新篇。李时珍医药集团在传承中医药文化精髓的基础上，用现代化的制药理念和管理手段提升改造传统中药，用现代化的生产流程和生产技术生产科学中药，在继承的基础上发展，在发展的基础上创新，让中医药这一中华民族瑰宝走向世界、造福人类，让李时珍及本草纲目两大品牌得以发扬光大，永续经营。

我们相信，任何一个成功的企业家都必定是命运的主宰，无论是为了企业能够基业长青，还是为了子孙后辈拓展业务和理想有足够宽广有力的平台，企业家都应该树立信心，打造出自己企业的独特品牌！

品牌，让药企走得更远

品牌，是消费者自主选择的明灯；品牌，是公司基业长青的根本；品牌，是新时代的国家战略。

近年来，医药大健康产业对于品牌建设的关注明显升温，尤其是大广告宣传（营销模式）下的“神药”面纱被揭开之后，哪些药才是真正的品牌药？广告力度大的算不算品牌？如何有效建设产品和企业品牌？

当今，在移动互联网时代，医药市场同质化竞争加剧，企业建设品牌遇到诸多前所未有的困难和挑战，致使几年都难以成就一个知名品牌，面对诸多难度和障碍，一些药企在品牌打造的道路上畏手裹足，不前前行。为此，笔者归纳总结出药企建设品牌必须考虑的十大因素。

一、品牌打造——来自外部的五大因素

1. 品类的竞争机会

做品牌，首先要定义自己属于医药大健康的什么品类。是在原有品类中定位升级，制定品类差异化战略，还是重新定义品类，异军突起？这是首要考虑的问题，同时，还要研究该品类中的药品品牌市场格局现状，分析是否存在新的竞争机会。

2. 主要竞品的挤压

主要竞品分两类，一种是已经形成品牌的药品，他们往往会加固自己的地盘，不容他人侵犯，更会强化自己的品牌，不给新品机会；一种是有一定市场规模的非品牌产品，他们以低价竞争取胜，或以高毛利为诱饵，

吸引药店终端门店战略首推，专门拦截品牌药或者即将成为品牌药的新竞争者，形成挤压态势。

3. 消费需求的升级

随着生活水平的提高，互联网时代信息透明化的加强，消费需求也呈现多样化，对药品品质的要求显著提高。药品的包装形象、概念、定价以及广告信息所表达的价值理念，是否能满足消费升级需求？药品的销售主张是否能够被目标人群所接受？

4. 媒体多元化与碎片化

媒体多元化与碎片化，使得目标消费者分流，企业需要将消费者分成多个群体进行精准营销，传播成本自然大幅增加。另外，不同的媒体表现形式也不同，很容易混淆品牌印象与定位，药品的品牌活动在不同的媒体或渠道开展时，其形象和诉求可能存在差异，由于媒体受众不可避免地会产生叠加，消费者很可能会接触到相同药品的不同品牌诉求和形象。

5. 价格空间

价格是做品牌必须考虑的关键因素，做品牌意味着更多的营销投入，产品的价格空间是否能支撑各个环节的利益链，价格是否能满足消费者的消费体验？药品不是普通商品，主要看品质和疗效，价低了消费者不相信，价高了消费者又接受不了。定价定天下，不无道理。

二、品牌打造——来自内部的五大因素

1. 决策者的品牌意识

药企品牌建设是公司战略，只有决策者才能决定是否进行品牌建设。如果决策者的品牌意识淡薄，或者理解存在偏差，品牌建设就很容易中途夭折或者偏离方向。决策者单纯地把打广告认为是做品牌，或者把拥有驰名商标证当成品牌建设，或者把医生或药店店员的推荐当成品牌建设等，这些都是对品牌的片面理解，尤其是一些以处方药临床模式运营的企业决策者，更需要加强品牌意识。

2. 对创新的理解与接受度

人人都想创新，药企也看重创新，但是创新又谈何容易？创新不仅会导致短期内企业经营成本的上升，还会带来经营风险的增加，因此很多药企不敢轻易尝试，导致企业战略发展因循守旧，维持现状，因为这样最有安全感，不用冒风险。当处方药临床营销模式运营很熟练时，想导入零售市场运营模式谈何容易？处方药临床推广模式风险可控，而零售市场建设品牌则需承担较大的运营风险，且投入与收益前期不一定成正比。

3. 复杂多层级的品牌架构关系

打造一个全新的品牌成本高、难度大、周期长，因此很多药企倾向于使用或延伸已经形成的品牌，最常见的模式是一些企业将产品商标、企业商号合二为一，这样可减少宣传成本。一些企业品牌系统结构复杂，子公司、孙公司商号不同，需要统一，但由于不同的品牌药代表的品类不同，当以其带动企业旗下系列产品时，原有的品牌形象无法有效延伸。特别是在控销模式下，对品牌的消耗很严重。一些有知名品牌药带动做控销的尚能理解，一些尚不具备品牌知名度或品牌影响力较弱的却采取控销模式做产品就显得非常吃力，即便靠低价抢占了一定的市场份额，但也是无利可图，且面临风险较大。

4. 投资偏离战略方向

药企上了规模或者登陆资本市场，就要进行资本扩张，多元化投资成为其重要选项，品牌往往会陷入这种投资多元化陷阱，导致品牌资源分散，品牌注意力被稀释，更有甚者品牌的延伸出现严重错位。明明是某品类药物的代表，却被贴上其他品类药的标签，这种品牌延伸并不一定能够帮助企业降低营销成本，反而易导致消费者的认知障碍，使原有品牌竞争力减弱或散失。

5. 企业绩效考核的压力

药企过度追求短期绩效指标和利润指标，往往会忽略对品牌的长期投资，过分强调短期利益，容易导致产品失去长期竞争力。对于很多药企的管理者来说，短期业绩远比长期收益更实际，这是药企考核团队的最关键指标，因此管理人员在任期内为提升业绩，更倾向于采取促销、买赠或让利等短平快的市场透支手段，以达到短期绩效目标。因为在品牌建设中对无形资产的评估很难有可量化的指标，而大力度的促销活动则可为企业带来直接有效的销量，这会导致药企重销售轻品牌，长此以往，药企产品的核心竞争力会被极大减弱，最终导致企业利润和规模的缩减。

从内部和外部因素中，我们了解到品牌建设成功的关键有两个方面：一方面要求药企理解如何发展品牌；另一方面要求药企管理好内部的阻力与压力。

品牌不是广告，品牌不是媒体的招商计划，品牌不是驰名商标证书，品牌更不是推销。品牌，简而言之是一个名字、称谓、符号或设计，其目的是要使自己的产品或服务有别于其他竞争者，在消费者心智中打上烙印。品牌更是代表某个品类的名字，当消费者有相应需求时，能立即想到这个品牌名称，这样才算真正建立起了品牌。

未来的营销大战将会是品牌争夺市场主导地位的竞争，是一场品牌大战。药企和营销高管将会明白，品牌才是企业最有价值的资产。

有品牌，才有未来！同样的产品，有品牌就可以比别人卖得贵、卖得好、卖得久，这就是品牌的力量！

第七章 六力

六力营销标杆案例解读

◉ 国货之光：薇诺娜创敏感肌护肤新标杆

◉ 朗迪钙凭什么成为“中国钙王”

◉ 开创减肥新品类，成就雅塑新标杆

◉ 华润三九：释放中华文化的力量

◉ 青岛双鲸“国民维 D”的华丽转身

◉ 国药太极桐君阁的文化营销之道

◉ 解读施慧达的“行业奇迹”

◉ 益君康：书写益生菌品类新篇章

◉ 从临床到大零售，星光灿烂“迈之灵”

国货之光：薇诺娜创敏感肌护肤新标杆

“敏感肌能用吗”如今是互联网上一句万能调侃金句，尽管是调侃，但不可忽视的是，敏感肌护肤已成为市场热点。淘宝搜索“敏感肌”，排在首位的品牌是薇诺娜。薇诺娜品牌诞生于2008年，其前身是云南第二大药企滇虹药业旗下的一个皮肤学级护肤项目组，后来剥离出来成为贝泰妮旗下的子品牌，这也赋予了薇诺娜强大的医学背景。一路走来，薇诺娜从一个名不见经传的云南本土品牌成为敏感肌护肤标杆品牌，近年来屡创销售“奇迹”，被称为美妆护肤界“国货之光”，造就了一波现象级的国货崛起。

每年11月11日，既是购物者的狂欢，也是品牌之间的正面较量。2022年10月24日晚，天猫“双11”预售正式开启，在预售首小时的十大爆款中，薇诺娜表现突出，多款单品爆卖，创造了仅用3.5小时预售金额突破10亿元的传奇！

如此耀眼的数据背后，是薇诺娜决策方向正确，多年深耕产品力、品牌力、执行力、传播力，锁定功效护肤细分赛道，不断创新突破的结果，同时也与其对整体营销节奏的把控和对消费者的精准触达密不可分。薇诺娜何以成就敏感肌肤标杆品牌？我们可以从“六力营销”的角度进行探析解密。

一、决策力：瞄准敏感肌市场，实施大单品战略

美妆市场历来是国内外消费竞争的主要战场。在增长空间广阔的同

时，国际大牌、本土老品和新锐品牌之间的竞争极其激烈。作为贝泰妮集团旗下专注敏感肌肤的功效性护肤品牌，薇诺娜自创立之初便以独到的见解与敏锐的洞见力瞄准了功效护肤细分赛道，以“解决中国人常见的问题肌肤”为宗旨，致力于在敏感肌肤问题领域不断研究。

这是一个无比正确的决策。敏感肌市场作为化妆品领域中的细分赛道，其成长属性和发展规模比我们想象的要大得多。据投资机构报告显示，2019 年中国功效性护肤市场销售额达 740 亿元，到 2025 年市场规模有望增长至 1 250 亿元。随着皮肤医学和问题肌肤大数据的加持，问题肌肤的解决方式将更加精准，加之敏感肌护肤专业知识的普及，消费者需求的升级，敏感肌市场已然成为发展潜力巨大的黄金赛道。

卡位更优质的赛道只是薇诺娜成功的第一步，有效的战略部署与实施是第二步。市面上大部分国产美妆品牌都非常重视系列产品的迭代并不断补充新系列，称为“快速反应战略”；而薇诺娜却在品牌建立之初就确定了大单品迭代及同系列产品连带加强的“大单品战略”。

薇诺娜“大单品战略”顺利实施主要靠的是研发实力铸造的品牌护城河，其产品研发投入远高于市场平均水平。2019—2021 年，薇诺娜母公司贝泰妮的研发投入金额逐年上升，2022 年上半年研发投入更是同比增长了 85.17%。巨大的研发投入保证了薇诺娜产品的专业与品质，从而带来强品牌黏性和高产品复购率，解决了大单品上量问题。

二、产品力：创造高感知价值的产品

薇诺娜作为一匹本土“黑马”，在与薇姿、理肤泉、雅漾等国际品牌的竞争中，产品力就是核心竞争力。薇诺娜从成立开始就非常重视产品的临床功效和基础研究，并将中国人的皮肤问题、特点结合起来，基于天然植物特性对产品进行有针对的研发，为消费者创造高感知价值的产品。

1. 产品原料——云南特色植物

薇诺娜定位于敏感肌人群，从皮肤生理/病理研究找到作用靶点，筛选云南特色植物精粹，从马齿苋、青刺果、滇山茶、滇重楼等高原植物中提取核心成分，包括青刺果在内的四款活性成分通过薇诺娜的努力被写入了CFDA的化妆品植物成分，成为品牌的核心生命力。区别于竞争对手“活泉水”、美国实验室和日本植物精粹的产品卖点，薇诺娜充满本土特色的产品原料选择给了消费者地缘文化上的亲近感，有利于塑造本土化专业敏感肌护理的品牌形象。

2. 产品技术——创新技术研发

当然，原材料本身并不构成护肤品品牌的护城河，先进的提取方法和创新制备技术的研发才构成品牌真正壁垒。薇诺娜拥有专利98项，核心技术11项，长达10年的技术沉淀使其在功效性护肤品领域取得了独特产品力优势。以技术驱动产品创新，以硬核研发力推动品类突破，一直是薇诺娜聚焦敏感肌的精细化护肤需求，不断提出科学解决方案的内生动力。

3. 专业背书——循证医学支撑

临床上，薇诺娜产品的安全性、功效性得到了63家三甲医院皮肤科的临床验证，被2 000多家医院皮肤科用于临床辅助治疗，19位顶级皮肤科泰斗、63位皮肤科专家参与薇诺娜医研共创，保证优质产品的持续推出。

学术上，薇诺娜产出154篇产品基础研究和临床验证论文，参与编撰15项皮肤相关医学指南和专家共识，参与制定20项中国功效护肤品团体标准，主持制定11项企业产品标准，薇诺娜积累的学术资源已经形成极具竞争力的专业壁垒。

三、策划力：精准定位，单点击穿，垂类渗透

薇诺娜通过深度市场调研发现，中国消费者中敏感肌群体庞大，占比约为45%，多数消费者长期被皮肤瘙痒和泛红的问题所困扰，频繁化妆、劣质护肤品、医美人群术后修复和疫情期间长期佩戴口罩等情况都加重了肌肤敏感问题。而薇诺娜的消费群集中在一、二线城市的20—45岁女性用户，在产品偏好上并不单纯追求价格优惠，更加注重性价比和产品的安全性。

1. 精准定位：瞄准目标，锁定需求

基于以上研究，薇诺娜精准地定位肌肤敏感的人群，针对“敏感肌和泛红”两大需求提供解决方案。聚焦单点突破，将所有资源聚焦在“舒敏”上，明星单品“舒敏特护霜”以“舒敏、敏感、修护”为卖点，从而引发敏感肌受众人群的消费共鸣。在产品层面上，舒敏保湿系列始终是品牌最核心的产品线，在持续稳定明星单品发展的同时，不断拓展产品品类。在品牌视觉识别上，契合其品牌定位，采用了类似“红十字”的医学元素原型进行二次创作，以红色和白色作为品牌包装的主色系，强化自己的权威性和专业性。

2. 价格策略：高价盈利，低价引流

高价明星单品和低价单品引流相结合的价格策略也是薇诺娜的成功“秘诀”。薇诺娜凭借着专家背书及突出的科研创新能力打造的品牌护城河，锁准了品牌溢价较高的中高端市场，通过明星单品的高定价实现品牌的高销售及高利润。除了中高价位的明星单品，薇诺娜也会通过定价低于对标国际大牌的单品，如防晒霜、美白精华、眼霜等引流款产品对用户进行引流和产品连带销售。

3. 营销策略：权威背书，明星助阵

据社交媒体反馈来看，大量消费者是通过医院皮肤科医生的推荐第一次接触到薇诺娜产品的，权威医生背书使得消费者对品牌信任感更强，这也为日后的互联网营销打下良好基础。薇诺娜的营销策略在于“力出一孔”，集中平台资源树立其专业形象。以 2021 年“双 11”活动为例，薇诺娜借势热播综艺《披荆斩棘的哥哥》，官宣“薇诺娜哥哥团”，利用粉圈势能为“双 11”活动预热引流。“双 11”期间，品牌代言人舒淇走进李佳琦直播间，通过互动游戏结合产品介绍引爆“双 11”声量。最后，薇诺娜在 2021 年“双 11”荣登天猫美容护肤类目 Top6。

四、执行力：渠道布局促增长，内容营销狠落地

随着近年来功效性护肤市场迅速增长，薇诺娜把握市场机遇，通过多

元化渠道布局，实现线上、线下双增长。据薇诺娜2021年财报显示，其线上、线下渠道产品销售收入分别同比增长了51.94%和57.76%。

1. 多渠道布局：线上为主，线下为辅

早期，薇诺娜凭借过去积累的医药渠道资源，集中发力于药店OTC渠道，树立了专业的品牌形象。截至2020年年末，已覆盖全国逾万所连锁药店渠道。后又新增品牌直营店、入驻屈臣氏门店等线下渠道布局，除此，薇诺娜还在全国近500个线下网点启动了“私域运营”项目，累计有20余万会员加入了逾1 000个会员社群。

随着行业风口转变和互联网营销崛起，薇诺娜早早布局电商渠道，2011年薇诺娜成立天猫旗舰店后，陆续进驻其他线上平台，充分发挥早期线上渠道红利。作为较早重视电商渠道且建立起电商团队的品牌，薇诺娜母公司贝泰妮线上营收高速增长，2021年线上渠道的销售收入占比82.34%。直至今天薇诺娜依旧维持线下打好医药的调性，线上全面推广，构建起全渠道销售体系。

2. 内容营销：线上线下，强力执行

一方面，顺应新媒体发展趋势，通过微博、小红书、抖音、快手等垂直领域内容平台，利用直播科普、KOL种草输出专业护肤知识，从专业医生到流量红人，从线下医院到线上问诊，从微博微信到知乎B站，进行多平台、立体式输出。在强产品力的基础上形成了口碑效应，引爆品牌声量。

另一方面，延续深厚的医学背景，自2013年起，薇诺娜携手中国医师协会，每年举办“5.25全民护肤日”大型公益活动，在此期间，联合行业协会、合作近300家知名医院共同开展全国性公益义诊活动。通过持续的场景占位，强化“专注敏感肌肤”的品牌属性。

五、传播力：线上线下多维打造消费者全链路触点

对于“出道”多年的薇诺娜而言，其深谙多元化营销传播策略。薇诺娜擅长用内容去捕捉消费者需求，拓宽话题的广度和深度，让品牌价值观

的呈现更多维、更立体，从而助力品牌精准传播品牌心智、拓展触达人群、提升品牌黏性。

1. 线下造势——百城霸屏、趣味互动

在线下，自 2022 年 8 月 29 日起，薇诺娜携手分众传媒，全新上线舒淇特护精华 TVC 视频，霸屏 100 城绽放，通过连续四周强曝光，覆盖目标人群，曝光人次达 363 亿，强势为新品造势。除此之外，薇诺娜重视与消费者的线下互动，在十周年庆典活动中，开设美妆快闪店“敏感智愈所”，线下共计万名观众参与体验。

2. 线上引爆——直播带货、KOL 种草

在线上，权威官媒与话题明星的抖音直播引流，再由 KOL 全平台种草，实现流量转化。一有权威官媒背书，薇诺娜登上人民日报《这创新，很中国》抖音直播首秀；二有直播综艺带货，明星与专家医生坐镇薇诺娜“敏感肌研究所”抖音直播间，以“直播综艺”新形势引流带货。同时，薇诺娜联动小红书、微博、抖音各大平台超 100 名 KOL 进行蓄水种草，曝光量高达 2 亿，实现品牌有效内容的精准传播。

在这一系列环环相扣、多维递进的传播节奏下，薇诺娜打通了新品认知、拉新、转化的全链路，带来流量和声量的双增长，也成功助力品牌资产沉淀。

六、品牌力：十年磨一剑，打造标杆品牌

薇诺娜从 2012 年“双 11”总成交额 400 万元到 2022 年仅用 3.5 小时预售成交金额突破 10 亿元，实现了跨越式增长。自 2018 年起薇诺娜开始了爆发性的增长，连续两年天猫“双 11”（2020—2021 年）稳坐护肤类国货第一的位置。如今，薇诺娜市占率进一步提升到 23.4%，成为功效护肤行业龙头。

销售额的增长离不开消费者的信赖和认可，2021 年薇诺娜荣获凯度“消费者首选品牌”奖，连续三年获得天猫金妆奖，受到广大年轻消费者的青睐。薇诺娜母公司贝泰妮于 2021 年 3 月在深交所敲钟上市，成为

"敏感肌肤第一股"，并在上市后的第28天市值首次突破了1 000亿元，成为A股首个千亿市值的美妆公司。在薇诺娜母公司贝泰妮的未来规划中，多品牌是非常重要的战略，从单品牌开始走向多品牌矩阵，完成贝泰妮的品牌延展。

在2022年"双11"天猫预售中，薇诺娜作为美妆排名前六里唯一一个中国品牌，靠着极致大单品的鲜明占位和专业医学的形象塑造完成了对国际大品牌的突围，成为名副其实的"国货之光"。此次"双11"预售再次出圈显然是薇诺娜品牌力沉淀的必然结果，也再次验证了薇诺娜足够硬核的品牌价值，这些成就的取得非一日之功。薇诺娜精准的品牌定位将自身优势在市场中发挥到极致，致力于在敏感肌护肤品品类里建造中国范本，打造品类中的标杆品牌。

十年磨一剑，薇诺娜已确立本土功效护肤品牌的龙头地位，并与薇姿、雅漾、理肤泉三大药妆外资品牌分庭抗礼。如此骄人成绩靠的正是其在决策力、产品力、策划力、执行力、传播力与品牌力上的不断深耕与创新突破。未来，薇诺娜的目标是打造成一个皮肤健康生态系统，以薇诺娜为代表的功效护肤品作为支点，外延至APP移动皮肤诊疗服务，以及皮肤医学美容赋能平台，进而撬动16万亿元规模的大健康市场。

朗迪钙凭什么成为“中国钙王”

2022年国庆节前夕，由朗迪举办的“无风起朗，贴迪飞行”城市陆冲挑战赛在北京、上海两地火热来袭，朗迪将“碳酸钙D3+氨糖软骨素”组合重磅推出，这是朗迪抢占Z世代消费者心智的又一力作，城市潮流运动助力朗迪强势出圈。

北京朗迪制药有限公司是一家集研发、生产、销售于一体的现代化综合制药公司，致力于为国人骨健康提供综合解决方案，除OTC品类外，公司已迅速布局保健品、特膳和保健器械等产品领域，多条管线齐发并进，鼓励国人健康向前。朗迪在倡导将运动变成一种生活方式的同时，始终用专业为人们的骨健康保驾护航。

“适合中国人体质的钙”，朗迪定位鲜明的广告语让中国消费者情不自禁地产生亲近感与信任状。众所周知，补钙类市场强手如林，朗迪仅仅用了三年的时间就跃居到行业领军地位，被外界誉为“中国钙王”。2021年，稳居“C位”的朗迪再获强援，方源资本强势赋能，顶流资本运作，专业团队运营，朗迪集团以崭新的姿态再一次惊艳市场。朗迪钙取得如此成就的背后隐藏着品牌营销的诸多奥秘，我们从六力营销角度进行分析解读！

一、决策力引领方向

朗迪立誓：“要么不做，要做就要做第一！”此等雄心和魄力指引着朗迪钙战略方向——成为“中国钙王”，也激励着集团及代理商团队齐心协力实现目标。而要达成这个目标并非易事，当时钙制剂在国内零售市场规模虽高达 300 亿元，是一座名副其实的“金矿”，但是因生产技术壁垒及品牌影响力等原因，这座“金矿”一直把持在国外厂商手中，国内厂商难差异化突围。

朗迪另辟蹊径，转换思维，着眼于国人体质，依据中国营养膳食标准精准设计钙制剂，基于中美营养膳食标准的不同，朗迪找到了中国人补钙的黄金配比 500 钙：200D3。朗迪自此定位于：专业针对国人体质精心打造的补钙产品，是维生素、矿物质品类唯一一个中国自主品牌的钙补充剂。朗迪这一定位无疑与其成为“中国特色”的目标是相一致的，通过高层的科学决策找到了一条适合自己的品牌之路。

在战略布局上，一方面着力于品牌势能层面，加筑强大品牌“护城河”，在原有医院渠道的基础上，构筑 OTC 新赛道及新零售赛道；另一方面，根据钙品类的发展，构建更符合消费者需求的高品质补充剂品种，聚焦钙产品，放大钙市场。未来朗迪必然能超越国外钙制品，成为零售终端市场占比第一的国产钙品牌，成就品类标杆！

二、产品力赢得信赖

朗迪成立“国人体质研究中心”是其产品研发和品质获得优势的关键举措。中国人与西方人由于物种、遗传、环境、饮食习惯等因素的不同，导致体质上存在差异，使得国人在营养需求上有别于西方人群。目前，国人与西方人相比，营养需求的差异及营养需求量化的基础数据不足，致使国人健康产品开发缺乏理论指导依据。“国人体质研究中心”凭借中国营养学会优秀的专家团队，深入研究国人体质特点，设计开发针对性的健康产品，坚持秉承“为中国人设计，让中国人健康”的研发理念，为国人健康事业作出特有贡献。

在科学指引下，朗迪钙对五大目标人群（婴幼儿、青少年、孕哺妇、成年人以及老年人）进行了充分研究，在这些研究基础上研发出的朗迪®碳酸钙 D3 颗粒具有钙源安全、配比合理、口感细腻、促进吸收等优点，适合孕妇、儿童及中老年人多种人群补钙，朗迪碳酸钙D3颗粒也成为三甲医院首选补钙产品之一，包括片剂和颗粒两种剂型，颗粒剂是碳酸钙D3独家剂型，主要用于各个不同年龄段的钙补充，并用于防治骨质疏松。

三、策划力保驾护航

朗迪的成功离不开科学系统的策划，从品牌定位“国民钙”开始，建立独有的中国元素，到精准媒体投放策略，以及终端动销方案的策划，朗迪在策划力方面尽显资源整合互补优势，出奇制胜，四两拨千斤。

作为传播中国元素的特色文化营销之一，2020年“朗迪杯万福进万家”上海新春文化主题活动贯彻了“写好中国字，做好中国人，补好中国钙”的文化理念，活动取得了“小投入、大传播”的效果，让2020上海中国年增添“朗迪”元素。

为了进一步巩固这一中国元素，2020年10月31日，朗迪冠名的“中医药文化书画展”在上海图书馆成功举行，创造了近五年来上海图书馆展览规模之最。“品书画艺术之美，补传统文化之钙”，“朗迪杯”中医药文化书画展开创了中医药界与书画艺术界的“文化跨界”，为中国朗迪品牌赋能。此活动荣获上海市广告行业协会颁发的“2020年度上海广告优秀活动奖”。

随着国潮风的盛行，敦煌舞已经成为中国民族舞蹈的杰出代表，2022年春节前夕，朗迪微电影《幸福在骨子里》在全网播放，并引起了包括老百姓、一心堂、益丰、漱玉平民等头部连锁的极大关注。这部微电影不仅向大众传达了“适合自己的，就是最幸福的!”的品牌核心价值，更充分体现了朗迪的中国民族风元素。

朗迪一直以来都坚持深入消费者、理解消费者，尤其注重与Z世代消费者的情感联结。2022年9月，借助陆冲这一火爆的户外潮流运动，朗迪联合北京陆地女子冲浪社群在北京、上海两地先后举行“无风起朗，贴迪飞行”城市陆冲挑战赛。以“通过运动释放自己，成为更好的自己”的活动口号直击消费者情感，表达了年轻化的品牌主张，拉近与Z时代年轻消费群距离，朗迪在潮酷有趣的活动中又完成了一次成功的极具创意和创新精神的品牌营销。

顺应新媒体发展趋势，朗迪还借助小红书等社交平台发力线上，利用KOL种草输出专业国人补钙知识。2022年，朗迪携手奥运冠军吴敏霞，率先倡导“早钙晚D”的黄金补钙公式，掀起大健康行业一股创新营销风潮。此次合作数据表现良好，超往期同类型种草广告，消费者被朗迪的创新概念种草，评论舆论正向。

四、执行力铿锵有声

执行力是一切策划的保障，没有执行，一切都是空谈。执行力由执行方案、执行意愿和执行能力组成。朗迪多年来组建了一个庞大的营销网络和代理商团队，大多身经百战、实操能力强，能够保证方案的贯彻执行。

朗迪“让中国人健康”的理念不仅聚焦于产品，其在推广和组织健康活动方面也执行落实得非常到位。2020年，朗迪八段锦引潮流，领航方舱医院，陪伴人们复工、复课直至日常健身增强免疫力，朗迪八段锦掀起了一轮又一轮热潮，全网累计关注量已破亿。

2022年，朗迪成功携手全国百强知名连锁药店同步举办“‘有爱有家有朗迪’中国好家庭·亲子大赛”。通过多场的亲子类活动，“有爱有家有朗迪”已成为朗迪品牌的一张名片，广受各大连锁和消费者的欢迎，如朗迪携手老百姓怀仁药房、张仲景大药房、淮南天平大药房等开展“有爱有家朗迪钙”大型亲子大赛活动，为每一个中国好家庭加油！

在疫情影响下门店客流量骤减和药店数字化转型的背景下，如何成功运营连锁私域流量至关重要，直播电商成为大多数连锁企业在加速探索和快速抢占的新赛道。朗迪与全国各大连锁药房通过线上直播率先抢占这一黄金赛道，2022年7月朗迪携手泉源堂——“关爱骨健康·为骨加把劲”首场直播正式亮相，此次直播在线观看人数2.3万；8月朗迪携手老百姓怀仁药房的直播活动，吸引了更多关注，创下10万多的纪录！

此后，广东海王星辰大药房、德生堂大药房、成都科伦大药房等连锁陆续加入，每一场直播都创造了在线观看热度飙升的好成绩，为双方的战略合作奠定了坚实的基础，同时也为将来更多的连锁赋能提供宝贵经验。

特别值得一提的是，在销售终端上，朗迪在医院和零售药店铺货已实现全国 32 个省市自治区 100% 全覆盖，特别是二三线城市和县级地域表现尤为突出。朗迪充分借助代理商网络资源，依托零售终端强大品牌引力，将营销活动执行到底。

五、传播力锦上添花

朗迪钙的快速增长离不开品牌的创新传播，从高空到地面，从网络到实体空间，全面触达目标人群，不仅抢占品牌战略高地，携手央媒、高铁、梯媒，发出主流媒体声音，还借助抖音等社交平台，以创意活动引爆全网声量。

从 2020 年开始，朗迪钙品牌广告强势登陆 CCTV1 午间稀缺黄金时段，高调亮相 CCTV6 白天 12 次高频次轮播，央视核心频道重点打造，开启品牌巅峰全新篇章。

朗迪品牌高铁专列，精确锁定 35 辆列车通达全国；深度渗透，立足华中地区，覆盖长三角、珠三角等重点区域及城市群。让“朗迪钙，国人钙，适合中国人体质的钙”的品牌最强音传遍神州大地。同时，与“线下第一媒体”分众传媒达成亿元级战略合作，其广告覆盖超过 100 个城市，年度累计 200 万块分众屏幕，用朗迪兄弟 4 季篇，以场景故事抢占城市白领心智市场，工商共建品牌赢得 C 端。

数字化时代，伴随着品牌年轻化的呼声，朗迪围绕“适合中国人体质”，通过新媒体平台高效触达目标人群。2022 年 4 月，朗迪在抖音开启全民魔性舞蹈大挑战，以 500∶200 手势舞强化消费者品牌印象，通过 9 个抖音达人带动整体曝光量累计破亿，参加原创视频达 4 万条。2022 年初，刘畊宏以一曲《本草纲目》带动全民健身热潮，朗迪趁势与此顶流大 IP 达成合作，独家冠名优酷综艺《畊我打卡》，实现品牌曝光 7 000 多万、引流天猫，推动朗迪品牌曝光度和知晓度，引发行业内外不小讨论，朗迪形象焕新。再加之小红书种草，通过补钙测评、科普、干货类笔记等多元化内容输出，赢得超高产品讨论热度。朗迪在2022年春季补钙话题营销中，首次实现小红书爆文率25%的优异数据，获得了消费者高度互动，提升了品牌美誉度。

六、品牌力成就标杆

朗迪如今的品牌地位不仅得益于科学准确的战略定位和卓越的品牌营销，更来自其强势的品牌塑造力。截至2018年年末，朗迪钙已连续7年蝉联“健康中国·品牌榜”。2018—2022年朗迪钙更是连续五年入选中国OTC品牌宣传月“您心中的品牌药”标杆品牌榜，得到了包括中国非处方药物协会、中国医药新闻信息协会、人民网、新华大健康等权威机构与媒体的极大肯定，堪称国内领航者的最高荣耀！

随着品牌的深入人心，销售规模的快速增长，以及营销网络日渐成熟，朗迪的品牌资产也大幅提升，作为中国钙王其品牌力在行业遥遥领先。尤其是自2021年，方源资本注入朗迪以来，就全方位焕新品牌，深度营销创新，整合资源，不断获取新一代消费者的青睐；步步为营，以“全面提升国人骨健康水平”为愿景，大力布局骨健康产业。

朗迪能在骨健康产业中独占鳌头、引领标杆，是其科学的决策力、优质的产品力、专业的策划力、强大的执行力、精准的传播力与强势的品牌力共同发酵升级的结果。我们相信，新朗迪在方源资本的战略决策下，在产品创新、营销创新、媒体创新的运筹下，未来五年定将实现百亿元目标，成就下一个新标杆！

开创减肥新品类，成就雅塑新标杆

2022 年 3 月，席卷而来的新型冠状病毒疫情，再次深度影响了国人的生活，很多省区市不得不采取果断防范措施，在部分区域，人们长时间足不出户已成必然。随着封闭居家，缺少运动、体重增加成为很多人的现实状况。维持正常体重、保持健康身材成为居家人的内心诉求。在运动健身方面，以刘畊宏《本草纲目》健身操为代表运动健身迅速火遍大江南北，刘畊宏抖音粉丝量短短的一周飙升至 5 000 多万；在科学健康饮食方面，以控制饮食或科学减肥药品体验模式，深受到更多人群追捧。雅塑、艾丽奥利司他再次成为人们关注的热点，担心肥胖、科学减重是一个永恒的话题。

一、运筹帷幄，开创一个大品类

据《中国居民膳食指南（2022）》显示，我国成年居民超重或肥胖已经超过一半（50.7%），中国肥胖人数高居世界第一，超重或肥胖的成年居民人数约为 5 亿多人！众所周知，肥胖不仅影响爱美人士的形体美，更已成为诱发诸多病症的“百病之源”。因此，减肥市场是一个刚性的需求市场，并且随着人们对生活质量追求更高，减肥市场还会越来越“刚”！

2004 年，植恩药业开始研发奥利司他；2010 年，雅塑，国内首个奥利司他制剂产品上市；连续多年，销量位居减肥药品牌榜首；今年受疫情影响，饮食好、运动少，体重易上涨，很多人选择药物减肥，安全有效的雅塑、艾丽销量更是销量翻番，再创季度业绩新高！

减脂减肥市场的刚需，促进了行业的快速发展，也让医药健康产业加速进入新零售时代。市场上虽有各类不同的减肥理念、减肥产品，但非处方药品因其安全性、有效性，更容易赢得消费者青睐，故近几年的减肥市场，基本被奥利司他品类一统天下。

十多年来，雅塑品牌始终坚持“雅生活，塑自信”理念，成为一面旗帜。从 2011 年上市到 2021 年，雅塑携手艾丽，成功开创了一个品类，开辟 OTC 减肥药新纪元。根据 2021 年减肥市场的销售数据显示，重庆植恩药业旗下的雅塑、艾丽品牌总量已接近 20 亿元，成为当之无愧的标杆品牌！

二、行业巨变，减肥市场突现“真空”

早在 2010 年 10 月，风云一时的减肥药“盐酸西布曲明”触礁后，曲美退市，含西布曲明的保健品、药品亦全部退出市场，一时间减肥市场群龙无首，陷入混战。一方面网上商城五花八门的减肥产品让人眼花缭乱，许多打着“绝对安全，无副作用”的减肥产品身份成疑，更有“三无”产品浑水摸鱼。一些保健食品乃至普通食品异常活跃，纷纷摩拳擦掌，大有取代药品、借机上位之势，以左旋肉碱品类为代表的保健类食品一时似乎风靡市场，风头强劲，市场鱼龙混杂，产品良莠不齐，最终难成气候。

在此背景下，行业最着急的要数减肥药品及保健品的代理商、零售商：西布曲明留下的 30 多亿元市场空白，谁来迅速填补？毕竟这是现成的刚需市场，不需要过多的市场教育。针对行业代理商、零售商的需求点，植恩药业采取了欲擒故纵的市场诱导策略造势，为奥利司他闪亮登场预热。在行业媒体、互联网上连续撰文，引发行业思考。

减肥：痛并快乐着的刚性市场中国减肥市场，向左还是向右？减肥市场“真空期”，谁将成为下一颗重磅炸弹？西布曲明被禁后，减肥市场或进入奥利司他时代减肥药市场有望再现“重磅炸弹”……种种迹象表明，新品重磅炸弹呼之欲出！

三、快速补位，产品定位重塑消费认知

多数消费者都有同感，减肥是一个痛苦的经历，担心减肥会反弹、腹泻、无效、乏力、副作用大、不能享受美食、不安全等，市面上的减肥药产品很难满足消费者对安全有效的需求，直到雅塑、艾丽的出现。

雅塑奥利司他胶囊是经国家食品药品监督管理总局批准的用于治疗肥胖或体重超重的 OTC 减脂产品，其区别于其他减肥药的最大特点就是，不作用于中枢神经，不抑制食欲，而是通过与胃肠道中的脂肪酶发生作用，使脂肪酶暂时失活，未被脂肪酶分解的油脂随粪便排出体外，进而减少食物中脂肪的吸收和热量摄入，同时结合人体日常能量消耗，最终达到减脂抗肥胖的目的，其安全性高。

从产品力角度研究，雅塑奥利司他定位为“排油减脂，科学减重”，是中国第一个 OTC 减肥药，安全有效，其主要成分奥利司他于 1998 年上市，并通过了美国 FDA、欧盟 EMA 和我国 CFDA 三大认证。2011 年，全球服用人数就已超过 5 300 万。

雅塑减肥更遵循科学，排油减重效果好，只需体验一次，即可感知、看得见。坚持服用 6 个月以上，可改善脂肪肝，降低肥胖相关慢性病患病风险。

为了更加形象地表达品牌定位，我们结合雅塑名称，创新品牌 IP，推出雅塑专属传播核心元素——调形码（后来为艾丽所用），以调形码为感知点进行品牌 IP 创意。

为“新塑身主义”者度身定制，从减肥，到瘦身，到塑身，到塑形，即调形。雅塑首创“调形”概念，聚焦“调形码”，升级产品包装，创建品牌差异化认知，由“功能输出”转变为“聚焦健康生活方式的情感输出”。

第一阶段传播口号为：想调形，用雅塑——新塑身主义，让改变发生；第二阶段传播口号为：雅生活，塑自信——餐后一粒，排油减脂。

四、雅塑亮剑，倡导健康减肥新理念

当时，因为是新品类，奥利司他曾被行业媒体掀起了一股短暂的风波，舆论积极探讨其安全性和有效性，经历过两个多月新闻宣传，人们对奥利司他有了更清晰的认识，这对传播奥利司品类上市，具有积极意义。之前大家不了解减肥药，正在为市场缺乏真正的药品发愁，这些媒体的大肆报道，为奥利司他做了宣传，且新闻的传播效果还远胜于广告！

东风已得，时机已到！植恩药业决策层伺机而动，决定“借船出海”，迅速抢占奥利司他市场。2011 年 4 月 21 日，第 65 届全国药交会在成都盛大举行，雅塑精彩亮相，向医药行业正式推出！

当日上午 10:30，成都世纪城新国际会展中心全国药交会的主席台前人潮涌动。“我宣誓：科学用药，安全减肥，关乎健康，关乎民生。倡导科学减肥、合理用药，需要行业的监督，媒体的监督，也是企业的重任……”在卫生部全国合理用药监测系统专家、原国家食品药品监督管理局药品评价中心专家孙忠实教授的带领下，包括中国非处方药物协会会长白慧良，南方医药经济研究所副所长、医药经济报总编陶剑虹在内、参加“尊重科学、尊重美”现场活动的全体嘉宾集体宣誓，“我们一定恪守职业精神，严格要求自身，为国人的健康体魄贡献自己全部的力量”。

上述就是由植恩药业主办，名为“尊重科学、尊重美——2011 健康减重发布会”上的精彩场景，亦是对减肥药市场具有划时代意义的场景，国内减肥市场再度回归以疗效为中心的药品主导时代。

“倡导行业正义，呼吁安全减肥，重申企业责任”是本次健康减重发布活动倡导的一个核心理念。通过到场嘉宾集体宣誓、发起“安全倡议”这一环节的演绎，不仅使雅塑奥利司他胶囊的亮相别具一格，而且让上述理念更加深入感染着每一个到会的人，“尊重科学、尊重美”也成为本届药交会上一个被广泛关注的话题。

权威大咖共宣誓，倡导“安全用药、合理用药”，各大新闻媒体争相报道“获国家新药证书，首个 OTC 减重药亮剑”“市场期待‘国药准字’

减肥药”！

雅塑的问世，成为减肥产品营销的一大创新，为品类或企业树立了权威形象，开创了药品上市造势的先河。

五、引领行业，电商助力成就品牌

雅塑的诞生，正赶上中国互联网的飞速发展，医药行业虽然相对比较保守，但是移动互联网大潮也在推动医药行业迅速转型升级。植恩药业黄山董事长总是不断追求创新，包括研发的创新，营销的创新，创新焕发核心竞争力。

雅塑是最早一批触网电商的药企之一。从 2011 年开始，植恩药业与桑迪咨询共同制定数字化策略，多维度打造雅塑流量池，率先与阿里健康深度合作，便开启了雅塑电商互联营销的时代。在此前瞻性的战略指导下，雅塑充分利用互联网搜索引擎，全网布局，从门户网站、专业美容网站、博客、问答等最基础的平台开始种草，积极为网民开展专业科普知识的普及，满足各种不同的网络咨询诉求。

新闻媒体发稿，为品牌提供权威背书，提升消费者购买信心；口碑内容运营，传递品牌价值，引导消费者作出正向消费决策；布局知识营销，打造专业化品牌形象，传递品牌价值；问答认知运营，铺设信息获取渠道，对竞争者产品实施拦截；垂直媒体内容建设，提升消费者认知体验，增加品牌好感度；线上线下联动，打造新零售模式，融合线上线下，实现营销互动。

雅塑通过布局阿里健康、京东、平安好医生、拼多多等主流医药互联网销售平台，开辟饿了么、美团 O2O 电商平台，入驻好药师、康爱多等平台，对接精准消费群体，增强品牌专业性形象，使用户服务体验更便捷，实现全网覆盖。

减肥购买人群更多是年轻女性群体，虽然男性肥胖也有庞大的市场，但相比而言，女性需求更具刚性，且女性又是拥抱互联网更积极的一族。抓住核心群体，快速突围，打造一个减肥新品类，成为雅塑迅速崛起的一个极好风口！

随着市场竞争的加剧，雅塑也在积极探索零售药店终端的布局，经过线上平台或互联网媒体宣传的铺垫，店员、消费者已被深度教育，从2020年开始，雅塑、艾丽相继拓展零售药店渠道，这样也极大地推动了O2O模式、新零售模式，形成线上线下互动营销。

十年来，坚持定位不变，坚持营销模式创新，从线上到O2O，再延伸零售药店，瞄准雅塑、艾丽未来新增长点，是植恩药业未来的新目标、新方向。

六、三品布局，构筑品类新标杆

伴随雅塑热销，奥利司他在减肥药市场备受青睐，迅速吸引了其他企业的关注。虽然雅塑是国内第一个申报且上市OTC的减肥药，但是有第一就有第二。海正药业、碧生源、鲁南制药、仁和药业等企业也很快获得批文，加入市场竞争。这些企业在共同做大奥利司他蛋糕的同时，也在加紧切分市场。为抢占更多市场份额，植恩药业采取“三品牌战略”，“雅塑”携“艾丽”“赛乐西”登场。

植恩药业为塑造奥利司他高端品牌——雅塑，自主研发全合成专利技术，建立了高于美国药典（USP）标准的奥利司他原料药质量标准，自建生产线，采用高纯度原料、微丸工艺及进口胶囊，完成首轮品牌升级。利用全合成生产工艺制成的奥利司他纯度高、杂质少、稳定性好、质量稳定，这也保证了雅塑的高品质，纯度可达99.9%以上，同时有效期长达3年，且能在常温中（25℃）保存。

作为一个开拓展者，植恩药业很早就考虑到设置竞争壁垒，进行品牌升级与分级：雅塑作为最高端的奥利司他品牌，艾丽作为最亲民的奥利司他品牌，赛乐西作为临床运作的奥利司他品牌，进行分团队、多品牌战略部署，形成竞争优势，构建品牌防护墙。

雅塑的包装设计追求高端、环保、高档次，采用深蓝色调，银色字体，透明开窗，彰显品牌价值感；由于之前雅塑包装已经形成良好印象与鲜明个性设计，艾丽的包装就沿用原雅塑包装核心元素，只做了稍微细调，确保原有消费群体的延续性；赛乐西包装则保留白底色，蓝色线条点装，发挥着临床风格特色。雅塑作为植恩药业的主打品种，发挥着标杆价值的引领作用，也成为奥利司他品类的风向标。

七、植恩健康，智能化成就伟大梦想

创办于2001年的植恩药业，属于国家高新技术企业。植恩药业以“木直因心，植药为仁”为企业文化理念，全力打造生物医药产业集群的“植恩担当”。如今，植恩药业产业化能力更上一层楼，产能正逐步扩大，产品市场遍及全球，核心API品种奥利司他质量及产能更是达到国际先进水平。

智能时代来临，数字化引领先行。植恩药业敏锐地抓住行业未来发展前景，通过数据分析和人工智能技术的运用，实现降本增效，全力筹建数字化与灯塔工厂，进行数字化转型与企业智链，成绩斐然。

“未来医药行业，将是融数字化、一体化、生态化、场景化、创新化、智能化运营的综合体。”植恩药业相关负责人表示，未来的医药企业要将平台战略、生态体系、科技驱动业务、长尾市场定位、客户体验为王原则等新思维有机地融合到经营体系，以全面、系统性的变革，重塑持久的盈利能力。

未来，植恩药业还将考虑建立更大的数字化平台，链接供应商、客户和消费者，通过数字化建设赋能分销商，打造“药品＋服务”盈利模式，创造更多客户需求及其解决方案，以更灵活的姿态应对未来挑战。

华润三九：释放中华文化的力量

没有好策略与大创意，在品牌竞争中就会处于劣势，这是营销铁律。一定要对行业有深刻领悟，善于抓住策划的核心，精准把握品牌策略，为差异化传播、精彩亮相、重磅出击，这是策划力的灵魂。

华润三九旗下两大品牌好娃娃、澳诺，在行业属于家喻户晓的品牌，历经多年经久不衰，尤其是澳诺钙，已经成为补钙市场重要品牌之一。在数字化时代，品牌需要升级，除了借助电视、互联网传播外，还要借力文化主题活动，引发线上线下用户互动参与，让品牌更生动化，更能贴近消费者！

以下就是我们对华润三九好娃娃澳诺杯少儿书画展的策划做一些解读。

一、目标人群要明确

营销处处皆策划，没有策划就没有灵魂。真正好的策划并不能改变产品本身，而是帮助产品提升价值感，为产品赋能，选定目标人群，精准发力，选择适合的传播平台，激发购买欲望，为销售终端引流。

此次书画展活动定位在青少年儿童群体，产品的目标人群看似是少儿群体，其实真正的购买人群是与少儿关联最大的父母，甚至爷爷奶奶、外公外婆。俗语云，一个孩子牵动六人心，此次活动目标，是吸引少儿与家长一同参与，引起真正用户的关注，提高了对好娃娃澳诺的品牌的认知与信任感。

二、专业策划要过硬

项目团队在充分理解华润三九客户方需求和目标后，明确提出：传扬新一代消费者对“好娃娃 & 澳诺”的品牌记忆，以文化营销为核心，持续为终端动销助力，结合近年来中华书画文化的火热，特别创意“少年梦·中国梦”的文化主题，激发少儿发挥充分想象力，描绘美好祖国蓝图。

品牌形象亮相是活动的起点，要根据品牌视觉体系，围绕活动海报、征稿启事、邀请函、会场布置、网络宣传，以及身穿汉服的工作人员，力求与书画展文化主题相呼应。

活动策划重在执行，从整体运营方案到各个执行细节，包括场地选择、现场搭建布置、活动流程和协调管理，都要周密细致，甚至还要准备好各项预案，以确保顺利举行。

为充分发挥目标人群的参与感与互动性，现场专门设计了嘉宾创意打卡、有奖问答等多互动环节，充分营造现场趣味氛围，让每位来宾都有机会参与其中，感受品牌带来的欢乐。展会的设计紧紧围绕“弘扬中国传统文化，培养青少年儿童的书画艺术素养”的主题，充满着浓浓文化气息与亲密和谐的亲子氛围。

三、筹备规划要扎实

一个成功的活动策划离不开充足的时间筹备和细致的工作规划。桑迪与华润三九少儿组团队经过 4 个月的紧张筹备、商讨磨合，确定了活动具体执行方案，最终选定广州文化公园作为少儿书画展活动场地，一方面是由于文化公园具有传统文化气息，更有大众文化的特性，符合此次活动弘扬书画艺术的目的；另一方面，因疫情影响，大量人员不能聚集室内，但又需要足够的开放空间容纳更多人员，且人员流动性好，能够营造更轻松舒适的环境。

活动场地的选择，直接影响执行效果，既要满足疫情防控合规的条件，又要有足够的观众参与，很多少儿是爸爸妈妈或爷爷奶奶带来，保证了较旺的人气。

四、传播推广要精准覆盖

在信息爆炸的数字化时代，好酒最怕巷子深，好内容也要勤吆喝，文化主题活动的传播，要在一定范围内，发动线上线下互动，吸引社会大众广泛参与，形成一定的品牌声量。

此次书画展的征稿阶段，充分发挥代理商和连锁药店的力量，多位连锁高管精英为活动助威，还有众多的书画培训机构、媒体积极发声，他们以短视频形式进行祝福，线上联动权威媒体、视频号、抖音号等平台持续传播，在大众网络、自媒体圈进行预热，扩大影响力；线下在医药连锁门店和少儿书画艺术教育机构设立活动报名点，扫码报名，确保少儿书画展的参与范围广、作品数量多，且质量要高。通过这线上线下的联动传播，此次展会收获了 2 400 余幅作品，其中 300 幅作品荣耀展览，投票期间 442 538 人次火热关注，372 427 票鼎力支持，开幕期间线下持续 8 天荣耀展览，直接及间接影响达 100 多万人次。

品牌传播是活动策划的关键，没有传播一切都是零。充分调动优选作品的作者及家人的积极性，广泛传播，裂变式传播，进而达到轰动效果和获得足够的关注度。

五、统筹资源要提升价值

文化主题活动重在文化，主办单位的影响力不可小觑，本次书画展以中国书画家联谊会、曲阜孔子文化促进会为指导单位，中国书画家联谊会书画与康养专业委员会主办，承办单位为华润三九与六力文化，协办单位包括海王星辰、大参林等近 30 家连锁药店，支持单位有 CCTV 书画频道广东工作中心、腾讯视频、广东电视台、中国网、中华网、秦汉胡同专业机构，将各方资源统筹到位，才能发挥更深远持久的效果，有力保障主题活动的影响力。

有了权威机构参与，作品的评审就很关键，本次特别邀请了中国书画家联谊会终生名誉主席、上海市美术家协会副主席、上海市书法家协会副主席，广州市书法家协会副主席等重量级评委，严格把关好关，专业、公正，为书画展览筛选出优秀作品，提高活动的含金量。

开幕展览和颁奖典礼是观众关心的核心环节，也是将文化活动造势推向顶峰的关键之举，更是检验策划成功与否的关键环节，因此统筹安排、资源调动尤为关键，一切都要运筹帷幄之中，方可决胜千里之外。

六、品牌赋能要实效

华润三九“好娃娃澳诺杯”少儿书画展在广州文化公园展出 7 天，圆满收官，本次活动策划充分借势华润三九强大的品牌影响力，将其赋能“好娃娃”“澳诺”品牌，有利于提升后者的品牌文化内涵，提升影响力和美誉度，强化了品牌认知。

同时，通过文化主题活动，增强了与医药连锁的紧密合作，提高了店员与产品、消费者与品牌之间的黏性，打造出专属于华润三九“好娃娃、澳诺”的艺术文化 IP，升华了“澳诺钙、用心爱”的促进儿童健康成长的品牌形象，让书画艺术与医药品牌跨界融合，树立品牌营销的新标杆。

青岛双鲸“国民维D”的华丽转身

青岛双鲸药业是一家致力于药品创新研发、生产和销售为一体的高新技术企业，其前身是1950年建厂的青岛鱼肝油厂，经数十年的发展，如今的青岛双鲸药业已由普通的鱼肝油生产企业蜕变成维生素D国家药品质量标准起草单位。其系列产品覆盖上千家医疗机构以及数万家药品零售终端。其中，悦而维生素D滴剂（胶囊型）已成为全国销量领先的OTC维生素头部产品。近年来，医药零售市场鲜有新品牌诞生，多数是老牌创新或持续增长，但双鲸药业的悦而维生素D滴剂如同一匹黑马，脱颖而出，迅速蹿红大江南北，成为行业热点！悦而维生素D滴剂的零售额从2015年的2.66亿元，飙涨至2018年的23亿元，位列中国城市零售药店化学药市场top20品牌金额第二名，2019年的35亿元成为近年来增长率超高的品类标杆！

双鲸药业为何能够在短短几年内收获如此业绩？桑迪品牌咨询从“六力营销”的角度对双鲸药业的成功进行解码。

一、决策力：明确战略方向，构建竞争优势

六力营销的核心思想：是把重点品种做深做透，企业靠核心品种赢利，集中核心资源，黄金单品突围，打造品牌，再带动旗下系列产品或产品群，做强做大。双鲸药业正是以目标为导向，立志成为百年企业，打造百亿双鲸。其决策层审时度势，提出“一品托两品，三品带百品”的品牌战略目标，通过“三步曲”即“企业王牌、行业名牌、消费者金牌”，形成品牌核心价值，实现双鲸药业标杆品牌的战略决策。围绕维生素类、海

洋药物类等产品系列，尤其在维生素类产品系列中，精心打造悦而维生素D滴剂为核心战略品种，发掘维生素E软胶囊（天然型）、维生素AD滴剂、多烯酸乙酯软胶囊等优秀产品，形成产品群优势，先成就B端品牌，再顺势延伸C端，其正确的决策部署强化了双鲸药业的竞争赛道。

二、产品力：立足疗效根本，定位创造价值

双鲸药业的产品力体现在核心产品悦而维生素D滴剂，其注重汇聚专家平台资源，在由医学专家委员会的背书支撑下，积极开展相关疾病防治与药学知识的科普教育，包括临床学术价值教育推广，充分释放了该产品的优势，加之与产品定位的完美结合使其站上市场之巅。悦而维生素D滴剂是一款用于预防和治疗维生素D缺乏症，如佝偻病等的良药，适用人群范围广，不仅适用于婴幼儿和儿童，也适用于孕妇、成人（中老年人）；该产品采用单剂量软胶囊包装，剂量准确、服用方便，且无须检测血钙，因此服用更安全；该产品在临床上亦广泛用于儿科、产科、骨科等多科室，适应证广且能够全科用药。双鲸药业内部，对悦而维生素D滴剂定位为"百搭产品""增量品种""黄金单品""联合用药第一品牌""国家重大公共卫生项目战略型产品"，市场潜力巨大；同时从产品外延的价格策略、形象包装、专业科普等要素，产品表现力更丰富，在同品类产品领先一筹。

三、策划力：借力专业智库，发挥平台力量

双鲸药业的策划具备非常大的实效性，首先是立足零售市场突围，以维生素D作为特殊品类，快速切入市场，依托非常成熟的补钙市场与慢病市场，提出"补钙先补D，慢病要补D"的独特销售主张，可谓是"站在巨人的肩膀上摘苹果"，进而减少了直接进入市场教育BC端用户带来的营销难度。桑迪认为渠道终端是药品销售的关键要素，聚焦B端建设品牌是当下药企理性的选择。洞察行业趋势，专业策划以创新"悦而VD+"工商战略合作模式，搭载行业平台，构建营销生态，为双鲸旗下

悦而维生素 D 滴剂的 C 端品牌建设营造通路环境。

另外，行业协会、媒体机构或企业组织的行业工商峰会，包括走进高校进行品牌文化传播等，成为双鲸药业重点发力的资源平台，尤其是在全国各地大型论坛上品牌战略布道、药店会等展会亮相、高频次的“双鲸之夜”深入互动，以及系统规划走进连锁“竞争力中国行”，使得双鲸维生素 D 成为行业广泛认可的黄金单品，双鲸品牌也迅速提升品牌影响力，起到“四两拨千斤”的巨大作用。

四、执行力：专业学术推广，全员实战动销

执行力是保障。双鲸药业为将品牌建设理念落到实处并转化为销售，着力从人才建设、产学研究以及知识产权三大方面入手，内外部共同发力。具体举措实施，除积极引进高素质人才，重视内部人才的培养，与高校、科研机构的交流与合作，不断开发出具有自主知识产权的关键技术，增强企业的核心技术；还优化培养了规模为 5 000 多人的代理商实战营销团队，这支身经百战的专业狼性团队，拥有丰富的营销操盘经验及网络渠道资源，具备服务细分市场的专业能力以及行之有效的管理措施，在市场激烈竞争中，这些团队力量发挥得当，方能使优质的策划方案顺利切实执行到位，体现最大价值。

双鲸药业与桑迪品牌咨询的战略合作，恰是双鲸药业发展的战略需要，亦是攻克市场壁垒的战术需要。桑迪对双鲸全面系统地研究分析并与之合作后，为双鲸梳理品牌资产，提炼品牌核心价值，挖掘悦而品牌内涵，塑造品牌形象识别系统，创造差异化个性品牌特色，以系统的营销培训全面提升全员品牌营销意识，传播企业品牌，强化行业名牌，实现了品牌建设和销量提升的双丰收。

五、传播力：线上线下联动，定位学术传播

无传播不品牌，双鲸药业的传播力发力点着重于专业学术传播，充分

借助人民网、CCTV 发现之旅、消费日报等媒体平台，提升企业信用背书。双鲸在全国建立起塔式结构的专家委员会，调动并整合各地专家资源，惠及政府、客户和用户，用专业的力量，从营养学、医学保健、疾病防治等多角度准确推广和传播维生素 D 知识，重塑市场认知，同步出版了《药店常见疾病用药手册》。随之将精心梳理的维生素 D 专业知识在 39 健康网进行二次加工，分发给今日头条等头部媒体进行裂变式传播。

此外，双鲸药业通过组织专家在“3·8 妇女节”“6·1 儿童节”“10·20 骨质疏松日”等节日期间开展大型的公益讲座、健康义诊，走进电台演播室接受专访，开展社区健康大讲堂等多种形式，将维生素 D 专业知识和健康理念传递给千家万户。借势热点营造话题，有计划地线上线下联动、滚动式、矩阵式、软硬结合式的传播取得了显著效果，不仅将产品成功推向市场和广大消费者面前，让产品传播深入人心，极大地强化了品牌的影响力！

六、品牌力：国民维 D，占据用户心智

品牌力是王道。双鲸药业以品牌核心价值为中心，在开展系列品牌营销、媒体传播活动的同时，立足品牌高度，提出“国民维 D”，抢占制高点，由央媒引擎进行多角度、全方位、深层次的传播企业品牌故事，提升企业品牌内涵，占据用户心智，成为行业名牌和顾客心中的金牌，从而实现了品牌力质的转变、量的飞跃，创造了革命性的品牌价值。

其品牌价值最难能可贵的给予终端店员和消费者留下的是心灵与精神的记忆，体现在同类产品中成为颇具认知度和魅力值的产品，其结果是除了连年翻倍的销售业绩，同时多项荣誉加身：2017 年西普会，双鲸药业的儿童健保产品维生素 D 滴剂类被评选为认知度最高产品；2016—2018 年度蝉联中国药品零售市场最具魅力品牌榜，跻身儿童健保品牌竞争力 Top14 品牌；继而荣登“2018 中国医药行业成长 50 强”“2018 中国化药 TOP100”；入围“2019 中国医药工业最具成长力企业”榜单，获授“2019 中国连锁药店最具合作价值工业品牌企业”荣誉称号；入选“2018 中国首

届和2019中国第二届OTC品牌宣传月”品牌企业。这一切充分说明双鲸药业的品牌力得到极高价值的绽放。

结语：六力营销成就品类标杆

从“六力营销”方法论的角度解读双鲸药业的成功之处，显而易见，其终极目标就是成就标杆。双鲸药业的品牌标杆战略实施经过立标、对标、创标和夺标四个重要步骤，从战略到落地，狠抓执行，超越竞争对手，成为维生素甚至维矿品类的品类标杆。双鲸药业短短几年时间所取得的业绩成果震撼了同行，企业资本价值数倍提升，这充分证明了六力营销助力，企业打造品类标杆，成就标杆品牌可快速夺冠成功的不二法则。

国药太极桐君阁的文化营销之道

国药太极集团重庆桐君阁药厂创建于清光绪三十四年（公元 1908 年），是重庆市唯一同时拥有“中华老字号”和“国家级非物质文化遗产”等殊荣的中成药生产企业。110 多年来，历代桐君阁人遵循“品贵不减物，制繁不省工”的质量原则，用“仁心”和“匠心”赢得了“百年桐君阁，精制中成药”的美誉。

桐君阁为何能在历经百年沧桑后仍然傲然屹立，而且在新时代背景下愈发朝气蓬勃？桐君阁的品牌历程能够给其他中华老字号品牌带来哪些经验与启示呢？本书将从“六力营销”的视角来解读老字号品牌桐君阁营销之路。

一、决策力：把握时机，创新在先

悠悠百年，桐君阁积淀无数传统经典名方，拥有 250 个批准文号，20 个独家品种，进入国家基本药物目录产品 60 个，药典收录品种 125 个。桐君阁的“宝库”里，蕴藏着很多优质中药产品。然而，这个产品品类丰富、药品疗效确切、具有品牌优势的老字号国企，如何精选黄金单品、设计战略赛道，迅速做强做大？

为使企业生产经营再创辉煌，桐君阁药厂领导班子成员凭借敏锐的市场眼光和脚踏实地的作风，主动创新思路，实施“主品发展”战略策略，包括四个方面：调整产品结构、实行梯度管理、进行长远规划以及实行分类营销。同时，公司坚持以营销为中心，全面实现企业管理现代化、药品生产智能化，随时把握市场变化的节奏，主动创新生产方式，迅速启动了“智能化”工厂建设项目，引进国际一流的自动化生产设备，安装机器设备逾千台套，现已建成国内先进的智能化中成药生产线，2019 年、2020 年连续两年荣获重庆市十大智能工厂荣誉称号。桐君阁药厂以智能解决产能不足的问题，是其践行“以消费者为根，以奋斗者为本”的企业核心价值观的充分体现。

在英明正确的决策下，桐君阁发展突飞猛进，以核心单品带动系列产品，销售业绩节节攀升，实现了跨越式发展。

二、产品力：生产升级，严控品质

桐君阁的丸药，具有“齐、秀、绝”三大特点，其特点得益于历代桐君阁人始终秉承“修合虽无人见，诚心自有天知”的祖训，精选道地药材，遵古炮制，形成了独特的泛丸制作技艺，并已成为迄今唯一受国家保护的丸剂制作技艺，2021 年，桐君阁药厂的技术骨干人员蔡苏同志荣获我国“大国工匠”荣誉称号。但是，该技艺属于纯手工制作，对制作技艺要求高，药品的质量会依据制药师傅的手艺高低而有所差别，亦因制作速度较慢产量受限。因此，纯手工制作已经完全不能满足现今大规模的市场需求。

在产品力的打造方面，精选沉香化气片为战略品种引擎，因其原料选自道地产区，引进德国进口设备，切实保障了产品质量与疗效。桐君阁药厂生产的沉香化气片精选进口沉香，遵古法炮制，采用德国直粉压片技术，最大限度地保护药物有效成分，具有崩解快、吸收好、起效快的优点，能快速缓解胃胀导致的疼痛。

沉香化气片在市场上历经数年营销，积累了大量的消费者数据，拥有庞大的市场基础与忠实客源。消费者普遍反映，沉香化气片对于胃胀胃痛的治疗效果迅速，服用后大约半个小时即可减轻症状，是其最大的疗效特点。同时，按疗程服用沉香化气片还可疏肝、理气、解郁。产品君药“沉香”也为大众熟知，针对胃不舒服、胃胀腹胀，其“化气、顺气、和气”

功能一目了然，独家片剂剂型，拥有相当的竞争优势，具备做强做大的潜力，也能使桐君阁品牌焕发新的生命力。

三、策划力：精准定位，树立标杆

国药太极集团桐君阁药厂经过多轮筛选，在2019年6月与桑迪品牌咨询正式签约，展开“沉香化气片年度营销策划”服务战略合作。自此标志着沉香化气片十亿元黄金单品战略规划的启动与实施，其发展规划为：致力于用五年左右时间将沉香化气片打造成为太极集团又一个销售过十亿元的黄金单品！

沉香化气片采用的商标是“太极”，太极具备阴阳调和之意，和产品“化气、顺气、和气”的理念非常吻合，这为策划品牌文化主题活动“和气康健、太极沉香”创造了极好条件。团队对沉香化气片市场及消费者进行整体研究后，将产品定位为“治胃养胃，解决胃肠胀气的必备药”，除了胃肠胀气外，更是涵盖了“胃不舒服”需求，涉及胃痛、胃酸、胃胀、打嗝、不消化等症状，提炼出脍炙人口的“胃不舒服，胃肠胀气，请用太极沉香化气片”的广告语，更能适应市场大需求。

在“代言人”创意方面，特别为沉香化气片策划了一个独有的品牌IP，以古代神话传说《宝莲灯》中劈山救母的“沉香”为原型，打造了“沉香”IP品牌新形象。《宝莲灯》传奇故事家喻户晓，妇孺皆知，“沉香”的个性、故事、精神更是被人津津乐道，是中国传统孝道的典范。

因“沉香化气片”的君药是“沉香”，《宝莲灯》主人公名曰“沉香”，品牌IP也叫“沉香”，品牌IP、核心成分、神话故事三者高度融合，由此传达出概念创新的深刻寓意。

品牌IP形象“沉香”外表智萌，性格活泼，亲切灵动，肢体与形体似太极动作，全新演绎了“沉香”勇敢、无所畏惧、坚韧不拔的精神，有力地彰显了品牌内涵，以形象认知度高、品牌联想度高的核心元素，与消费者产生共鸣。

在整体营销方案上，为实现十亿元大单品的销售目标，采用BC端一体化，以标杆战略为指导，运用六力营销方法论，将太极沉香化气片打造成胃肠胀气的标杆品牌。

四、执行力：步步落实，收效显著

当战略目标及营销方案确定后，关键在于执行力。太极桐君阁贯彻落实品牌文化营销主题，其核心战略思想与实践行动保持高度一致。桑迪为太极沉香化气片量身定制策划了“和气康健、太极沉香”年度主题活动三部曲，即从“沉兵千店”启动，“香飘万家”引流，至“保胃健康”升华，桐君阁及其全国营销团队以极强的执行力，实施线上线下联动推广，最大限度地实践策划方案，打响品牌，提升业绩。

如“沉兵千店”计划落地在连锁门店执行，全国样板市场数千家门店响应，实际远比计划门店数量参与度多了几倍，通过主题陈列促销、产品培训与销售 PK，极大吸引了连锁药店的参与兴趣，深度推进活动落地执行，达到工商合作共建品牌。

而“香飘万家”目的就是为门店导入客流，双方团队对活动方案的执行意愿非常强烈。2020 年元旦，太极桐君阁成功携手全国重点城市的各大知名连锁药店同步举办太极沉香杯“和气康健・香飘万家”主题公益活动，集合全国 50 城的 50 家知名连锁药店把“福”带回家文化惠民——书法家送春联活动。此举在连锁药店行业形成了一股春联旋风，进而拉动了终端门店销售。事实上，此活动连续三年如期举办，充分显示了文化主题活动的强大生命力。

“保胃健康”借助互联网平台，以线上开展为主，由专家以微视频、直播方式针对代理商、店员进行产品培训系列讲座，加强品牌在店员、消费者之间的传播。“沉香祈福，保胃健康”不仅把握了常规化促销，而且在每年“4.9 国际护胃日”同步实施线上线下活动，向消费者充分展示了其为家庭常备药的健康属性。

高效有力执行的年度文化主题活动，聚焦样板市场，为其打造标杆锦上添花，推动终端门店产品实现销量最大化，同时带动非样板市场高度重视并坚决执行“和气康健、太极沉香”主题活动，共同成就了太极桐君阁专属品牌活动 IP。

五、传播力：理念先行，深入人心

太极桐君阁联袂《医药导报》、桑迪品牌咨询，共同开展“和气康健·太极沉香”文化主题传播活动，旨在提倡国人重视传统“和文化”及“和气”健康理念，将文化营销作为企业品牌建设的核心策略。“和气康健·太极沉香”以“家和、人和、气和”为核心价值观，通过终端动销三部曲——“沉兵千店”“香飘万家”与“保胃健康”，线下动销组合、线上科普讲座，既成功传播了品牌信息，树立了优良形象，又持续颂扬和气和谐的家风思想，起到了事半功倍的效果，明显提高了桐君阁的核心传播力。

桑迪为桐君阁传播助力，无论在公益科普和数字营销，还是在终端动销和文化 IP 发展均为太极沉香化气片营销战略及实施战术注入创新元素。古有《百福图》《百寿图》，今创《百和图》，借助中国书画家联谊会的艺术平台资源，发起全国书法家、书法爱好者共同书写“和”字，不同字体、不同风格、不同区域的书法家们纷纷创作，增添了“和气康健”之“和为贵”的文化底蕴。

从“香飘万家”在全国 50 座城市联合 50 家连锁于元旦举办书写春联“把‘福’带回家”线下活动，再到以 4 月 9 日国际养胃日为支点，拉开“和气康健·保胃健康”线上直播序幕，专门设立行业专家公益讲座，邀请近百家连锁老总线上参与“保胃健康”公益传播活动，及时抓住风口，解决疫情下的 B 端高频传播，维护良好客情关系，获取终端门店支持，极大促进了系列产品销售。通过系统化运作，传播“和为贵”的中国传统文化，促进和谐家风思想，让社会更“和谐”、家庭更“和睦”、身体更“和气”!

六、品牌力：打造 IP，破茧重生

老字号是社会历史发展过程中的一朵商业文化奇葩，它是体现一座城市、一个企业历史感和深厚文化底蕴的标志和元素，是历史文化传承的重要组成部分，也是一种十分可贵的不可再生资源，缘此，百年老字号桐君阁品牌的价值意义远远超过了物质意义。

复兴老字号品牌，需将“IP创新、故事创新、定位创新、概念创新、元素创新”五大创新相结合，加上“太极”品牌二字在大众心目中的影响力，巧妙加以赋能，提升消费者的品牌认同感。

桐君阁药厂作为百年“中华老字号”不忘初心，始终坚持着为人类的健康事业而不懈追求的工匠精神。当今时代，面对愈加复杂的市场竞争，结合日益碎片化的多媒体场景，在消费升级与分级的多元化背景下，药品品牌需要一个标杆式代言人，连接用户与品牌，让用户更深刻地了解品牌，让品牌更具亲和力与温度，实现品牌年轻化。

“沉香”IP极具魅力的人格化形象，是太极桐君阁与新媒体结合的传播创新点，品牌IP形象非常契合数字化时代特征，能充分应用于“多场景、强互动”，进一步拉近沉香化气片与消费者的距离。品牌IP的成功打造给桐君阁老字号品牌注入了活力，使桐君阁以新的面貌呈现在公众面前，为产品销售提供了坚实的信任背书，重赋老字号品牌魅力，使其萌发新芽，再展风采芳华。

六力营销视角下的百年老字号桐君阁，恪守祖训，将积累沉淀的中医药文化世代相承。新时代环境里，相信桐君阁药厂在国药太极集团的领导下，定会守正清源，传承创新，匠心筑梦，砥砺奋进，造福更多百姓，守护国人健康，让中医药品牌走向世界！

解读施慧达的“行业奇迹”

施慧达药业创办于2000年，是集科研、生产、销售为一体的高技术企业，20余年来深耕高血压治疗领域，其自主创新的原研药施慧达苯磺酸左氨氯地平片是我国首个光学纯手性拆分抗高血压药。

在2020年的“健康中国·品牌榜”评选上，施慧达以唯一国产降压药入选“2020健康中国·品牌榜”。施慧达作为国产药业的后起之秀，经近20年的发展，俨然成为国产高血压领域的领军品牌。在这20年的春秋岁月中，施慧达究竟练就怎样的本领能与众多的老牌外资进口品牌相抗衡?

一、决策力体现初心

当前，社会老龄化加深，城市现代化进程加快，高血压的患病率正在不断提升，同时有年轻化的趋势。根据《中国心血管健康与疾病报告2020》，中国心血管病患病率处于持续上升阶段。报告显示，目前我国青年人群（18—34岁）高血压患病率为5.2%，超75岁居民为59.8%；估计我国18岁以上成人高血压患病人数达到2.45亿。随着我国医疗服务水平及国民健康意识提升，我国高血压用药市场需求持续旺盛。以零售终端（不含网上药店）市场为例，近年来高血压用药销售额保持逐年增长。

回想2000年以前，昂贵的进口降压药品占据了中国心血管药品市场的大半个江山。高血压是慢性病需要依靠长期服药治疗，这给当时大多数并不富裕的中国患者家庭造成了不小的经济压力。在这种情况下，施慧达药业的创始人之一、原中科院长春应化所的张喜田教授下定决心言道："研制出一款适合中国患者的降压药。"带着这样的决心与初心，第一片苯磺酸左（旋）氨氯地平片于1999年问世。正是在致力于研制出适合中国人的优秀降压药的初心下，施慧达的创始人们作出一系列部署，筹集资金、购进设备、招揽人才、求经问学……一步一步克服万难，从无到有。

正是这份守护大众健康的初心，让施慧达在医药行业增长乏力的大环境下，厚积薄发，实现大幅增长。站在2022年的新起点上，施慧达紧跟市场趋势，洞悉患者需求，又即将启动并升级多个项目。

二、产品力凸显科创

施慧达从创立初期至今坚持着"自主创新"的理念，注重研发创新、生产创新、管理创新，达到"努力超越、追求卓越"的目标，实现运用科学发展理念，持续创新活力，强化社会责任感，全面建设创新型的高科技企业，树立"国家高技术示范工程"的示范作用。

其自主创新的原研药施慧达苯磺酸左氨氯地平片利用纯光学手性拆分技术从氨氯地平中去除可能产生毒副作用的右旋体，保留纯净有效的左旋体，把可能存在副作用的右旋部分去除掉了，由于降压效果是左旋的功劳，所以施慧达比苯磺酸氨氯地平在药效相当的情况下，副作用更小，轻中度高血压，施慧达只要一天一片2.5 mg，而苯磺酸氨氯地平却需要一天一片5 mg，大家都知道是药三分毒，所以保证效果的情况下，剂量少为佳，所以不管从民族国产角度，还是价格角度，还是效果角度，施慧达都是一款优先考虑的降压药。

施慧达苯磺酸左氨氯地平片因其疗效显著、耐受性好、副反应低且质优价廉，深受广大临床专家和高血压患者的青睐。据最新的行业市场分析，施慧达苯磺酸左氨氯地平片是唯一在医院终端、基层终端及零售市场销售全面开花的抗高血压用药产品。

三、策划力彰显创新

施慧达药业集团坚持以创新驱动发展，不仅在研发上保持创新领先，同时创新营销模式，及时转型，迭代营销策略。

公司较早地将目光投之于基层市场，提出“深下沉、广覆盖”的营销策略，加强对区县市场终端的开拓和覆盖，提出“百千万”行动计划，分解任务目标，制定考核标准，使得公司产品快速覆盖基层市场。同时，在坚持长期广泛开展患者教育的过程中，公司敏锐地发现区县、乡镇的居民健康意识随着生活水平的普遍提高也不断增强，迅速将患者教育向基层推广，深度下沉，满足基层患者的健康需求。

伴随着这些年在基层的深耕细作，为施慧达在深度布局县域市场打造强劲引擎。以合力开展慢病防控，创新供零合作新模式。通过共同开展“会员发展促进”等系列活动，为药店增值；还为药店店员提供专业技能学习平台，为药店店员赋能，也帮助施慧达在零售终端销售的快速增长。

四、执行力践行理念

施慧达秉承的是“自主创新，报国惠民”的理念，对产品研发与生产的投入展现的是其“自主创新”，而投身于公益事业体现的则是其“报国惠民”。施慧达药业集团与中国人口宣传教育中心共同启动“慢性病防治和安全用药志愿者公益项目”，组建首支国家级慢性病防治和安全用药志愿者队伍，通过健康大讲堂、医师培训、大健康活动、安全用药培训等形式开展慢病防治公益培训，营造慢性病防治的良好环境。

为提升社区居民的健康水平，发挥基层药师作用，施慧达药业携手广西大参林连锁药店深入南宁市多个社区开展“关爱民众健康　普及安全用药知识——药师进社区”公益活动。

在西乡塘区龙胜小区，住户以老年人居多，普遍患有高血压、糖尿病，又缺乏安全合理用药意识，有些老年患者甚至会选择处方外的保健品作为药物进行服用。大参林药店的药师们耐心地向前来咨询的居民们解答他们在服药方面的困惑，并为他们测量血压了解血压达标情况。施慧达药业广西志愿者们为现场的居民们发放慢性病防治和安全用药健康科普材料，还通过组织有奖小问答调动周围居民参与的积极性。

在 2015 年 9 月，成都市食品药品监督管理局联合施慧达药业启动"成都市百姓安全用药知识公益项目"，推动普及安全用药知识培训，提升人民群众用药安全意识。2017 年，中国人口宣传教育中心联合施慧达药业集团启动"家庭健康传播志愿者公益项目"，成立首支国家级慢性病防治和安全用药志愿者团队。

施慧达集团的一系列公益行动都是在积极践行健康中国战略，促进国家健康事业的发展，奔走在健康扶贫的第一线，以积极支持社会公益事业的方式，履行企业公民义务，推动社会发展。

五、传播力深入民心

施慧达在与连锁药店合作中，尝试用互联网营销手段去留存，基于地理位置和社区街道，把每场活动引流的用户用微信群留存，面子里子的功夫都做到了位。

另外，施慧达还通过在线直播，跟用户交朋友，共同做内容、做互动，共同培育留存用户。特别是在疫情防控期间，点对点的精准社群营销给用户带来的体验感特别好，用户可以在微信群里说出需求，由最近的"全副武装"的药店配送人员（经提前申请报备且按要求做好防护措施）直接将药品送到小区门。这些方式都使得施慧达与消费者的距离更加亲近，施慧达的品牌也更加深入民心。

施慧达提出互联网＋营销创新的战略，这几年一直在部署，从内部流程，数据管理到外部用户服务，品牌营销，建立了多套系统；从外部来讲，在数字化营销方面，着力开展内容创作，树立品牌 IP，不管是社群运营，医生直播，还是公域平台，都在极力输出施慧达就是适合中国人的国产降压原研药。

六、品牌力赢在推广

培训基层医生，实现推广创新。公司积极响应国家政策，同各省市政府合作，搭建培训平台，协助培养全科医生。帮助县级以上医院医生对基层医院医生进行技术指导和培训，以提高基层医疗卫生水平。从 2012 年起，先后在山西、陕西、河北、河南、吉林等多个省市开展此项目。今年在全国将培训基层医生 10 万人次。这些基层医生经过培训后，将对推动施慧达的临床使用起到巨大的推动作用。

开展多种形式体育活动，实现大健康教育创新。近年来，公司在全国 21 个省市开展广场舞、太极拳、太极剑、门球、乒乓球、高血压讲座等形式多样、群众喜闻乐见的健康教育活动。通过各种教育活动，传播健康知识，提高人们健康意识和自我保健能力，倡导有益于健康的行为和生活方式，以促进全民健康素质的提高，并有力地推动了施慧达在群众中的使用口碑和品牌建设。

施慧达作为唯一的国产品牌，进入“2020 健康中国・品牌榜”中的“降压药”类榜单。“健康中国・品牌榜”评选活动开展 13 年来，施慧达以稳定的药品质量、优秀的降压疗效和经济的价格深得医生和患者的信任，连续多年上榜。上市 20 年以来，施慧达始终以精准的市场定位和专业的服务团队，收获了业内外人士和消费者的广泛认可，这次施慧达药业是唯一一个以国产降压药强势入选榜单，与外资进口品牌掰手腕，这是国产药企的“责任与担当”，施慧达连续多年的入选，也标志着集团经营管理水平实现了新的超越，产品质量和市场影响力实现了新的提升。

未来，施慧达将一如既往，秉承“自主创新，报国惠民”的企业理念，做好药，做放心药，让老百姓吃得起的药！与国家健康事业发展战略同频共振，心怀普惠全民健康的使命，殚精竭虑用创新科技造福百姓，不断攀登迈入世界强林！

益君康：书写益生菌品类新篇章

益君康是核力欣健产业集团旗下的肠道用药品牌，是中国第一支乳杆菌制剂，在临床应用中有着优良学术基因，自 2007 年正式上市以来，经过多年的市场推广沉淀，现已覆盖全国 94%省市自治区的二三级医院及核心连锁药房。据米内网数据统计，复方嗜酸乳杆菌片（益君康）已连续 9 年占据公立医院微生态制剂市场份额第一，2021 年市场份额为 15.79%，并连续 4 年获得“中国医药·品牌榜”的荣誉。

在肠道品类用药中，益君康何以得到医学工作者和消费者的广泛认可？我们将通过六力营销方法论，寻求其成为品类标杆的真实答案。

一、决策力：战略布局，研发先行

运筹帷幄，符合现实乃至未来发展，是企业正确决策的基本素养。随着工作节奏的加速，人们饮食习惯、生活方式发生了很大的改变，健康意识随之提升，对胃肠健康的关注度亦越来越高。尽管如此，国内胃肠疾病严重患者每年还是以数百万人即平均每年约 4%的趋势上升，因此对胃肠健康的认知与重视有待进一步加强。换言之，改善胃肠健康，构建“益生菌+”全生命周期健康管理生态，最终实现成为中国医学级益生菌消费品类领导品牌，是核力欣健的伟大目标。

核力欣健决策层发现市场契机，正确的决策贯穿于企业经营始终：益君康上市后，核力欣健陆续与全国 400 多家二级以上医院开展了临床观察，截至2022年3月共发表文献400多篇，包括多篇SCI及核心期刊，同时也获得了相关指南明确推荐，包括《中国消化道微生态调节剂临床应用专家共识（2020年）》《肠道微生态制剂老年人临床应用中国专家共识（2019年）》《WGO全球指南：益生菌和益生元（2017年）》等。

由此可见，核力欣健在竞争激烈的市场中另辟蹊径，着力研究益生菌，加大对其的研发投入，通过系统地研发、生产、品牌、渠道、营销的一体化布局，建设了完善的益生菌产业链条，最终使益君康成为临床医学益生菌药物品类标杆。

二、产品力：养肠护肠，差异辐射

产品力的强大是企业得以生存和发展的基石。

益君康产品力的与众不同在于其产品本身的特殊性：复方嗜酸乳杆菌片（益君康）是目前市场上唯一无须冷藏的四联活菌制剂，独家医保，OTC乙类产品，产品核心优势十分明显，复方嗜酸乳杆菌片从菌株类别上是由中国株嗜酸乳杆菌、日本株嗜酸乳杆菌、粪链球菌和枯草杆菌四种菌株组成的四联活菌制剂，四个菌株各有特色、相得益彰，分别从补充、定植占位、夺氧全方面改善胃肠道微生态平衡，目前主要用于肠道菌群失调引起的肠功能紊乱，包括腹泻、便秘、功能性消化不良、幽门螺杆菌感染、肠易激综合征、炎症性肠病等，临床上主要覆盖六大科室：消化科、儿科、肛肠科、急诊科、感染科、老年科。益君康可以通便、止泻，实现双向调节，既养肠又护肠，养护结合即涵盖着肠道“治疗＋调理”，能够最大限度满足消费者治病的基本需求与调养的附加需求。同时，从临床应用的覆盖面不难看出，在消费者层面，益君康的适用群体涵盖中青年、老人、儿童，若以家庭为单位，益君康则是每个家庭成员老人、父母、孩子的肠道健康守护者。

由此“时刻呵护家人的肠道健康，肠用肠健康”与同类竞品在理念上形成差异化，而养肠护肠，更是益君康产品的核心竞争力。

三、策划力：定位升级，品牌延伸

从市场环境反映，未来医药营销的发展竞争愈加激烈。核力欣健基于益君康在临床渠道做大做强的基础上，于2015年开始拓展至零售渠道，以“益生菌品类发展服务商”为定位耕耘多年，然而也面临巨大的挑战。对此，2021年核力欣健与桑迪品牌咨询积极达成合作，结合市场研究、竞品和消费者洞察，桑迪深度挖掘益君康：拥有专业研发、安全可靠、四联菌株、科学配伍、临床验证、医学支持等品牌利益支撑点，以“专业、科学、安全、健康”的核心诉求，强有力的支撑“益君康，科学补益领导者”的品牌定位；具体表现则通过进行KV创意设计，产品包装、展位形象和品牌IP形象的设计，使益君康获得足够的曝光度。

同步结合益君康零售市场的布局，加速面向全国各大连锁药店建立战略合作伙伴关系，大力扩展零售大市场，提供专业化服务推广支持，实现从高层到基层的多维度战略合作，多方位、多角度树立企业在连锁的专业形象，增强企业品牌影响力，并且积极探索新零售业务发展模式，以此合力形成可持续发展的运营模式。

四、执行力：强化终端，推广转型

优秀的产品不仅需要出色的研发和生产体系做支撑，更需要精准化的全终端营销体系。核力欣健在品牌定位及营销策略方面有桑迪品牌咨询的助力；在学术研究方面拥有30余人的专家团队支持；在临床方面除了已覆盖的医院有6 000余家，还有约200家的三级样板医院终端；在零售市场方面引进专业、具有连锁药店实操丰富经验的团队。加之这些年着力打造并在逐步完善的销售管理系统，依托于专业的cso推广为核心路径，以省级办事处为销售单元跟踪管理所有已开发的等级医院终端，专业培训并和区域合作伙伴一起把推广服务深入至每家核心医院的目标科室，以及通过益君康的品牌焕新加强与连锁药店的合作，开展系列的丰富多彩的市场活动。一方面，开设“益善”益生菌课堂，为消费者公益科普益生菌知识；另一方面，采用公益义诊，慢病检测等方式，给连锁药店增添新的活力。真正执行对产品进行全终端的销售管理。

目前，专业的学术推广模式和全终端的销售管理模式将成为医药行业中领先的营销模式，核力欣健通过驻地的市场推广专员覆盖了全国核心的省市，完成点对点市场服务工作，确保专业的有效传递和临床的上量，以医院带动药店，来覆盖销售的全终端，有计划有步骤地实施执行专业化的学术推广体系，使核力欣健得以持续稳定发展并更上一层楼。

五、传播力：传播创意，IP 助力

桑迪品牌咨询与核力欣健合作后，明确益君康除了专业化的学术推广之外，同步加大在行业会议的推广力度，完美展示品牌新形象，让品牌焕新发出最强音！在 2021 最新一届的中国药店高峰论坛上，核力欣健携全新品牌焕新的益君康重磅亮相。别出心裁的展台设计，全新亮眼的产品包装，亲身体验的试吃环节，专业热情的营销团队，在整个展会形成一道风景线。凭借其强大的产品力，益君康再次收获“2020—2021 年度中国药店店员推荐率最高品牌”肠道类奖的殊荣！

桑迪设计团队还为益君康定制设计 IP“小益”，创意源自 2014 年在北美上映（中国院线 2015 年上映）的动画电影《超能陆战队》、2017 年由迪士尼制作的动画《大白归来》及迪士尼电视动画《超能陆战队》中的主要角色大白为原型，被称为萌神、守护性暖男；其创意延伸是“抗疫英雄”，创意升华是“航天英雄”。高层次英雄原型形象，可以充分体现企业的社会责任感，进一步增强益君康在消费者心中的信赖度。通过 IP 形象的塑造，借力各大行业平台的活动宣传，带动线下门店销售，为大众百姓胃肠道健康提供更优质，更方便携带的益生菌制剂。

六、品牌力：塑造价值，成就品牌

益君康的品牌力源自B端发力，源自专业的力量，具体来自其品牌三大价值支撑体系。

第一是专业背书。益君康在多年的发展过程中，在临床医学支持下，经多中心权威认证，凭其质量承诺安全有效，得以在临床广泛推广应用，加之专业团队专业化的药品营销服务，在肠胃系统中拥有比较高的知名度，获得了极好的口碑，成为被广大消费者更为熟知的可信赖的品牌。

第二是产品理念。益君康是拥有四联活菌配方，科学配制的益生菌，能够实现肠、胃全覆盖，协同增效；益君康实现了“肠道＋胃部”全面定植，强效抑制致病菌，全面改善肠道问题，养肠又护肠，具备拥有差异化特色的品牌元素，使得产品顺利地从临床端延伸到零售端。

第三是安全便捷。益君康是经过国家食品药品监局认证的OTC药品，产品标准化，效果安全可靠；也是目前市场上唯一无须冷藏的四联活菌制剂，不仅能降低药店的经营管理成本，更便于消费者的携带、外出等场景，让消费者使用更加方便，增加了品牌的体验感。

纵观益君康的品牌核心价值，其诉求“专业、安全、科学、健康”表现得淋漓尽致，更反映出益君康品牌对消费者的价值承诺。品牌是企业带来溢价、产生增值的无形资产，品牌更是未来市场竞争的重要砝码。

在快速转型时期，益君康沉淀了16年，建设了科技化的技术平台和规模化的生产研发基地，神奇亮相亦是面貌焕然一新，如同2022核力欣健益君康品牌焕新发布会所言：“核力欣健定将为大众百姓呈现一个完美的益君康品牌，并将继续秉持‘让生命更长久，让生活更美好’的企业使命，打造医学级健康管理服务体系，全面提升品牌价值。”

药企从临床转向零售过程中，六力营销是强大的推动器，六个力不可或缺，要力求均衡发展。益君康任重道远，桑迪品牌咨询亦将助力益君康继续实现线上线下立体化的品牌传播，系统化打造益君康品牌IP数字营销体系，突破数字化营销，从而为赢得益君康品牌IP传播和产品动销共创辉煌。

从临床到大零售，星光灿烂“迈之灵”

星银医药的拳头产品迈之灵片自 1994 年上市至今已有 29 年的发展历程，从临床到零售，业绩斐然。尤其是近几年，星银医药凭借迈之灵片先后荣获 2019 中国医药十大营销案例奖、2020 中国医药营销年度传播奖，2021 大健康产业“品牌引领奖”“2021 中国药品区县零售市场品牌榜·品牌锋榜”上榜品牌、“2020—2021 年健康产业·品牌发展指数”TOP 品牌，可谓是荣誉加身。

星银医药迈之灵片作为处方药是如何从临床“跨”到零售、实现从临床到零售市场的华丽转身？桑迪品牌咨询认为迈之灵的华丽转身得益于创新的零售营销模式。

一、产品定位：精准定位，锁定细分市场

事实上，星银医药迈之灵片的功能主治是用于慢性静脉功能不全、静脉性水肿及痔静脉曲张引起的内、外痔急性发作症状的医药用处方药，其实通俗讲，就是一款治疗抗静脉曲张类和痔疮类用药。然对消费者而言，晦涩难懂的“抗静脉曲张”略显生僻，而治疗痔疮因故有“十人九痔”之说，其实消费者都非常明白。近年来，痔疮的患病率逐渐呈现年轻化且呈上升趋势，据有关普查资料表明，肛门直肠疾病的发病率为 59.1%，痔占所有肛肠疾病的 87.25%，而其中又以内痔最为常见，占所有肛肠疾病的 52.19%。男女均可得病，女性的发病率为 67%，男性的发病率为 53.9%；任何年龄都可发病，其中 20—40 岁的人较为多见，并随着年龄的增长而

逐渐加重。越来越多的年轻人在不知不觉的情况下就变成有“痔”之士。另外，静脉曲张的患病的形式也同样严峻，下肢腿部静脉曲张更是高发类型下肢静脉曲张常见于职场白领、教师、营业员、厨师、理发师、重体力劳动者等，是一种典型的职业病。

洞悉医药市场，对于处方药进入零售市场则必须按照OTC品牌营销的规律办事。定位、创意广告语、品牌个性、传播等均为关键要素。星银医药适时联手桑迪品牌咨询，系统梳理聚焦对迈之灵精准定位于痔疮用药，锁定其细分市场，并在临床专业治疗静脉曲张用药基础上，深耕迈之灵的药理药效，充分利用迈之灵在临床市场所形成的专业学术背景和已经获得的高度认可，进一步将迈之灵在零售终端定位为口服使用的治疗痔疮用药。

星银医药迈之灵作为治疗静脉曲张的专业用药，前期通过“会议营销＋慢性病管理”的营销模式，使其品牌形象深入全国各大医院的相关临床科室，拥有强有力的品牌影响力。

然而，消费者对于治疗静脉曲张的认知度有限，通常情况需要在医生的专业指导下用药。迈之灵若要进入零售终端市场，如果继续沿用静脉曲张的专业卖点沟通，很多消费者会产生选择困难，因此，建立有效品牌沟通，讲消费者能听懂的语言，那就必须有一个适合且更容易理解的诉求点，来帮助消费者理解自己的需求。“不脱裤子，治痔疮”“促进静脉回流，改善微循环，告别蚯蚓腿”，能够直接触达消费者心智的广告语，让消费者轻松“对症下药”，与消费者产生语言共鸣，便是迈之灵转型零售市场再次拉近了与消费者的距离。

二、品牌形象：塑造专业形象，德国Doctor边代言

产品力是药品营销的根本，鲜活地有特色的产品应该辅之以专业的品牌形象，以彰显个性。迈之灵作为一款德国进口植物药，如何体现其产品品质与价值诉求、突出产品属性？桑迪品牌咨询认为，具有专业学术、代表产品灵魂、并与之竞品形成差异化，以此特点和优势、以研发博士的形象为创意元素，设计打造一位融专业、权威、亲民为一体的卡通博士代言

人，他就是 Doctor 迈。

给德国迈博士“Dr.迈”注入人格化因素的品牌 IP，使之代言迈之灵倍感亲民、温暖有加，且强化了专业学术属性。“Dr.迈”品牌 IP 一方面增强凸显迈之灵作为处方药的专业、严谨、科学的形象，塑造可信赖的品牌认知；另一方面弥补了处方药品牌形象不足、缺乏温度的一般感知，从而拉近迈之灵品牌与店员和消费者之间的距离，同时，通过不断发起的关爱公益活动，有效促进品牌与消费者的互动交流。

三、传播方式：体验营销现品牌活力，整合传播助零售动销

为快速进入零售市场，对目标消费者进行营销。星银医药迈之灵用当下年轻人喜爱的快闪方式，搭建起了以“有 ZHI 青年秘密空间”为主题的快闪体验店，通过沉浸式体验场景，科普痔疮防治知识，倡导大众养成良好生活习惯。

基于“有 ZHI 青年秘密空间”大型科普体验店的成功经验，星银医药又推出了“ZHI 疗微空间”医药连锁百店公益科普计划，将科普体验店的模式快速复制，在全国 100 家连锁进行落地，让线下互动体验抵达更多消费者。

同步加强与零售渠道的合作，星银医药在线上制定了“星银医药青年健康关怀月”H5 有奖活动，让消费者线上参与“患痔疮风险趣味评测”，不仅获得健康防治痔疮知识，同时参与互动还可抽奖，奖品可到定点药店兑换，进而实现从线上向线下引流，有效整合线上线下资源。

无疑，迈之灵转型零售市场，成功创新营销模式，截至 2020 年年底，迈之灵片在零售市场连续四年实现了高速增长。为其后续发力奠定了坚实的基础。

星银医药迈之灵从临床转型零售市场，精准锁定静脉曲张痔疮病症的细分领域，塑造了 Doctor 迈的生动卡通形象，采取了目标消费者易于接受的线下体验活动，快速地在核心城市塑造了专业的品牌形象，成为近年模式转型的代表品牌。

后记：六力营销的哲学智慧

一、六力营销体现中国象棋的哲学智慧

中国象棋是一种古老的棋类游戏，距今已有2 000多年的历史，是模拟古代战争的二人对抗性游戏，其规则简单明了，却体现了中国人朴素的哲学思想和东方智慧。一盘棋对弈红黑双方，围绕取胜这一目标，每个棋子的作战目标非常明确：一切都要以主帅为中心，每个棋子在各自的位置上，各司其职，相互配合，团结协作，演绎出各种战略、战术组合。

六力营销也好比一盘棋，用中医望、闻、问、切的方法，通过决策力、产品力、策划力、执行力、传播力与品牌力的有机结合，为企业构建起一个完整的营销资源生态圈，企业要想在市场竞争中做强做大，就必须做到任何一个“力”都不能少，每个“力”都很关键！

六力营销亦是基于一个开放的营销生态圈，围绕“一切为了成就标杆”的目标，通过提高每一个“力”的能力，让企业做到胸中有全局，方能谋定市场，实现“共生共荣”，创建标杆。

二、六力营销来源于实践与实战

通过对500多个品牌追踪研究，笔者结合多年的品牌策划实战经验，创造性地提出了品牌六力营销实战理论，即决策力、产品力、策划力、执行力、传播力与品牌力的六力整合。

六力营销跳出了单纯的定位思维、4P思维和整合传播思维，以市场

需求为先导，以质量疗效为根本，以品牌营销为核心，以专业服务为保障，以成就标杆品牌为愿景，侧重分析企业整体营销能力，综合评估企业所占有的营销资源和所拥有的六力营销指数，是被广泛实践验证、行之有效的营销方法论！

六力营销自2005年首次提出后，经过多年的实践完善，目前已在医药大健康市场风行17年之久，且得到越来越多品牌企业、上市公司决策者的认同与赞誉。

三、六力指数是营销诊断的系统工具

正如中医区别于西医“头痛医头，脚痛医脚”的原理一样，六力营销诊断和建设的过程也是一个资源整合、内外兼修的系统过程。为便于企业能够系统评估、清晰分析自身所占有的营销资源，并认识到其营销的优势和不足，从而客观地对待自己的企业和产品，笔者将六力的诊断指数设定为如下几方面。

1. 决策力指数

决策力指数涵盖以下三个方面。

(1) 市场依据，包括决策信息来源、数据分析、专业顾问。

(2) 战略方向，包括决策需求和目标、行业政策方向研究、行业营销趋势。

(3) 决策效率，包括决策效率、决策程序的科学性、决策后的贯彻落实程度。

2. 产品力指数

产品力指数涵盖以下三个方面。

(1) 市场价值，包括产品的市场潜力评估、产品差异点判断、评估投资价值。

(2) 产品内涵，包括产品独特之处、功效描述与使用体验感、把握制造成本与销售成本。

(3) 产品外延，包括价格设计的合理程度、产品名称的传播效果性、产品包装形象的吸睛程度。

3. 策划力指数

策划力指数涵盖以下三个方面。

(1) 团队构成，包括设置专门的策划团队、策划团队的专业性、策划团队的执行能力。

(2) 专业策划，包括市场分析与竞争分析的精准性、品牌或产品定位的合理性、策划主题与运作指导方案的可执行性。

(3) 创新创意，包括策划文案、图片、视频的吸引力，品牌营销方案的创新性，策划的数字营销与媒体策略的创新性。

4. 执行力指数

执行力指数涵盖以下三个方面。

(1) 执行方案，包括执行方案的可行性与完善性、执行过程的监督机制与纠偏能力、绩效考核与奖惩方式的合理性、绩效考核与奖惩方式的落实程度。

(2) 执行意愿，包括执行团队的思想意愿、结果的成败与个人利益的关联程度、执行的反馈机制与运作流程的畅通程度。

(3) 执行能力，包括团队的执行能力与经验、执行团队营销资源的丰富程度、执行指令的落实程度。

5. 传播力指数

传播力指数涵盖以下三个方面。

(1) 传播策略，包括传播价值受公众的关注程度、传播目标对象的明确性、传播广度或深度的可行性。

(2) 传播内容，包括传播内容的简便性、通俗易懂性以及易传播性，传播信息的权威性与专业性，传播内容所具有的分享性和二次传播性。

(3) 传播媒介，包括传播渠道的正确有效性、传播预算资金是否充足且可持续、传播效果的可预测评估。

6. 品牌力指数

品牌力指数涵盖以下三个方面。

(1) 品牌硬核，包括品牌是否有特别背书，包括老字号、非遗、特殊品牌资源；品牌的商标、商号、荣誉、品名的可传播程度；拥有可判断的品牌资产。

(2) 品牌创新，包括品牌的定位与传播语的可记忆性，品牌核心差异与愿景，品牌的知名度、美誉度、忠诚度。

(3) 品牌形象，包括品牌联想，如命名、发音、感知质量、代言人；品牌的故事或 IP 的专属性；品牌的聚焦或延伸策略的合理性。

四、六力营销的终极目标是成就标杆品牌

在消费升级分级的数字化时代，用户只会记住品类中的第一品牌，第一品牌是用户心智中最耀眼的标杆。六力营销是方法论，其终极目标是帮助企业打造品类标杆，成就标杆品牌。实施标杆品牌战略分为四部曲。

1. 立标

把握行业趋势，明确企业方向，设立企业品牌战略，制定短中长期营销目标，配置相关资源。

2. 对标

研究主要竞争对手，用六力营销诊断模型，明确自身优势，发现自身短板差距，并研究改进方法和路径。

3. 创标

研究消费趋势，洞察消费需求，突出企业优势，差异化品牌定位，个性化形象设计，创新营销传播策略。

4. 夺标

整合营销生态体系，聚集资源，核心爆破，从战略到战术，从顶层到落地，狠抓执行，超越竞争对手，成为品类中的标杆品牌。

标杆是消费者心智中最耀眼的品牌，是新时代的卓越企业，是引领医药大健康品牌建设的风向标！我们的目标是以品牌核心价值为原动力，洞察消费需求，在消费者心智中建立标杆，抢占心智，这个标杆就是第一品牌！六力营销的战略目标就是帮助客户建立与众不同的标杆品牌。

图书在版编目(CIP)数据

新六力营销/张继明著.—上海：复旦大学出版社，2023.4
ISBN 978-7-309-16726-9

Ⅰ.①新… Ⅱ.①张… Ⅲ.①市场营销学 Ⅳ.①F713.50

中国国家版本馆 CIP 数据核字(2023)第 018897 号

新六力营销
XIN LIULI YINGXIAO
张继明 著
责任编辑/谢同君 王雅楠

复旦大学出版社有限公司出版发行
上海市国权路 579 号 邮编：200433
网址：fupnet@fudanpress.com http://www.fudanpress.com
门市零售：86-21-65102580 团体订购：86-21-65104505
出版部电话：86-21-65642845
上海盛通时代印刷有限公司

开本 787×1092 1/16 印张 21.5 字数 319 千
2023 年 4 月第 1 版
2023 年 4 月第 1 版第 1 次印刷

ISBN 978-7-309-16726-9/F·2959
定价：98.00 元